争议性科学议题的媒介建构与公众认知

Science in Debate: How Scientific Controversies
Are Constructed and Understood

高芳芳 著

中国大百科全书出版社

图书在版编目（CIP）数据

争议性科学议题的媒介建构与公众认知 / 高芳芳著
. -- 北京：中国大百科全书出版社，2024.10
ISBN 978-7-5202-1559-6

Ⅰ.①争… Ⅱ.①高… Ⅲ.①科学教育学—研究
Ⅳ.① G40-05

中国国家版本馆 CIP 数据核字（2024）第 110848 号

策划编辑 　丁　　洁
责任编辑 　李玥琦
责任印制 　李宝丰
封面设计 　博越创想
出版发行 　中国大百科全书出版社
地　　址 　北京阜成门北大街 17 号
邮政编码 　100037
电　　话 　010-68363660
网　　址 　http://www.ecph.com.cn
印　　刷 　河北鑫玉鸿程印刷有限公司
开　　本 　710 毫米 ×1000 毫米　　1/16
印　　张 　17.5
字　　数 　242 千字
印　　次 　2024 年 10 月第 1 版　　2024 年 10 月第 1 次印刷
书　　号 　ISBN 978-7-5202-1559-6
定　　价 　79.80 元

本书系国家社会科学基金青年项目

"知识社会学视角下争议性科学议题的多元建构与传播研究"

（批准号：16CXW003）的最终成果，

受中央高校基本科研业务费专项资金、

浙江大学文科精品力作出版资助计划资助

前　言

　　2021 年 3 月，我国发布的《中华人民共和国国民经济和社会发展第十四个五年规划和 2035 年远景目标纲要》强调把"坚持创新核心地位，加快建设科技强国"作为战略发展目标，把科技自立自强作为国家发展的战略支撑，提出为了实现迈进高质量时代的目标要"提升效率"和"和谐发展"两手抓。科技发展是提升社会效率也是保证未来中国和谐发展的关键所在。党的十八大以来，习近平同志把科技创新摆在国家发展全局的核心位置，围绕实施创新驱动发展战略、加快推进以科技创新为核心的全面创新，提出一系列新思想、新论断、新要求。这些重要论述对于发挥科技创新的引领作用，加快形成以创新为主要引领和支撑的经济体系和发展模式，实现"两个一百年"奋斗目标，实现中华民族伟大复兴的中国梦，具有十分重要的指导意义（中共中央文献研究室，2016）。

　　19 世纪以来，科学技术发展迅猛，近代科学的理论框架基本成型。科学、技术开始与社会生活紧密地联系在了一起，极大地提高了人类的生活水平和国家的综合实力（安东尼·阿里奥托，2011）。而科学问题也已不再局限于科学本身，更涉及经济、外交、政治、文化等。它影响着人类的现实生活，也关系到人类社会的未来发展。作为今天中国社会的热点话题，科学议题不光具有科学性，还具有公共性和政治性。换句话说，虽然科学常因其实用价值而被看作是与人类社会无涉的客观知识体系，但科学问题的社会建构及人们对科学的理解和认知却不免带有主观色彩。科学并非如生活常识般简单易懂。随着科学的专业化程度不断提高，要理解科学往往需要一定的专业知识和科学思维，这对于社会大众来说并非易事。在现实社会中，科学技术在某种程度上一直以来被视为客观理性无可质疑的、对人类社会生产力的提升有着极大推动作用的美好存在。但由于大多数公众对科学和技术的了解有限，如果没有科学共同体、媒介等的解释和演示，人们难以对科学有深入的认识并做出反馈（焦郑珊，2017），因此科学问题是如何被科学界、媒介等力量共同建构并进而影响到公众的就显得尤为重要。

科技发展是一柄双刃剑。在科学层面，21世纪以来，随着新兴科技如转基因技术、核电技术、纳米技术、干细胞研究、人工智能等不断涌现并被广泛应用于社会各个领域，其可能存在的负面影响也逐渐受到关注。转基因作物与食品安全、核电的安全性、人类活动导致的全球变暖和气候问题、基因编辑技术、疫苗等生物技术及人工智能等无一不在引发争议。可以说，新技术在科学发展和商业化的过程中充满了争议性与风险不确定性。人们对这些争议性科学技术的发展有支持也有反对，有向往和热爱也有恐惧和不安。科技发展所造成的潜在不确定性与未知风险已成为当今社会所面临的主要挑战之一。如何减少无知与误解、消除信任危机成为社会在传播这些争议性科学议题时必须要面对的问题。一直以来，大众媒体在争议性科学议题的建构和传播过程中起着重要的作用。随着网络的兴起，近年来互联网成为科学争议新的舆论场，与传统的政府及大众媒体主导下的舆论场形成对比并互相作用。传统媒体、互联网和移动互联网共同成为建构争议性科学议题的重要渠道。不论科学共同体是否已就科学争议达成共识，当这些争议性科学议题通过传统媒体、互联网和移动互联网在社会中传播开来时，不同立场的传播者往往会基于自身的立场来传播相关的信息，并引导舆论支持自己的立场。在众声喧哗的背景下，争议性科学议题是如何被建构的、公众又是如何理解这些争议性科学议题的就成了十分有必要去研究的课题。尤其是在我国当前社会转型的大背景下，争议性科学议题在被建构的过程中存在多元力量和权力关系，而公众对争议性科学议题的理解又受到科学、文化、政治、经济等多重因素的影响。

在社会层面，我国已经把科学创新和科技发展放到了国家发展的重要战略地位上。媒介对科技（包括争议性科学议题）的建构关系到公众对科技的理解与认可，而争议性科学议题的媒介建构与公众认知也势必会深刻地影响到科学技术在我国未来的发展和普及，影响到科学与社会的关系。随着我国科技力量不断加强、科学投入规模不断扩大、科学普及不断发展，科学与社会的关系正在变得越来越紧密复杂。科学发展需要良好的社会环境配合。从根本上说，科学知识是对自然界的反映，但这种反映不是简单直接的描摹或在纯粹状态下实现的，因此科学知识及其公众认知不可避免地会受到社会因素的影响。本书无意夸大社会因素在科学发展中的作用，但确有必要客观地评估和正视科学的社会性。科学认识并非静止化、标准化、理想化的，在其发展的过程中可能会出现误差，充满探索性、不确定性和曲折性。本书希望通过实证研究更好地体现争议性科学议题在我国传播的现状，并在此基础上探讨如何更好地在社会中传播科学知识，为科学发展创造宽松优越的文化环境，采用因势利导的方式进行科学传播，引导公众按照科学本来的面貌尊重科学、认识科学、树立正确的科学观念。具体来说，本书希望通过对争议性科学议题的传播学研究，在理论上拓展我国科学传播研究的广度和深度，把争议性科学议题放置到我国独特的政治文化传统、媒介体系和网络环境中进行考察，并从传播学角度出发对公众有关争议性科学议题的理解、认知和行动的一般性理论讨论有所贡献，丰富科学传播的研究维度和理论体系，为科学传播的在地化发展贡献力量。在实践上，本书希望书中的主要研究结论能够拓宽和加深人们对争议性科学议题在中国社会是如何发展的这一问题的理解，为媒体报道、政府决策和社会机构等的行动提供相关依据，帮助各方更好地利用新型的传播手段、制定合理的科学传播策略、优化科学传播内容，从而推动公众理解科学，更好地提升人们的科学素养和科学认知，引导社会形成理解和支持科技创新的导向，让全社会热爱科学、崇尚创新的氛围更加浓厚，为科技强国建设提供有力支撑，推动我国科学事业的进一步发展。

在这一思路的指导下，首先，本书在充分考虑科学本身客观理性的同时，把科学看作是富有弹性的社会产品，充分考虑科学技术与人文研究之间的关系。从科学知识社会学的理论视角，基于科学知识社会建构论这一理论体系在科学技术与人文研究之间建立联系，着力于呈现科学知识的建构过程，从社会、文化的维度来思考科学知识，特别是争议性科学议题的建构和传播受哪些因素的影响，其中是否存在利益竞争和权力博弈。基于这些思考及科学知识社会建构论的理论框架，本书试图剖析媒体、公众、科学共同体等在建构和传播科学争议过程中扮演的角色，刻画社会因素是如何决定科学知识的建构与认知的。

其次，本书将采用科学传播领域的理论架构和经验研究方法，从媒介如何建构科学议题与公众如何认知科学两个角度双管齐下，结合社会学、心理学等学科的理论和成果，将争议性科学议题置于动态的研究框架中，将传播学要素作为与文化因素、政策因素、个体因素等同等重要的影响因子纳入分析，从而与既有理论进行对话，深化学术界对争议性科学议题发展和传播这一热点的认识。纵观科学传播理论研究的发展历史不难发现，不论是对媒体报道科学内容的分析，还是对争议性科学议题相关事件的透视，又或是探讨公众对科学争议风险认知的影响因素，都强调科学传播是一个深深嵌入于社会中、并受到社会文化和经济政治因素影响的过程（贾鹤鹏，刘立，王大鹏，等，2015）。争议性科学议题本身纷繁复杂，涉及各种不同性质的主题、各个不同层面及不同的发生场景和社会环境。当科学本身的不确定性和风险社会的不确定性互相叠加时，公众是如何形成对争议性科学议题的看法和态度的？人们的专业背景、伦理观念、经济利益、政治立场、世界观和价值观等社会因素如何影响人们认识和表达科学？考虑其综合性和复杂性，对争议性科学议题的讨论需要与特定的社会历史和文化场景有呼应，因此需要将对争议性科学议题的建构和传播问题置于更大的学科背景和时代发展中来进行检视（金兼斌，2018）。基于这些基本思考及科学传播研究发展需要，本书将致力于从媒体、公众与社会的角度探讨科学传播中的媒介生产和公众参与及其背后的社会思想，特别强调将科学传播的文本、话语及科学传播案例置于特定的社会语境中进行考察。

最后，科学传播本身的模式正在不断变化中。在新媒体环境下，科学传播的内容、手段、效果等都呈现出新的特点和变化。以往建立在传统媒体大众化、单向化特征基础上的科学传播实践和理论可能无法再适应强调参与和互动的新媒体传播。本书致力于探讨争议性科学议题的媒介建构与公众认知，将特别针对新媒体带来的新特点和新变化，重点关注多样化的科学信息、多元化的媒介使用和个性化的科学信息接触如何与复杂的个体因素、政策因素和社会文化因素等共同作用于公众的科学认知，实证地解释在新媒体兴起后，争议性科学议题的媒介建构和网络呈现及其对我国公众的科学认知的影响。同时，本书将采用由点及面的方式，结合不同的争议性科学问题及当中的典型传播个案进行分析，运用多种经验研究的方法，对各类争议性科学议题在我国的建构、传播和理解进行全景式观察，从而拓宽科学传播在我国本土化发展的视野，深化对新媒体环境下争议性科学议题的媒介建构与传播机制的理解与应用，实现科学传播研究在新媒体领域的突破。

在理论层面，本书引入科学知识社会学的视角来理解争议性科学议题，使传播学与社会科学其他分支进行跨学科对话，体现独到的学术价值。同时，本书意在围绕"知识＋话语＋权利"，采用多种实证手段系统研究社会因素、媒介呈现以及科学因素对争议性科学议题建构和认知的影响，进而管窥争议性科学议题在当代中国的整体发展情况，实现争议性科学议题研究的概念拓展与理论发展。本书还希望能通过考察不同形态的媒体以及不同的行为者对于争议性科学议题建构与传播的作用，特别是传统上的弱势群体如何通过新媒体获取话语机会，为我国的科学传播发展提供实证根据，作为后续研究的出发点和落脚点。

在应用层面，本书的主要研究结论不但能深化学术界对争议性科学议题传播这一热点研究领域的认识，也能够丰富我们对中国目前科学传播现状的了解，从而帮助媒体更好地传播科学信息、采取合适的报道策略，提高有关争议性科学议题的传播效率和传播效果；帮助大学、研究机构、NGO 组织中的科学传播者（如科学家、公共关系人员等）了解自己的目标受众和工作任务，选择合适的传播途径和传播策略；为政府决策提供相关依据，帮助政府设计科学传播方面的宏观政策、指导方针及行动方案；为如何更好地在新媒体环境下培养公众的科学素养和科学精神、普及科学知识提供建议，帮助人们参与到科学传播中来，引导社会更准确高效地理解和沟通争议性科学问题，形成公众与科学之间的良性互动。

基于以上研究思路，本书将围绕争议性科学问题这一关键概念，针对各个具体的争议性科学议题，结合互联网时代多元化的科学传播模式，探讨争议性科学议题的媒介建构与公众认知。本书共分为四章。

第一章作为全书的起始章节，首先系统回顾科学传播的兴起和发展，围绕历史沿革、理论发展和研究主题展开讨论，将科学传播作为本书的理论背景；接下来把争议性科学议题作为科学传播的重要组成部分，定义争议性科学议题这一核心概念，凸显研究争议性科学议题的必要性和重要性，梳理国内外有关争议性科学议题建构、传播与认知的研究现状；并基于科学知识社会学强调社会因素在科学的社会建构和理解中的重要性，试图基于此来提示一种在解决科学争议时科学共同体、公众与社会互动的新模式。这一章的主要目的是为全书的开展打下良好的理论基础。从第二章开始，书中选择了三类不同的争议性科学议题（气候变化、转基因、新兴健康科技），针对各个不同的争议性科学议题的特点及其媒介建构和公众认知进行了研究和论述。

第二章围绕气候变化这一争议性科学议题，从媒介呈现、网络讨论和公众认知三个角度探讨了有关气候变化问题的争议所在及其作为争议性科学议题的社会关注度、对话协商特征，以及影响公众认知气候变化风险的因素。具体来说，第二章第一节关注了国内外有关气候变化的媒介呈现，审视了气候变化作为一个环境问题及争议性科学问题在媒介建构的过程中存在的特点和问题。第二节从话语建构和交往行动的角度出发，采用话语分析考察了我国大众网络论坛上有关全球变暖问题的讨论，重点考察讨论主题、争议性话语特征与话语策略及讨论过程中所呈现出来的对话和协商方式，进而剖析我国公众所建构的有关气候变化的争议性话语及其与交往行动和特定语境之间的关系，思考公众是如何通过新媒体实现赋权，参与有关气候变化问题的网络公开讨论并建构气候变化争议的。第三节从风险社会理论出发，围绕有关气候变化的风险认知，通过两个实验分别考察了媒介因素（信源可信度与报道平衡性）和受众因素（空间距离感、受难者形象和救援者感知）如何影响公众对气候变化风险的认知。

第三章围绕转基因问题首先从科学不确定性和信任危机的角度入手，探讨了在中国当前的社会情境及科学不确定性等多重影响下，中国的转基因争论中反对转基因人士是如何通过网络围绕转基因进行风险的话语建构，以及当反对转基因人士的风险建构话语策略与系列复杂的社会因素衔接时又会如何影响民众的情绪。接着，从风险的文化理论和"格－群"视角出发，基于问卷调查探讨了人们缘何会对转基因这一为主流科学界普遍认同的技术存在质疑和排斥，思考了究竟是信息接触还是内在观念，或者说究竟是由于接触到的信息环境和信息内容，还是既有的社会价值观导致了人们对转基因的矛盾心理和困惑心态。最后，借助道德心理学的理论视角，通过三个彼此关联的实验，考察转基因厌恶这一道德直觉判断过程如何受到场景特征、个体差异和情绪的影响，从而回应当前的理论争议，为转基因领域的科学传播提供实践建议。

第四章针对新兴健康技术包括基因工程、生物医药和网络医疗的媒介建构和公众认知进行了研究。基因编辑技术（如人类胚胎基因编辑技术）、生物医药（如疫苗科技）、网络医疗（如在线问诊）等都是随着技术进步发展起来的新兴健康技术，也是健康和医疗行业的潜在颠覆者。但围绕这些新兴健康技术衍生出了一系列新的问题和争议。第四章第一节围绕人类胚胎基因编辑技术探讨了在 2018 年贺建奎公开宣布世界首例免疫艾滋病的基因编辑婴儿在中国诞生后，我国公众是如何看待人类胚胎基因编辑技术及该技术可能带来的风险的，通过问卷调查分析了可能影响此种风险认知的因素。第二节通过文献综述回顾了疫苗与公众的关系、疫苗的媒介呈现与公众认知，以及媒介使用对人们接种疫苗的意愿和行为的影响。第三节通过抓取微博数据进行文本挖掘、LDA 主题建模和情感分析，探讨了社交媒体平台上围绕在线问诊的舆论争议焦点及相关的网络情绪，从而为如何应对围绕新兴健康技术的公共争议提供建议。

结语部分作为全书的总结，基于书中对气候变化、转基因和新兴健康技术这三类争议性科学议题的实证研究，探讨了科学传播的社会意义与启示，总结了媒体、政府、科学界和公众在科学传播中各自扮演的角色，并进一步深入思考科学、传播与社会之间的关系。从第一章的理论基础到之后各章针对具体争议性科学议题的个案式分析，在深入细致地分析了三类不同的争议性科学议题在我国的建构与传播后，结语部分通过回顾和系统总结进一步阐释了本书的基本观点和理论贡献，并为科学传播相关行动体进行有关争议性科学议题的传播提供了实践建议。

本书的研究方法包括个案研究、话语分析、问卷调查、实验研究、计算传播研究等，试图分析的对象包括报纸报道、网络话语、微博舆论，以及公众的态度、认知和行为等。这些研究案例是近几年陆续完成的研究计划。作者希望可以通过这些个案研究总结并推论出带有普遍性的科学传播规律，为开展科学传播的实证研究提供参考。当然，由于时间和水平所限，本书中各方面的差错在所难免，希望读者不吝指正。

目　　录

第一章
争议性科学议题：从科学实践到社会建构

从 19 世纪开始，科技的迅猛发展改变了人类传统的生产生活方式，极大地提高了世界的生产能力和人们的生活水平，科学、技术与社会之间形成了紧密的互动关系。人类社会一度被笼罩在"科学主义"的氛围中，形成了"科学至上"的观念。但有关科学的大部分交流仅限于科学家之间，公众是被普及科学知识的对象。进入 20 世纪后，科学发展进入新阶段。一方面，科学研究的规模日益扩大，所涉及的领域不断扩展，其与社会的关系也变得更紧密；另一方面，科技的发展受到政治、经济、军事等方面越来越多的影响，科学在西方社会不断被政治化，科学与社会之间的关系也更复杂和多元化。科学知识不再被毫无怀疑地应用在人类社会中，而是需要经过反复观察和认真考量（Roche，Davis，2017）。在此背景下，科学共同体开始审慎地思考科学及其社会影响，公众也开始警惕科学，公众理解科学逐渐取代了传统的科学普及（焦郑珊，2017）。到了 20 世纪后期，随着核电技术、转基因技术、纳米技术、基因疗法、干细胞技术及克隆技术等一系列新技术相继投入应用，科学开始得到社会公众越来越多的关注，但新技术带来的不确定性风险以及伦理困境也越来越让人们觉得恐惧和不安，有关新技术的安全和伦理争议与日俱增（Nelkin，1995）。科学不再只是单纯的科学，也是一个与复杂的社会机制相关联的综合性议题。以中国为例，争议性科学议题在当前正处于转型期的中国社会蕴藏万象，能够集中体现出科学传播、舆情民意、社会矛盾与变革等复杂因素。同时，互联网的发展让公众得以通过网络主动接触科学、了解科学和传播科学，形成了开放共享的民主机制，但也带来一些新的问题。科学传播不再局限于从科学共同体到公众的单向信息流动，而是双方共同参与、信息双向流通、多元建构和多元理解的互动过程，公众借此拥有了更多关于科学发展、社会影响和共同利益的知情权和话语权（焦郑珊，2017）。在此背景下，如何在社会中建构争议性科学议题，让公众更好地理解科学，形成科学与社会之间的良性互动成了当下的科学传播亟需研究的重要课题之一。

可以说，人类社会对科学的态度从"科学至上"到关注并警惕科学，科学传播从科学普及到公众参与，此种发展既体现了人类社会的进步，也体现了社会系统性风险和复杂度的提升。如何平衡科学的发展与实际应用、有效缓解或平息有关科学的争议、加强科学共同体与公众之间的有效互动，从而推动公众理解科学，提升人们的科学素养和科学认知，在社会范围内形成热爱科学、崇尚创新的氛围，为科技强国建设提供有力的支撑是今天的科学传播需要面临的主要问题之一。本书的主要目的一方面在于考察争议性科学议题是如何被建构的以及被建构为何，另一方面在于探究社会公众是如何理解和认知这些争议性科学议题的。作为本书的起始章节，本章将在接下来的第一节中系统回顾科学传播的兴起和发展，围绕历史沿革、理论发展和研究主题进行阐述；在第二节中把争议性科学议题作为科学传播中的一个分支，审视目前主要的争议性科学议题及其建构和发展，并在科学知识社会学视角下探讨社会因素在科学形成、建构和理解中的重要性，试图基于此来提示一种在解决科学争议时科学共同体、公众与社会互动的新模式。

第一节　科学传播的兴起与发展

科学传播是连接科学技术和人类社会的桥梁，它既是科学技术自身发展的内在需求，也是社会进步的客观需要。作为一个跨学科跨领域的范畴，科学传播兼具了自然科学、传播学、心理学、社会学、哲学等不同学科的研究属性，同时也是一个全球性的研究发展趋势（王大鹏，李红林，2014）。作为传播学中的一个新兴交叉学科，科学传播自20世纪以来日益为各国研究者们所关注。媒介与科学新闻，科学传播与科普活动，科学相关的话语、修辞与权力，科学政治化与传播，科学争议与危机的呈现、传播与理解，科学议题及相关的政治、社会公平与公众参与，公众理解科学，科学哲学、科学文化等课题逐步进入研究视野（如 Gaskell，Bauer，Durant，et al.，1999；Cook，Robbines，Pieri，2006；Augoustinos，Crabb，Shephaerd，2010；Scheufele，Lewenstein，2005；Schiele，Claessens，Shi，2012）。我国的科学传播研究也已起步，国内学者们关注较多的内容包括大众媒体（如报纸电视等）对科学议题，特别是争议性科学议题的报道（戴佳，曾繁旭，郭倩，2015；戴佳，曾繁旭，王宇琦，2014；蒋晓丽，雷力，2010；李晓丹，张增一，2017，2018）；社交媒体上有关科学问题的讨论和争议（纪娇娇，申帆，黄晟鹏，等，2015；贾鹤鹏，范敬群，闫隽，2015）；科学议题相关的风险传播和风险认知（戴佳，曾繁旭，黄硕，2015；邱鸿峰，2017）；科学家、科学共同体的科学传播（王大鹏，贾鹤鹏，吴欧，等，2018）；科学普及的实施和发展（Ren，Yin，Li，2012；芮必峰，董晨晨，2014）；公众对科学包括争议性科学议题的解读、态度和情绪表达（靳明，靳涛，赵昶，2013；游淳惠，金兼斌，2020；张迪，童桐，施真，2021）；公众的科学参与等（孙秋芬，周理乾，2018）。

应该说，我国目前的科学传播研究尚处于起步阶段，研究层次较为单一与零散。科学传播涉及多个参与主体，如科学共同体、媒介、公众，在传播的过程中涉及传播内容、传播路径、传播方式、传播效果等，因此研究需要统筹各参与主体和传播过程，建立科学传播的标准体系，从而建构适合我国国情的科学传播理论模型，并在实践中设计出切实可行的科学传播方案，摆脱科学传播目前面临的困境（郑焦珊，2017）。从建构主义维度而言，通过特定的叙述、话语和修辞表达方式，科学传播表征或建构着科学议题背后所涉及的政治命题、文化命题和哲学命题（Nelkin，1994；Nelkin，1995）。在不少有关科学传播的著作中都提到，科技的发展和相关的争议作为新闻事件和公共性话题在报纸、电视、新闻网站、社交网站、移动 APP 等传播平台上被一些象征性符号（symbols）所框架（frame）和构建（construct）；科学共同体、意见领袖和公众等的加入正在不断加快建构和传播这一公共议题的速度和广度，并进一步影响到全社会的科学意识、公共政策的形成及科学技术的理性发展（Davies，Horst，2016；Schiele，Claessens，Shi，2012）。同时，新媒体视域下的科学传播研究也在经历一系列新的变化，如传播主体、传播平台、传播内容和传播方式等的变化。本节将追溯科学传播在国内外的兴起和发展，以此为脉络来探讨把科学传播作为一个新兴学科或研究领域的依据，并在此基础上进一步探讨科学传播研究的演进及未来的发展方向，以期为本书关注的核心——争议性科学议题的建构和传播提供大的研究背景，将争议性科学议题作为科学传播中一个重要的分议题予以关注。

一、科学传播的兴起

科学是指"收集有关世界的知识并将这些知识组织和浓缩为可检验的定律和理论的系统事业……科学的成功和可信度需要科学家愿意将他们的想法和结果公布并经过其他科学家的独立测试和重复试验……当出现更完整或可靠的实验证据时不断放弃或修改既有的结论，进而不断对科学发现进行完善"（American Association of Physics Teachers，1999）。现代科技自从诞生并被社会应用以来就对社会生产力和国家发展等产生着巨大的影响，因此科学与人类的关系是人们一直以来都十分关注的热点问题。科学传播是加深公众对于科学与人类关系的理解、推动科学共同体与公众的交流、推进科学技术理性发展的有力途径之一（焦郑珊，2017）。科学传播在现代社会中发挥着至关重要的作用，它承载着人类的进步与发展，同时也与社会文化息息相关。科学传播的成果与个人紧密相关且存在长期的社会影响。

科学传播从 20 世纪 30 年代开始在国际上引发关注。约翰·贝尔纳的《科学的社会功能》被公认是科学学的开山之作，也是在此书中贝尔纳提出了"科学传播"（science communication）一词（约翰·贝尔纳，2003）。他从科学的现代影响及公众对科学的态度等方面探讨了科学传播的必要性，并具体地把科学传播分为科学家之间的交流和面向公众的传播两种，后者又由科学教育和科学普及构成（约翰·贝尔纳，2003）。如今的学者们将科学传播定义为使用适当的方法、媒介、活动和对话引发个人对科学一种或多种反应，包括对科学的认识、享受、兴趣、意见形成和理解（Burns，O'Connor，Stocklmayer，2003）。国内学者认为科学传播是指科学知识和信息通过跨越时空的扩散而在不同个体间实现共享的过程（刘兵，侯强，2004；翟杰全，2002）。从广义上讲，科学传播是指一切有关科学的知识在社会中的交流、共享与传播的过程。在科学传播中，既有科学共同体内部的交流，也有面向公众的科学传播（约翰·贝尔纳，2003），如科学组织包括科学家与普通公众之间的沟通，大众媒体对科学的普及，以及公众参与科学（Peters，2013）。传统意义上，媒体是联结科学共同体与公众的桥梁，因此是科学传播中不可或缺的重要角色。科学共同体是科学知识的来源，也是科学传播的源头。在科学共同体内部，所谓的事实通常通过同行评议、重复试验及最终的科学共识来决定。这个过程有其自身的政治，且与科学共同体外的政治不尽相同。公众如何理解科学和新兴科技深刻影响着科学与社会的关系，公众对科学的接受程度、认知框架和理解能力也能够在一定程度上影响科学在社会中发挥的具体作用。

科学传播的目标是什么？这个貌似简单的问题潜藏着一定的复杂性。在伯恩斯等人（Burns，O'Connor，Stocklmayer，2003）提出的颇具影响力的对科学传播的定义中，将提高对科学的认识、享受、兴趣、意见形成和理解（AEIOU）这五个目标作为科学传播的重要组成部分，并讨论了这些目标之间的关系。桑切斯－莫拉（Sánchez-Mora，2016）认为要传播"科学是现实存在的，让人们觉得科学很有吸引力、很有趣或让人们意识到科学是个人身份认同的组成部分，是公共科学传播的主要目标。"根据美国国家科学院、工程院和医学院（National Academies of Sciences，Engineering，and Medicine，2017）的报告，科学传播的目的包括：（1）分享最近的科学发现和科学兴奋点；（2）提高公众对科学的欣赏；（3）增加人们的科学知识和对科学的理解；（4）影响人们有关科学的观点、政策偏好或行为；（5）确保在寻求解决问题时考虑不同群体对科学的不同观点。有学者借鉴了认识论和政治哲学，提出了一个概念框架用于说明从目前的科学传播文献中观察到的科学传播的一些重要目标，具体包括：（1）提高人们对科学的信念；（2）提升对科学的社会认可；（3）提高对科学的公众认知和道德信任；（4）收集公众有关科学的可接受、有价值的研究目标和科学应用的意见；（5）吸引对科学的政治支持；（6）收集并利用在地化的科学知识；（7）充分利用可在公众中找到的分布式科学知识或认知资源；（8）加强科学或特定科学领域的资助、治理和应用的民主合法性（Kappel，Holmen，2019）。还有学者认为，科学传播的主要任务在于鉴别与人类所面临的决策最为相关的科学、了解公众的科学知识水平和科学认知特点、设计适合的科学传播方案来填补公众的认知空白、评估科学传播的效果，且这几个任务之间互相关联（Fischhoff，Scheufele，2013）。必须看到，任何一个单一目标或任务都无法从整体上代表科学传播。只有综合过程与结果、个体与整体、研究与决策等多个维度才能从整体上考量科学传播的目标与效果，这是一个动态的过程，正如科学传播本身的兴起和发展。

1831 年，英国科学促进会的成立被认为开启了科学技术大众化的进程。该组织以推动和指导科学发展、引发国民对科学的重视、排除科学进步的阻碍、促进国内国际的科学交流为主旨，通过科学家宣讲、辩论等方式扩大科学在社会中的影响（宋子良，1989）。这既契合了当时近代科学体系初步建立后需要推动科学技术在社会中的普及与运用这一时代背景，也开启了现代科学普及的先河（安东尼·阿里奥托，2011）。进入二十世纪七八十年代，受到近现代哲学、社会学等理论思潮的影响，科学的发展及其投入应用后带来的负面影响和社会争议逐渐显现，公众开始怀疑科技并警惕科技带来的不良影响。如何让公众理解科学从而缓解科学与社会的关系成为当时科学传播的主要任务。1972 年，美国国家科学委员会（National Science Board，简称 NSB）决定出版双年度《科学指标》（*Science Indicators*，后改名为《科学与工程指标》以反映美国的科学发展情况，其中有专门的一章是对公众的科学态度与科学兴趣的调查，用以说明公众对科学和技术的理解（焦郑珊，2017）。1972、1974 和 1976 年的《科学指标》所开展的研究属于其研究的第一阶段。1985 年，英国皇家学会发布了《公众理解科学》报告。该报告是科学传播史上一部具有里程碑意义的重要文献，被普遍认为标志着科学传播研究的正式起步（庞万红，赵勋，2017）。该报告始于 1984 年 4 月英国皇家学会理事会成立的囊括了各领域专家的特别小组，小组评估了当时公众理解科学的基本状况及公众理解科学的发展对于国家的意义，考察了科学传播面临的困难，并提出了改进科学传播的建议（英国皇家学会，2004）。这些内容最终都汇聚到了 1985 年发布的这份《公众理解科学》报告中。这份报告提出的建议既有针对科学共同体本身的，也有针对传媒、教育、政府等领域的，对英国乃至世界范围内科学传播的实践和理论发展起到了积极的推动作用（江晓原，刘兵，2005）。

此后，科学传播研究开始加速。1987 年首届公众科技传播国际会议（PCST Conference）的举办，1992 年《公众理解科学》（*Public Understanding of Science*）期刊的创刊，1994 年原《知识》杂志改版为《科学传播》（*Science Communication*），以及 2002 年《科学传播学刊》（*Journal of Science Communication*）的创办都极大地推动了科学传播作为一个独立的学术分支的发展（王大鹏，李红林，2014）。与此同时，有关科学传播的研究型组织及国际会议也逐渐发展起来，吸引了来自世界各地对科学传播感兴趣的研究者们共同加入进来谋划科学传播的未来，如成立于 1991 年的国际科技传播学会（Network for the Public Communication of Science and Technology，简称 PCST）、由英国科学促进协会（British Science Association）召开的科学传播会议（Science Communication Conference，简称 SCC）、由美国科学院举办的科学传播学会议（Science of Science Communication，简称 SSC）等（王大鹏，李红，2014）。科学传播作为一个新兴学科正在世界范围日渐崛起（Fischhoff，Scheufele，2013；贾鹤鹏，刘立，王大鹏，等，2015）。

20 世纪 90 年代中期以来，随着英国疯牛病危机的爆发、转基因技术和基因疗法等生物技术相继投入应用、气候变化和核电等科学争议的兴起，新科技所引发的环境问题、社会危害、风险和不确定性以及伦理困境等让人们开始对科技的发展产生了担忧，对科学共同体和政府在科学相关问题上的信任也有所动摇。科学已不再只是单纯的科学，而开始演变为与复杂的社会因素相关联的社会问题。在此背景下，英国上议院科学技术特别委员会考察了公众对科学的态度与价值认知及科学家与公众之间的紧张关系，并于 2000 年发布了英国上议院科学技术特别委员会 1999 至 2000 年度第三报告——《科学与社会》报告（上议院科学技术特别委员会，2004）。在这份具有划时代意义的报告中提出应该在科学家与社会公众之间形成一种新型的对话关系，报告承认了公众在一定程度上对科学界提交给政府的建议与决策依据存在着信任危机，同时敦促科学共同体要密切关注公众对于科学的价值认知与态度，并以此作为科学领域决策及制定科学相关公共政策的重要依据（庞万红，赵勋，2017）。至此，从科学普及（popularization of science）到公众理解科学（public understanding of science，PUS）再到公众参与科学（public engagement with science，PES），科学传播的范式经历了三个不同的阶段（刘华杰，2009；宋子良，1989）。特别是随着互联网和社交媒体等的高速发展带来了新媒体和科学信息的爆炸式增长，公众越来越习惯于通过网络来寻找科学信息并参与科学讨论，这正好切中了时代的需求和科学传播自身发展的需要，提高了公众参与科学、与科学共同体对话的可能性和可行性。由此，科学传播在形式与结构上迎来了新的变化。科学传播史研究者认为科学传播的发展很好地反映了新传播渠道的出现能够导致科学研究扩散形式的增长，从而以更快的速度和比单向的线性传播模式更复杂的方式传递科学信息（Lewenstein，1995）。网络作为新兴的信息中介成了人们寻找、讨论、理解并参与科学的重要平台，以免费的形式为公众提供着无限量的科学信息。与此同时，随着科学研究、科学发现甚至科学争议的数量与日俱增，传统新闻媒体的科学报道却受限于传统媒体的发展并未大幅扩张。这导致传统媒体在科学传播中不再是唯一的主导。新媒体开始兴起，新的行动者如新型的知识中介，即那些让科学知识重新流动起来并在科学界与公众之间建立桥梁的科学传播者也加入了进来（Meyer，2010）。多元化的信息来源、科学传播者和报道角度让科学信息变得更为民主化。当然，这对公众的科学素养提出了更高的要求。由于缺乏专业知识和背景，普通公众要辨别已成为科学界共识的看法和处于边缘地位的科学看法正变得越来越困难。如何推动公众更好地理解和参与科学成为当下科学传播面临的重要课题。

在当代中国，人们提到科学传播或研究者在讨论科学传播时，往往会采用"科普""科技传播""科学传播"这三种不同的叫法。这些不同的称呼事实上代表了科学传播在我国不同的存在模式和发展重点，这些不同模式至今仍在不断地互动和融合。中华人民共和国成立以来，科普一直是一种有力的文化手段，由政府部门如中国科协主导，拥有国家主义、目标导向、科学主义三重特征，但在研究层面却一直到 20 世纪 80 年代左右才进入理论整合阶段（Ren，Yin，Li，2012）。科技传播则主要是从传播的角度出发，关注传播手段和传播效率，实践者主要包括科技新闻记者和传播学者（吴国盛，2016）。"科学传播"这一提法在我国最早由科学史家和科学哲学家发起，具有一定的批判性，挑战主流和传统科普的意识形态（吴国盛，2016）。我国的"科学传播"研究最早可以追溯到科学、技术与社会研究（Science，Technology and Society，简称 STS），以科学社会学以及科学知识社会学（SSK）为主要范式，深刻反思了由于科技的迅猛发展对社会造成的各种影响（贾鹤鹏，刘立，王大鹏，等，2015）。我国科学传播学界最早的一批知名学者大多来自于科技研究或科技史领域，与科学哲学、科学史研究有着深厚的学术渊源。由于科学史与科学哲学在我国学术体系中本就有一席之地，因此我国的科学传播具有强大的学院背景，依托科学史与科学哲学的科学传播学派，理论和学术意味更浓，批判性也更强（贾鹤鹏，刘立，王大鹏，等，2015）。相较而言，科普关注传播的内容，科技传播关注传播的方法，科学传播关注传播的意义（吴国盛，2016）。整体上来看，国内对科学传播研究的凝聚度较低，研究成果散见于新闻传播学、科学技术史、科技哲学、科学社会学、知识社会学、公共关系学及其他学科（王国燕，岳朦朦，2018）。在实践中，我国政府、媒体和科学家们在科学议题上的发言权毋庸置疑。但随着网络和新媒体的兴起，公众在科学传播中的影响力也越来越不容小觑。应该说，传播环境的变化和传播理念的进步导致公众在科学传播中的地位得到了极大提升，公众的认知和态度受到关注，而科学传播也由原来的科学家主导转向传播者、科学信息生产者和受众之间的多向互动（王国燕，岳朦朦，2018）。在本节接下来的第二部分将进一步从研究的角度讨论科学传播研究从缺失模型到公众参与科学模型的变化。

二、科学传播研究：从缺失模型到公众参与科学模型

科学与每个公民息息相关。20世纪的科学传播研究关注媒介或科学界作为传播主体对公众普及科学知识，但随着传播环境的改变、新媒体的兴起及其对公众的赋权，科学传播更应该被理解为是一种传受双方都参与并通过有效信息传播、相互倾听与公共辩论来完成的交流过程，这种传播是建立人与科学之间关系的基石，也是一种能够提高人们的科学意识、推进社会可持续发展的科学实践。单纯从媒体、政府或科学界的角度来理解科学传播是远远不够的，新媒体社会中公众是一股重要的传播推动力量。公众对科学问题的关注和理解及在此基础上构建的科学议题、科学讨论和行动，公众与政府、媒体、科学家、企业等社会力量共同搭建的网状结构及其背后的话语和传播关系，以及在网络推动下科学传播中公众参与的新特点等都十分值得研究。对这些问题的理解也能够帮助我们更进一步认识科学传播的内在特征。

科学传播研究经历了从缺失模型到公众参与科学模式的范式转换。二十世纪八九十年代在科学传播界盛行的线性的"缺失模型"（deficit model）将公众对科技的负面态度归咎于公众的科学无知，缺乏对科学本身的自省，简单地将公众问题化（Wynne，1992）。缺失模型隐含了"科学知识是绝对正确的知识，而公众对科学知识一无所知"的假设，其背后的逻辑是"科学总是好的，公众对科学有更多的理解也是好的，公众对科学的理解越多，他们就越支持科学"（李正伟，刘兵，2003）。虽然目标在于弥补公众在科学知识方面的缺失，但研究和实践都证明并非公众掌握越多科学知识，接受越多的科学教育，就越能接受科学技术（Gupta，Fischer，Frewer，2012）。当然，这并不意味着知识不重要（Sturgis，Allum，2004），只是区别于缺失模型的假设，人们有关科学问题的看法是基于诸多复杂因素形成的，如他们自身的价值观和信念，而不只是单纯的对科学事实的了解程度。1985年英国皇家学会发布的《公众理解科学》

报告被认为开启了公众理解科学（PUS）的理论和实践。该报告认为，由科学家对公众进行单向科普的模式难以减轻公众对新兴技术可能带来危机的担忧，也难以扭转人们对科学家和政府信任度下降的局面，需要让公众更好地理解科学；而理解的目的不光是让公众赞赏科学、掌握基本的科学事实并支持科学的发展，而在于通过揭示科学的风险和不确定性促进公众对科学规律的全面认识，让人们理解科学活动及科学探索之本性（英国皇家学会，2004）。

但由于科学的不确定性引发的争议以及横亘在科学家和公众之间的知识鸿沟，如果想要真正拉近公众与科学的距离，需要改变公众在科学传播中被动接受者的地位。近年来，由于社会和传播环境的变化，特别是网络的兴起，公众能够参与科学讨论的机会越来越多，基于传统缺失模式的科普或科学教育模式以及单纯强调公众理解科学却忽视让科学家理解公众的公众理解科学模式也面临着挑战。在此背景下，强调公众参与科学讨论和科技决策的重要性，且重视科学传播中科学共同体与公众之间交流互动的“公众参与科学模型”（model of public engagement with science and technology，简称 PEST）逐渐流行起来。2000 年英国国会上议院发布的《科学与社会》报告被认为标志着“公众参与科学模型”的正式提出。该报告强调公众与作为民主社会一员的科学共同体在科学与社会相关的问题上享有同等的发言权，而公众对科学兴趣有余而信任不足，因此需要推动科学共同体与公众共同参与到对话中去，从而实现双方的互相理解，让科学走出实验室进入社会（上议院科学技术特别委员会，2004）。不同于缺失模型中科学传播从科学共同体到公众的单向的自上而下的传播模式，公众参与科学模型强调科学传播需要科学家与公众之间的双向交流与互动（Wynne，2006）。科学的发展需要通过与公众的对话来取得广泛的支持，公众参与科学模型有利于达成公众、科学和政府的平等交流，进而形成有效的科学传播。

近年来，不论是在实践中还是学术上，科学传播的关注焦点都出现了从"缺失"模型到"对话"模型的转变。从 20 世纪 90 年代开始，大量科学传播研究开始将重点聚焦到如何向公众传播科学及如何让公众参与科学此类主题上。不少相关成果发表在国际一流刊物如 *Public Understanding of Science* 和 *Science Communication* 上。基于对 *Science Communication* 期刊从 2008 年到 2017 年发表的 354 篇论文的分析，学者们发现，国际上科学传播研究的热点在这十年间在议题上经历了从新闻报道框架、传统媒介、科学素养、生物技术等传统议题到新兴议题如媒体对科学的描绘及公众眼中的科学家、新媒体视域下的科学传播研究、诉诸视觉的科学传播、公众与前沿科技、新技术风险等的转变，公众参与在科学传播研究中逐渐成为热点（王国燕，岳朦朦，2018）。

何为公众参与科学？大部分科学传播学者和实践者都对发展公众参与感兴趣，支持科学传播从缺失模型向公众对话和公众参与模式转变。虽然很多时候社交媒体上的交流仍是单向而非真正意义上的双向沟通（Lee，VanDyke，2015），自媒体也往往只能在一定程度上促进科学传播实现表层上的双向沟通，而缺乏深层次的拓展（王玲宁，陈昕卓，2017），但通过社交媒体和自媒体让公众参与到有关科学的公开交流中来仍然颇具价值。为了让公众参与科学更好地发挥作用，应该让作为非科学家的公众能够与科学家们分享自己的知识和观点，而科学家们也需要机会和公众进行沟通，从而既尊重了科学家的专业也尊重了公众的价值和目标。随着科学传播学界这些年来对交流和对话的强调，来自学术机构、研究所、科学博物馆、非政府组织、政府、媒体等的科学传播者们正在积极探索扩大公众与科学家群体之间互动的机会。正如《科学与社会》报告所指出的那样，"与公众之间直接的对话应当不再是关于科学决策的一个随意的附属品，不再是研究团体与学术机构活动的一个随意的附属品，而应当变成这个过程正常的整体的一部分"（上议院科学技术特别委员会，2004）。不少科学传播的学术研究和项目实践已经开始向新兴的公众参与科学模式靠拢。一系列公众参与科学的新模式和新做法开始涌现，如公民科学（citizen science，即公众自愿参与科学数据的收集和分析并帮助进行科学研究）、科学嘉年华活动（science festival）、科学咖啡馆（science café，人们以非正式的方式与科学家们互动）、一系列在科学中心和科学博物馆举办的活动如互动科学展、科学示范园、愿景工作坊等，或组织形式更为严密的共识会议（consensus conference，让公众参与科学决策讨论的公共科学活动）、协商民意测验、公民陪审团等等（苏珊娜·普莱斯特，2019）。这些活动强调展示和互动体验，让参与者们能够自发地讨论和提问而不再止步于被动地观看，从而重新定义了科学的社会和公众外延，增加了公众与科学家之间双向交流并参与科学的机会，让公众能够与科学家们分享自己的观点，而不再只是由科学家们单向地对公众进行输出。同时，科学教育也在逐渐发展为以传授基本科学知识为手段或载体，以素质教育为依托，体验科学思维方法和科学探究方法，培养科学精神与科学态度，建立完整的科学知识观与价值观，进行科研基础能力训练和科学技术应用的教育。尽管公众参与科学模型在不同的背景下有不同的含义，但拥有科学参与的社会能提供民主科学的治理和决策，并赋予个人和社区权力以帮助公众在日常生活中了解和使用科学（Árnason，2013；Irwin，2014）。而公众对科学的认识、享受、兴趣、意见形成和理解（AEIOU）也成为检验科学传播效果的重要指标（Burns，O'Connor，Stocklmayer，2003）。

　　互联网更进一步为公众参与科学提供了便利条件，让公众能够主动投身于科学参与，也探索了数字时代社会领域中科学传播新的可能。以公民科学为例，公民科学家们可以设计实验、收集数据、分析结果，并通过网络（如社交媒体、科学自媒体、在线科学社区、视频网站等）展示、回答和解决科学问题，从而进一步在公众中传播科学并帮助参与者们与科学建立有意义的联系（Bonney，Phillips，Ballard，et al.，2016）。还有一些通过网络来实现合作、共同创建和公民主导的项目，在此类公民科学项目中，普通公众能够通过互联网加入收集科学数据的行列中，并挑战以前不可能仔细审查的专业科研机构的实践。例如，Safecast 和 Surface

Stations 等项目团体通过使用新的数字工具获取科技证据进而建立批判性的科学观点，虽然此种科学观点并非来自专业科学家群体，但依然是有据可循、站得住脚的（Wynn，Walsh，2013）。此外，科学的业余爱好者们还可以根据自身的科学兴趣或爱好在网络上找到同好，形成基于网络的兴趣小组或社群作为专业的话语空间开展科学讨论，或通过与科学家们建立合作关系进行协同合作和研究。又比如科学咖啡馆活动，线下的科学咖啡馆通常会在咖啡馆或餐馆邀请科学家发表演讲并参与公众讨论，其目的在于推进科学界与公众的互动，让人们用一杯咖啡的时间就可以参与和享受科学。而线上的科学咖啡馆则可以借助微信、微博等新兴社交媒体，组织科学家和公众的线上互动交流，形成公共科学对话（宋昕月，2017）。如此，通过网络实现的公众参与科学能够更好地整合利用公众的精力和时间，让内生动力推动人们主动关注科学，参与科学学习、讨论和决策，使人们从中获取满足感并增进其对科学知识和科学内在规律的了解。

应该说，从缺失模型到更侧重对话或公众参与的科学传播模型的变化同科学传播本身在研究与实践中出现的新变化（如社会氛围、传播环境、意见领袖、科学发展等）有关。侧重对话的公众参与科学模型更强调双向沟通式的讨论和对话，如一方面通过为科学家们提供更多机会，从而推动他们与公众互动并参与政策形成的过程，另一方面为公众提供更多机会与科学家和科学内容进行互动。这些讨论科学问题及科学政策的机会能够帮助人们在进行科学决策时实现更深入地思考。不论如何，科学传播的主流看法已经意识到公众是科学民主的重要组成部分。也有学者认为当前的科学传播已经发展到了根据不同语境和媒介环境向受众传播科学信息的多主题、多渠道、多方向、多层面的语境模型（contextual model）。同时，科学传播研究对策略和技巧的关注也呼之欲出。研究者开始关注政府部门、科学组织、公众等不同行动者（actors）在推动科学传播进步方面的作用，主张在科学技术政策制定时应考虑使用一定的传播技巧。

虽然公众参与科学模型无论是在理论上还是实践上都取得了巨大成

就，但也面临一些问题。首先，许多围绕公众参与科学的学术讨论都假设公众参与的目标是为科学政策和决策提供信息，如将公众参与科学的兴趣与对科学治理的更广泛关注联系起来（Stilgoe，Lock，Wilsdon，2014），但并非所有的公众参与都与科学决策相关。如果生硬地把公众的科学参与与科学决策和治理联系起来，容易削弱与科学治理关联较弱的公众参与科学形式，如科学咖啡馆、节日、非正式对话活动等（Davies，2009）。且这种直接生硬的连接方式容易让人们在研究中忽略了公众参与及其政治影响之间更长期复杂的关系（Powell，Colin，2009）。此外，公共政策中决策科学化与民主化的两难困境使公众参与科学易流于表面，因为科学家与公众实际上拥有不同类型的知识体系，关注科学风险的程度和维度也不同，如果缺乏自省地用体制化的方式实现公众参与科学，容易导致在公共协商过程中科学家与公众的地位不平等，难以实现真正有效的公众参与科学（孙秋芬，周理乾，2018）。其次，要实现有组织的公众讨论并非易事，其中话语和信息流通是关键。既有研究讨论了在科学家和公众的对话中如何协商专业知识或权力（Davies，2013；Kerr，Cunningham-Burley，Tutton，2007），分析了公众参与科学中的信息流（Horlick-Jones，Walls，Kitzinger，2007），并通过采访科学对话的参与者了解他们所理解的最佳的科学对话路径（Chilvers，2008）。此外，还需意识到公众的科学参与不仅受信息的影响，也受到价值、情感和行为观念的影响（Lorenzoni，Hulme，2009），如科学参与的背景和情境相关性也会影响参与者互动和建立对专家的信任（Parks，Theobald，2013）。最后，许多研究都用静态而非变化的眼光看待公众参与科学及人们对其的看法，如采用理想化的方式看待公众参与科学及科学对话的利益相关者，忽视了人们对技术的看法往往是变化的，公众参与科学实践也常处于动态更新中（Lezaun，Soneryd，2007）。

不是所有对科学或科学政策感兴趣的人都一定会参与到科学问题的讨论中来，即便他们有机会这样做。增加科学家与民众之间的互动也未必能够保证改变人们在具体科学问题上的看法或让人们在这些问题上与科学家们站得更近，但提高公众在科学问题上的参与度能够让科学共同体与公众在科学问题上得以交流、沟通并形成良性互动，有利于形成科学与社会之间的和谐局面（Carrada，2006）。研究表明，在我国，争议性公共议题的传播正在由"去公共性"突出极化的对立冲突模式向动员公众参与的解释协商模式转换（陈刚，2011）。在科技领域，由于现实中的专家统治模式（technocratic model），目前研究关注较多的是技术层面上的科技信息及政府、科学家或媒体对其的解读和向大众的传递，但公众作为主体参与和提出的对科学问题的意见和看法，特别是网民在网络公共空间中如何理解和建构科学争议也正在成为重要的研究选题。也正因为这样，公众参与科学模型这一肇始于西方社会、充分体现科学的民主治理精神和原则的理论模型，有助于学者们更好地了解当前中国社会中的种种科学争议，并在此基础上缓解或解决这些科学争议（贾鹤鹏，苗伟山，2015）。

第二节　科学传播中的争议性科学议题

何为"科学争议"？学者们通过分析研究科学争议的文献发现，从本体论的角度出发，科学争议可以是：（1）作为范式革命的科学争论；（2）作为公共危机或灾难的科学争议；（3）与科学或技术政策纠纷相关的科学争议（Graham，Walsh，2019）。第一类作为范式革命的科学争论往往集中于通过引入新的理论来解释存在于观察或收集到的科学数据中的争议，此类科学争议主要表现为科学界内部的争论，如出现在学术期刊和学术会议上的针对科学本身的学术争论。此种科学争议是"科学界或为特定研究计划、科学理论辩护的科学家或科学群体之间的根本性和持续性分歧。捍卫不同范式的科学家往往会与他们的竞争对手进行争论，他们有时会很快达成共识，有时这样的科学争议可能会持续多年"（de Donato

Rodríguez，Bonilla，2014）。第二类作为公共危机或灾难的科学争议将科学争议作为对危机时刻的回应。当意外事件特别是那些导致或可能导致人类生命财产灾难性损失的事件发生时，科学家们被招募进来形成公共合力应对危机。作为危机应对的科学争议始于人类的损失或对生命的威胁，其重点在于厘清危机的自然原因及责任分配（Graham，Walsh，2019）。第三类科学争议与科学的社会化及政策争议相关，且可能与前两类争议混杂在一起。也就是说，与政策及社会相关的科学争议常常会和范式革命及公共危机共同上演，因而十分容易引起社会性的关注，如 1984 年开始的围绕尤卡山核废料处置库的争议（Endres，2009）。

自二十世纪八九十年代以来，科学争议开始进入公众视野。以往局限于科学界内部的争论，如冷核聚变、转基因技术等争议性科学议题已借助媒体的传播和公众的参与逐步成为社会性话题。持续不断的争议，一方面体现了科学与社会的进步，另一方面也为社会学、传播学等学科的研究增添了素材。科学争议的集中爆发，与科学发展造成的对社会及道德等的影响、社会价值与技术发展之间的张力、公众对新兴技术可能造成的伤害、社会对科学家和以政府为主的公共机构的信任度下降有着密切的关系（Nelkin，1995）。网络的发展，特别是新媒体的广泛应用让科学争议变得更广泛也更激烈。不光在涉及生物技术、食品安全等争议性议题时，甚至在气候变化、疫苗等科学界本身的主流意见已达成共识不存在争议的问题上，反对科学主流观点、无视科学证据的伪科学传言和谣言也被广泛传播，更增添了围绕争议性科学议题的纷争（贾鹤鹏，苗伟山，2015）。有学者认为，公共领域中的部分科学争议是被"人为制造"出来的，即科学共同体本身已经在某些科学问题上存在压倒性共识，但在社会领域中公众仍围绕这些科学问题制造对立、引发争辩，此种被人为制造出来的科学争议实际上是一类特殊的"公共科学争议"，不论对科学还是社会发展都是扭曲和腐蚀（Ceccarelli，2011）。争议性科学议题蕴藏万象，作为中国社会转型时期的典型话题，对它的研究无疑将成为观察科学传播、体制变迁和社会变革的重要窗口。研究者们一方面需要重视科学本身的传播特点，另一方面要深入辨析科学争议所处的社会语境及产生科学争议的深层次结构性原因，才能更好地在理论上理解争议性科学议题的建构与传播，在实践中为解决各种科学争议找到行之有效的方法。接下来本节试图围绕科学传播中的争议性科学议题，引入科学知识社会学来为本书对争议性科学议题的媒介建构和公众认知的研究打下理论基础。

一、争议性科学议题的发展及其研究现状

争议性科学议题的主要特征包括：（1）时效性；（2）接近性与公共性，与多数人切身利益相关并受到舆论广泛关注；（3）不同的群体和利益代表者对该议题认知的多元性甚至矛盾性；（4）事件认知的争议性和较高的社会关注度（Salders，Zeidler，2004；陈刚，2011）。由于科学争议的普遍性，研究争议性科学议题的学者遍布科技、政治学、公共政策、传播学、心理学等研究领域。学者们针对有关转基因作物与食品安全、核电的安全性、地震预报之疑、疫苗等生物技术、气候变化、环境污染、垃圾焚烧等涉及科学问题的热点争议话题，研究了其建构与传播的渠道、角度、方式、内容等。科学争议因为不同的起因，存在于不同的群体之间。围绕科学问题的争议可以是存在于科学家之间的学科内和学科间的争议，或发生在普通公众与科学家之间的冲突，抑或是地方、国家和国际层面的政治参与者与科学家之间的辩论（Wynn，Walsh，2013）。现有的围绕争议性科学议题的研究不少都聚焦在微观层面上，如从学科边界和科学认识论入手研究科学家之间的学科内和学科间的争议传播（Ceccarelli，2001；Wynn，Walsh，2013），考察公众和科学家围绕科学相关的公共利益问题的争论（Nelkin，1979；Lynch，2011），探讨科学在政治辩论中的作用等（Irwin，1995；Jasanoff，2005；Wynne，1996）。部分研究从宏观层面出发来考虑科学争议的建构方式和传播动态，探讨在不同的环境中科学争议有

何异同及对争议性科学议题的不同建构方式是否会干预及影响到科学争议的传播等。除了比较不同类型和规模的科学争议之外，研究者们还格外关切新兴科技的发展及与其相伴而生的各类争议。

近年来被热议的争议性科学议题如转基因技术对人体健康与生态环境的影响（Gaskell，Bauer，Durant，et al.，1999；Cook，Robbins，Pieri，2006；Augoustinos，Crabb，Shephaerd，2010）、纳米技术的潜在风险和管控（Scheufele，Lewenstein，2005；Cobb，Macoubrie，2004）、核电技术（Peters，Slovic，2000；戴佳，曾繁旭，黄硕，2015；曾繁旭，戴佳，王宇琦，2014，2015）和PX技术（戴佳，曾繁旭，黄硕，2014；刘伊倩，2015；赵林欢，2014）的潜在危险性、干细胞（Nisbet，Brossard，Kroepsch，2003）和人类基因编辑（Singer，Corning，Lamias，1998）等生物技术的伦理危机、气候变化真实性（Bickerstaff，Lorenzoni，Pidgeon，et al.，2008；Boykoff，Aoyagi，Ballantyne，et al.，2023；Lassen，Horsbol，Bonnen，et al.，2011；Nisbet，Myers，2007；Xie，2015）和疫苗安全性（Benjamin，2019；Clarke，Dixon，Holton，et al.，2015）等问题已经开始影响到社会公共安全、政府决策和公众信心（Englehardt，Caplan，1987）。这些前沿技术及其附带的争议性随着科学发展的潮流正在逐渐成为科学传播研究的热点（王国燕，岳朦朦，2018）。如何处理好这些争议性科学议题与社会的关系问题亦已成为科学传播关注的重点（Carrada，2006）。著名科技研究学者、哈佛大学教授希拉·贾萨诺夫（Sheila Jasanoff）在其著作 *Designs on Nature* 中分析了转基因、干细胞和再生医学三种与遗传相关的争议技术在英国、德国与美国的建构、传播与公众接受情况，并刻画了其深刻的历史、文化和政治意味（Jasanoff，2005）。应该说，科学与社会的不断融合、公众与科技领域之间不断变化的争论动态等为传播学者提供了新的探索领域。随着网络和移动互联网的兴起，研究新的媒体环境下争议性科学议题是如何被建构和传播的，及其与风险社会之间的关系具有相当重要的学术和实践意义。

在风险社会中，社会矛盾的积累和科学争议的发生使得公众对科学家和政府等缺乏信任，也加剧了整个社会的不安全感和不满感。此种特定的语境为科学传播实践提供了意义和基础，并将科学争议与特定的文化和社会意识形态联系起来。考察争议性科学议题的媒介建构和网络呈现，探究其报道策略、对话方式和影响因素等对研究争议性科学议题的建构和传播十分有必要。不同于其他争议性事件的报道和舆论，科学议题的争议涉及安全、医学、人类生命健康、食物、生态的可持续发展等问题，其高度的复杂性与不确定性导致其在社会层面上形成的风险冲击无法也不可能被完全估计（周桂田，2005）。研究发现，在不同争议性科学议题的建构与传播中，其主题、倾向性、消息来源、框架等存在较多差异。徐顽强、张红方（2011）采用"嵌入"模式，研究了在科学普及与社会热点事件这两个范畴领域里，科学普及如何插入社会热点事件中，并导致社会热点事件发生相应变性，从而最终影响社会热点事件的形成、发展、演变及终结。通过对有关科学争议的报纸和电视报道的主题、倾向性、消息来源、框架等的分析，研究者们发现媒体在讨论科学争议时往往会放大不确定性和风险（Frewer，Miles，2003）。媒体对争议性科学议题的报道数量与重大科学发现等新闻性事件高度相关，在事件结束后报道量迅速下降（Corbett，Durfee，2004；Nucci，Kubey，2007），且新闻媒体在报道争议性科学议题时存在不少问题。由于所争议的科学风险在现阶段具有不确定性，舆论场中各方力量可能有传达信息之外的其他目的且各方力量实力不均衡。不少利益相关者们出于各自的目的（如经济利益或希望影响公共政策等）对争议性科学议题进行政治化解读，将其从单纯的科学问题变换为复杂的政治和经济问题，导致科学议题政治化的倾向越来越明显（如在气候变化议题上）。研究发现，在新媒体平台上有关争议性科学议题的信息丰富度较高，主题在传播过程中不断衍生，但是除了科学信息本身，"阴谋论"、社会伦理、反权力诉求等也占了相当比例（范敬群，贾鹤鹏，艾熠，等，2014；纪娇娇，申帆，黄晟鹏，等，2015）。总的来说，既有研究多基于科学争议引发的社会事件进行研究，较少从科学及科学问题的本身出发进行更深入的思考；较多地着眼于理论或某一具体案例，从框架分析、议程设置、话题演进、官方与民间话语的互相作用等方面考察争议性科学议题的建构和传播；针对报纸、电视报道的分析居多，较少从宏观层面出发统筹多个案例来研究不同类型争议性科学议题的特点及其在不同情境下不同平台上的传播。

从受众的角度出发，普通公众对于科学议题存在信息源、兴趣和知识结构上的限制，因此对于科学议题的认知和态度更容易受到媒介或他人的影响。科学的发展和技术的进步是推动科学传播活动的原动力，但新媒体环境下的知识爆炸和信息泛滥又常常使得公众对于科学感到困惑，其对争议性科学议题的态度和认知受到知识、价值、信任、文化等诸多因素的影响。事实上，对争议性科学议题的公众认知已经超过了科学本身的范畴，受到体制、文化、心理、社会价值与技术发展之间的张力，公众对科学家和政府的信任等多方面因素的影响（Nelkin，1995），并最终通过对公共话语的形塑（shaping public discourse）影响着社会民主进程。因此，对争议性科学议题的媒介建构和公众认知的研究除了具有科学意义外，也能为研究者们更好地理解当下这个时代的传播特性和社会文化提供启示。这也是本书希望实现的目标之一。

持续不断的科学争议体现了科学与社会的进步，也为社会学、传播学等学科理论框架的发展增添了素材。但以往的科学争议研究较多地是从社会政治学的角度展开剖析，却忽略了对于科学争议本身及不同类型科学争议之间的关系。必须看到，科学争议纷繁复杂，有些科学争议蕴含在科学自身的认知层面、源于科学问题本身的不确定性，有些科学争议在于其公共性、不同群体的利益相关性及对该争议认知的多元性甚至矛盾性（如气候变化），有些科学争议牵涉具体的利益分配和不同的价值衡量与评判（如转基因），有些科学争议集中在道德和伦理层面（如基因编辑技术），还有些科学争议则与曾发生过的负面社会事件有关（如疫苗、在线问诊等）。为了更好地解读争议性科学议题，全方位地考察不同类型和性质的科学争议，本书将在接下来三章中分别针对不同的争议性科学问题——气候变化、转基因、新兴健康技术及相关的典型传播个案进行分析，运用多种经验研究的方法，对这三类争议性科学议题在我国的媒介建构、传播和公众认知进行全景式观察，寻找其中的特点和共性。

二、争议性科学议题的媒介建构与公众认知

在我国的科学传播中，争议性科学议题的建构和传播主要由大众传媒、政府和科学共同体主导（梁德学，2012）。传统的大众媒体（报纸、电影、电视等）在争议性科学议题的建构和传播中具有举足轻重的作用，对争议性科学议题获得、维持或失去政治关注和公众关注影响颇大。虽然研究发现传统媒体并未充分报道争议性科学议题（underrepresented）（Guenther，Ruhrmann，2016），但其仍是普通民众重要的科学信息来源（Cacciatore，Anderson，Choi，et al.，2012）。事实上，某些时候科学研究可能才刚涉足某些领域，暂时还充满不确定性，但往往这些刚刚兴起或尚未确定的科学问题是人们最想了解，也是记者最希望报道的，因此毫无疑问新闻会追踪相关的科学争议（苏珊娜·普莱斯特，2019）。以干细胞争议为例，学者们通过对 1975 年至 2001 年间发表在《纽约时报》和《华盛顿邮报》上有关干细胞的文章进行分析，结果发现大众媒体在干细胞争议的演变中扮演了重要的角色——媒体对干细胞议题的关注跨科学学科、跨政治和政策阶段，通过特定的议程和框架建构对干细胞争议的各个争议阶段进行了呈现（Nisbet，Brossard，Kroepsch，2003）。

但媒体在报道争议性科学议题的过程中也存在诸多问题，如报道模式固化和虚假平衡报道等（Dixon，Clarke，2013）。在固化的报道模式下，我国新闻媒体在报道科学议题时使用较多的是成本收益框架、风险框架、政治框架和矛盾框架（王国燕、岳朦朦，2018）。虚假平衡报道则是指不

考虑科学事实的合理性、科学证据充分与否及科学共识程度的高低，出于新闻客观性原则公平地呈现科学争议正反双方的观点和意见。以对自闭症和疫苗接种这一争议性科学议题的报道为例，研究发现，坚持所谓的客观性原则会在自闭症和疫苗接种问题上对受众造成误导，形成对该科学问题的片面或错误看法（Dixon，Clarke，2013）。在报道科学争议时到底应遵循何种道德标准，虽然大部分记者在该问题上仍然觉得应该坚持客观性原则，但也有越来越多记者和编辑支持基于证据权重（weight-of-evidence）的报道原则（Dunwoody，2005），即报道那些目前大部分科学证据都证明或大部分科学家都认同的科学方向（Hiles，Hinnant，2014）。此外，由于科技新闻整体并未得到受众的充分关注，科技新闻的记者及编辑也较为弱势，新闻业被描述为在例行且不加批判地"售卖"科学（Nelkin，1995），并高度依赖第三方向媒体发布的新闻稿或其他传播主体提供的信息（Gandy，1982）。又因为在争议性科学议题的建构和传播过程中，科学家往往都没有发出自己的声音或处于相对弱势的状态（袁海军，2013），而新闻记者的科学素养与科学家的媒体素养存在双重落差（Stocking，Holstein，2009；陈刚，2014），哈茨和查普尔（Hartz，Chappell，1997）在他们著名的关于科学与新闻关系的研究中，基于对美国科学家和记者的调查所指出的那样，科学家和记者就像陌生人一样无法理解彼此的语言，并且被不同的议程所驱动；且由于媒体对科学议题的报道往往不尽准确，科学家对媒体的科技报道持负面看法居多。随着越来越多的科学性议题"外溢"成为社会性议题，媒体该如何与科学界沟通合作、妥善处理争议性科学议题的报道就显得尤为重要。

科学家在如今的争议性科学议题传播中的权威不可小觑。实验证明，在社交媒体背景下，以转基因食品安全为例，通过提供纠正性信息可以有效抵消错误信息的影响，尤其是当该纠正性信息来自于科学家或其他专家并获得高度社会认可时（Wang，2021）。虽然根据皮尤研究中心（Pew Research Center）对美国科学促进会（AAAS）会员在 2009 年和 2014 年的两次调查显示，从 2009 年到 2014 年科学家参与针对公众的科学传播的情况在整体上并没有改善（Rainie，Funk，Anderson，et al.，2015）。但我国学者发现，相较于以往 SARS 等突发疫情，科学共同体在新冠疫情期间在社交媒体上表现出了更高的对话欲望与参与冲动；科学家们以不同身份参与了协商互动或对抗互动，并在开展与疫情有关的科普工作的同时尝试维护科学共同体的知识权力（彭华新，2021）。有证据表明，大多数科学家认为媒体的知名度很重要，回应记者是一种职业责任（Peters，2013）。多数科学家认为在科学界内部交流科学和到公共领域中传播科学之间存在较大的差异。相较于传统媒体时代，当今的科学共同体对公众在科学传播上的影响更大，但科学家有关科学传播的信念和态度是否存在大的变化，这一点仍然有待进一步研究。目前看来，年轻的科学家们似乎对参与公共科学活动更有兴趣，对科学传播的接受度更高。调查显示，在 35 岁以下的科学家中，70% 的人会"常常"或"偶尔"在社交媒体上谈论科学问题，而在 65 岁及以上年龄段的科学家中，会这么做的只占 30%（Rainie，Funk，Anderson，et al.，2015）。学者们认为，大众媒体在报道争议性科学议题时应建立严格的科学报道准则与规范，审慎报道科学的风险与不确定性，尊重争议性议题中的科学共识；科学共同体与媒体应互相尊重，建立长效的合作关系；政府应加强对科学普及的重视和对科学传播的引导，为科学创造良好的社会氛围（庞万红、赵勋，2017）。

随着网络的兴起，专门传播科技新闻和科技事实的网站，例如果壳网等相继出现。各类新媒体（网络科学社区、网络论坛、社交媒体等）成为科学争议新的舆论场。新媒体上各传播主体基于话语互动与权力博弈所形成的话语秩序与传统的政府及大众媒体主导下的舆论场形成鲜明对比并互相作用。新媒体在传统媒体之外为人们讨论争议性科学议题提供了新的交流平台。以转基因黄金大米事件为例，相关信息在微博空间上呈现脉冲式传播（范敬群，贾鹤鹏，张峰，等，2013），其话题重点与传播模式与传统媒体存在明显差异。学者戴佳、曾繁旭、王宇琦（2014）则发现，在有关核电的科学争议中，官方与民间话语通过多媒体融合的方式在传统媒体上实现了话题交叠。网络科学社区、网络论坛、社交媒体等成为我国公众及利益相关者表达利益诉求极为重要的渠道，相关的官方与民间话语通过传统媒体和新媒体融合的方式实现话题的交叠。

但新媒体的兴起也带来新的问题。新媒体上那些制造科学争议的群体常常借助平衡规范或诉诸自由开放思想和公平的价值观等制造科学争议，而当科学家们作为科学的主流捍卫者驳回那些错误观点或抗议所谓"科学争议"在科学上并不存在时往往会落入话语陷阱，被拉入无休止的争论序列中（Ceccarelli，2011），如在转基因食品——黄金大米实验事件这样的争议性科学议题的微博传播中，科学家、大 V 等意见领袖、公众及其他利益相关者基本各说各话，公众兴趣转瞬即逝，有效的对话和沟通并不容易实现（贾鹤鹏，范敬群，彭光芒，2014）。公众在此类事件相关的微博讨论中并非围绕科技、伦理等进行一般性的归因，而是转为指桑骂槐式的情绪宣泄（靳明，靳涛，赵昶，2013）。此外，新兴的自媒体在争议性科学议题的建构和传播上也拥有自身的特点，如在科学传播中存在特定的议题偏好和叙事方式，显示出与传统官方媒体的自觉疏离和为了吸引受众的另辟蹊径等；其科学传播内容与议题显著性直接相关，文章来源、科学主题、科学传播主线等会影响自媒体科学传播的显著性、注意力和向度（王玲宁，陈昕卓，2017）。但自媒体的爆炸式增长也导致"伪科学"和"伪科普"大量涌现，企业账号和营销账号为了获取流量常常利用社会影响力高的科学争议事件策划、生产、传播在严谨度和科学性上有所欠缺的科普内容（王大鹏，贾鹤鹏，吴欧，等，2018）。即使是在同一个争议性科学事件中，如在基因编辑婴儿事件中，媒体账号与科普自媒体账号在社交媒体上发布的内容也可能存在巨大的差异（张迪，童桐，施真，2021）。

必须看到，新媒体在有关科学的风险沟通、受众的风险认知及社会范围内的风险分配正义等方面有着重要的作用。在新媒体环境下，公众成了建构与传播争议性科学议题的重要力量。在科学不确定性和风险加剧的背景下，公众意识到自己与科学风险息息相关，因此他们希望能与科学家形成平等对话，在公共政策领域获得参与科学决策的权力（贾鹤鹏，范敬群，彭光芒，2014）。然而，在重要的争议性科学议题上，政府、科学共同体和公众常常处于意见相左的境地（Rainie，Funk，Anderson，et al.，2015）。公众对政府、媒体和科学家们的信任危机也时有发生，如在邻避运动（Not-In-My-Back-Yard，简称NIMBY）中。在英国2003年有关"转基因国家（GM Nation）"的全国性大讨论中，科学家和政府部门试图用科技话语来推动转基因发展，而公众和非政府组织则拒绝这种阐述，认为政府、公司和科学家们是在维护既得利益（Barbagallo，Nelson，2005）。各领域的学者都对公众参与科学赋予了正当性。研究表明，公众对争议性科技的抵制不是因为其科学知识少，而更多是因为价值和信任等因素，这些因素影响了人们筛选信息形成知识的认知过程（Dietz，2013）。

事实上，在一些有关高科技含量的大型项目的公共争议中，无论是项目设计、环境保护还是城市设计规划方面的专家往往都没有发出自己的声音，或处于相对弱势的状态，导致整个争论或协商只在政府与公众之间展开（袁海军，2013）。政府在各类争议性科学议题传播过程中处于主导地位。旧的科学观允诺了一种作为合理性权威的科学，政府可以借用合理性权威使自己的决策在面对公众的质疑时保持其合法性。随着科学广泛地卷入不同的公共争议中，其作为争议决裁者的角色不断削弱（袁海军，2013）。与此同时，越来越多的非政府组织（non-governmental organizations，简称NGOs）开始通过网络和社交媒体积极地参与科学信息的传播，推广科学议题、进行科学宣传。许多商业机构也非常关注科学技术。学校、科学中心和博物馆、大学、研究机构、图书馆等也是科学传播的关键力量。组织机构作为公共与个人之间的一个层次，对各类争议性科学议题是如何被沟通和理解的有着重大的影响，其特征和复杂性值得人们思考。

公众认知是科学传播研究包括争议性科学议题传播研究中的又一个

热点。大部分时候，在科学传播研究中提及"公众"一词时往往指的是社会中的所有人。但事实上，公众本身就是一个层次丰富的多样化群体，基于各自的需求、兴趣、态度和知识水平，不同的研究在提到"公众"时实际上有以下四种不同的指向：（1）一般意义上的公众；（2）对科学有所关注的公众，即那些在日常生活中对科学及科学活动已经存在合理了解的人；（3）对科学感兴趣的公众，即那些对科学和科学活动感兴趣但未必有所了解的人；（4）非专业人士（the "lay public"），即那些在特定领域中非专家的普通公众，需要注意的是，这些人可能在自己的领域中是科学家或专业人士，但在涉及特定的争议性科学议题时并非该领域的专家（Burns，O'Connor，Stocklmayer，2003）。研究发现，公众与科学家对同样的争议性科学议题的看法也许并不相同（Cook，Pieri，Robbins，2004）。首先，不可否认公众和科学家之间存在知识鸿沟。以2013年崔永元与方舟子在微博展开的关于转基因食品安全性问题的争论为例，大部分网友支持崔永元质疑转基因，并表达了对转基因风险的担忧（范敬群，贾鹤鹏，艾熠，等，2014）。其次，公众对争议性科学信息和科学知识的接受并不仅仅受到知识或信息本身的影响，价值、信任等社会因素也会影响人们的信息采纳和知识接受，因为价值和信任是人们筛选信息的重要认知通道，能帮助人们通过动机性推理（motivated reasoning）本能地优先选择和接受特定的信息，形成对新兴科技的看法和态度（Druckman，Bolsen，2011）。在争议性科学议题的传播过程中，由于公众大部分对科学了解不多，使得人们对争议性科学议题的认知很大程度上取决于人们对科学家群体的信任和对政府监管意愿及能力的感知和信赖（金兼斌，2018）。实验证明，在对人们有关科学争议的看法上，争议性科学的事实性信息未必能够发挥比其他背景因素（如价值观、信任等）更大的作用；一旦个人形成明确的有偏见的初始意见，就会以有偏见的方式来认知争议性科学议题（Druckman，Bolsen，2011）。曾繁旭等人（2014，2015）的研究认为，对于争议性科学议题如核电的短期和长期信任是公众正确认知和接受的关键所在，社会价值趋向和公众参与科学机制能够影响公众对核电这一争议性科学问题的认知和看法。由此可见，社会因素在争议性科学议题的媒介建构与公众认知上发挥着至关重要的作用，故本书试图引入科学知识社会学这一理论视角来探究作为观念和文化的科学，特别是争议性科学议题的媒介建构与公众认知及其如何受社会、文化等因素的影响。

三、科学知识社会学视角下的争议性科学议题传播

启蒙运动以来，自然科学知识被划归为纯粹知识，被认为具有不受社会因素和历史条件影响的普遍一致性。然而，在实际的社会生活中，基于纯粹知识的立场，往往容易忽略社会因素在（争议性）科学议题的建构与传播过程中的作用。科学知识社会学（Sociology of Scientific Knowledge，简称 SSK）和科学知识社会建构论恰好提供了合适的理论视角来帮助我们理解社会因素在（争议性）科学议题的建构与传播过程中的作用。科学知识社会学是研究科学知识产生发展及其与社会文化之间关系的一个社会学分支学科。1924 年，德国社会学家舍勒在《知识社会学的尝试》一书中首先提出了"知识社会学"（Sociology of Knowledge），其中的"知识"指的是包括思想、意识形态、伦理和法学观点、哲学、艺术和科技等在内的各种观念（马克斯·舍勒，2012）。舍勒的主要贡献在于他指出科学家对绝对真理的追求实际上只是一种表象，进而对自然科学知识的至尊地位提出了挑战，这为之后科学知识社会学的兴起奠定了基础。虽然"知识社会学"这一提法最早是舍勒提出的，但知识社会学的先驱如马克思与恩格斯早就强调过社会、历史及社会需求因素对自然科学知识的影响。1949 年，在已成为社会科学经典之作的《社会理论与社会结构》一书中，默顿基于他在科学社会学方面所取得的成功经验在"知识社会学和大众传播"的主题下提出了"大众传播的知识社会学"构想，认为应该采取"中层理论"的研究路径，即在大量经验研究的基础上从事理论的建构工作或借助理论

的视野指导经验研究（罗伯特·金·默顿，2006）。默顿考察了作为观念和文化的科学在社会中的使用及其如何受社会历史背景的影响，认为科学是：（1）一套特定的方法，知识的证实依靠这套方法；（2）通过应用这些方法所获得的一些积累性的知识；（3）一套支配所谓的科学活动的文化价值和惯例；（4）上述任何方面的组合（罗伯特·金·默顿，2000；罗伯特·金·默顿，2003）。按照吉登斯的看法，默顿在这一时期"试图对正统科学进行系统化，建立一个统一的标准——他称之为社会学范式（在库恩之前）"（安东尼·吉登斯，2003）。其后，托马斯·库恩也曾在《科学革命的结构》一书中质疑过传统的科学观念（Kuhn，1962）。

后来的科学知识社会学学者对默顿规范基本上持批评态度，他们并不否定规范的存在和作用，也承认规范在某种程度上是区分不同社会系统的要素，但他们认为在科学活动中，认知规范才是根本，而非社会规范或道德规范（欧阳锋、黄旭东，2012）。诞生于19世纪70年代的科学知识社会学关注科学的社会建制问题，认为应该把科学知识作为一种社会现象进行研究，将社会学的视角和方法用于研究科学知识本身，将科学知识看作是由社会建构的（Barnes，1982；Bloor，1991）。科学知识社会学以其激烈的建构论和对科学的怀疑论，通过丰富的经验社会学研究使得对知识和科学的社会学研究进入新的发展时期。虽然知识社会学中爱丁堡学派试图把社会建构论普遍化、绝对化的做法需要批判，但是他们提出的科学知识社会建构论作为一种新的理论体系，把科学知识看作是富有弹性的社会产品，一方面凸显了社会因素在科学形成中的重要性，表明了科学技术与人文研究之间的关系，也提示了一种在解决科学争议时科学共同体、公众与社会互动的新模式；另一方面，科学知识社会建构论把科学知识的建构过程呈现了出来，使经验研究方法受到了重视，进而引发思考——从社会、文化的维度看，对知识的建构和传播是否意味着某种权利和支配？哪些因素能够影响科学知识的社会建构及人们对科学知识的认知？基于这些思考，本书希望能够深化对新媒体环境下争议性科学议题的媒介建构与公众认知的研究和理解。在理论层面上，传统的科学知识社会学未能具体刻画社会因素是如何决定科学知识的，未能对科学知识做出必要的区分，也未充分考虑科学知识社会建构的程度问题。本书希望弥补以上缺憾，亦希望能够通过对我国语境下具体的争议性科学议题的个案研究予以补足。由此，在科学传播这一学科背景下，本书将科学知识社会学作为理论起点，围绕争议性科学议题这一关键概念，结合具体的争议性科学议题和互联网时代的传播特点，回答下列研究问题：

1. 中国语境下的争议性科学议题，以气候变化、转基因和新兴健康科技为代表，是如何被媒介报道、呈现与传播的？又是如何通过新媒体平台被公众解读、对话和传播的？存在何种关注焦点和话语策略？

2. 官方及民间建构的有关争议性科学议题的舆论场是否存在关联？又是如何相互作用最终实现科学议题在社会范围内的传播的？哪些行动者在争议性科学议题的建构与传播过程中获得了话语机会？折射出我国的争议性科学议题在建构和传播中存在的何种权利关系？

3. 我国公众在争议性科学议题上存在何种利益表达？对于争议性科学议题的认知和接受程度如何？其对争议性科学议题的认知、理解和行动受到哪些因素的影响？

第二章　围绕气候变化的争议建构与风险认知

　　根据《联合国气候变化框架公约》(UNFCCC),"气候变化"指的是除在类似时期内所观测的气候的自然变异之外,由于直接或间接的人类活动改变了地球大气的组成而造成的气候变化。具体是指由于煤、石油等化石燃料的大量使用,大气中的二氧化碳等温室气体排放增加,产生温室效应,进而导致全球气温升高、冰川融化、海平面上升及气候异常等(姚从容,2011)。

　　基于时间维度,学者们将地球气候变化史分为三个阶段:(1)地质时期(距今22亿年至1万年前)气候变化;(2)历史时期(距今1万年左右以来)气候变化;(3)近代(200～300年以来)气候变化(黄健民,徐之华,2005)。全球地质时期气候变化以冰期和间冰期的出现为特征,气候变化幅度在10℃以上。冰期来临,不仅整个气候系统发生变化,甚至地理环境也会因此而改变。历史时期的气候变化幅度最大不超过2～3℃,大都是在地理环境不变的情况下发生的。近代的气候变化主要是指近百年来或20世纪以来的气候变化,气温振幅在0.5～1.0℃之间。

　　1988年,联合国环境规划署(UNEP)和世界气象组织(WMO)共同成立了联合国政府间气候变化专门委员会(IPCC),评估气候变化相关的情况及其对环境和社会经济的潜在影响,进而形成IPCC气候评估报告。至今 IPCC 已发布六次报告，对气候变化的研究不断深入。IPCC 第一次全球气候评估报告指出，大气中人为温室气体的持续累积将使 21 世纪的温室效应增强。IPCC 第二次评估报告除考虑二氧化碳浓度外，还考虑了气溶胶浓度增长的作用，认为人类活动所排放的温室气体，若不采取任何限制措施，将使 2100 年全球平均地面气温比 1900 年增加 2℃，海平面将上升 50 厘米。IPCC 发布的第三次评估报告采用了新的排放情景并重新对未来 100 年气候变化进行了预测。IPCC 第四次评估报告，在前三次报告的基础上吸纳了新的研究成果，认为太阳辐射变化不是当代气候变暖最主要的影响因素，人类活动对气候变暖产生的影响更大；并预测 21 世纪末全球平均地表气温可能升高 1.1 ~ 6.4℃，海平面上升幅度达到 0.18 ~ 0.59 米。IPCC 第五次评估报告继续指出，地球气候系统的变暖是毋庸置疑的，从 1880 年到 2012 年全球地表平均温度大约升高了 0.85℃，其中 1983 ~ 2012 年是过去 1400 年来最热的 30 年；20 世纪中期以来全球气候变暖的主要原因 95% 是人类活动。目前，大气中的二氧化碳、甲烷和一氧化氮等温室气体的浓度已经上升到过去 80 万年来的最高水平（The Intergovermental Panel on Climate Change，2014）。2021 年发布的第 6 次评估报告强调，由于人类的影响，我们的气候正在快速发生变化，并且已经在以剧烈的方式改变着我们的星球；天气和气候事件（诸如极端高温、强降雨、火情以及干旱）因为气候变化而变得更加严重和频繁，这给人类社会和生计造成了不利的影响（The Intergovermental Panel on Climate Change，2021）。随着气候变化的研究不断深入，当前人们所关注的气候变化，主要指的就是近百年来因人类活动影响造成地球气温显著上升、气候变暖为特征的这种趋势性变化。

2017 年 10 月 30 号，世界气象组织发布的《温室气体公报》称，2016 年全球二氧化碳平均浓度达到了 403.3ppm（1ppm 为百万分之一），是近百万年以来的最高水平，可能会导致海平面上升 20 米、全球气温上升 3℃（WMO，2017）。2017 年 11 月在德国波恩召开的联合国气候变化大会上，世界气象组织发布声明称，在经历了破纪录的飓风、洪水、热浪和干旱等极端天气事件后，2017 年将极有可能进入有气象记录以来最热年份的前三甲。2018 年 4 月 3 日，中国气象局发布的《中国气候变化蓝皮书》指出，全球变暖趋势仍在持续，2017 年是全球有完整气象观测记录以来的第二暖年份，也是有完整气象观测记录以来最暖的非厄尔尼诺年份（中国气象局气候变化中心，2018）。

联合国已将"应对气候变化及其影响"纳入"2030 年可持续发展议程"中的 17 个可持续发展目标之一，号召所有国家乃至各国公民，确立应有的气候变化风险意识，共同采取行动，保护地球。媒体是公众获取科学信息的重要渠道，也是介于公众和政府之间进行信息沟通的重要渠道，能够对相关议程和政策的设置和实施产生一定的影响。就气候变化议题而言，由于其高度的专业性及复杂性，包括科学家、政治家等在内的社会精英及主流媒体往往在此问题上拥有较大的话语权和社会影响力。因此，本章的第一节将关注作为科学争议的气候变化议题的媒介呈现，主要围绕国内外媒体是如何就气候变化这一具有全球影响力的议题进行报道的，在报道频率、报道方式、报道主题方面存在何种特点，各国之间存在何种异同，并进而从新闻专业规范、历史背景、意识形态和价值观等方面对有关气候变化的媒介建构和公共话语呈现进行解释。

近年来，尽管针对科学公共话语（如媒体科学报道）的研究与日俱增，但针对公众参与下所形成的有关全球变暖这一争议性科学议题的公共话语研究仍十分有限。因此本章的第二节内容将围绕全球变暖议题如何在网络论坛这一特定的公共空间中被展开及公众如何理解和建构其争议性展开，采用定性和定量相结合的研究方法，从话语建构和交往行动的角度分析从 2012 年到 2017 年我国大众网络论坛上有关全球变暖问题的讨论，重点考察讨论主题、争议性话语特征与话语策略及讨论过程中所呈现出来的对话和协商方式，进而剖析我国公众所建构的有关全球变暖的争议性话语及其与交往行动和特定语境之间的关系，思考网络论坛上的公共讨论是否有助于在社会中形成有关科学问题的理性沟通，并推动公众参与科学。

最后，在媒介对气候变化的多元建构及网络公共话语对全球变暖争议不断强化的前提下，我国公众的环境关注与参与情况究竟如何？人们是如何评估和看待气候变化风险的？更进一步说，在我国公众看来，气候变化风险具有何种特点？人们在获取气候变化相关信息时有哪些媒体使用习惯？哪些媒介要素或个体因素可能影响人们有关气候变化的风险认知？这些都是十分值得研究的问题。本章的最后一节将从风险社会这一理论视角切入，讨论公众对气候变化的风险认知可能受哪些因素的影响，采用风险心理测量范式从风险特性评价的维度测量受众对气候变化的风险感知，并通过两个系列实验分别验证内容要素（信源可信度和报道平衡性）和受众因素（空间距离感、受难者形象和救援者感知）对公众气候变化风险认知的影响。

第一节　气候变化议题的媒介呈现

一、作为科学争议的气候变化问题

气候变化及随之而来的极端天气事件接连发生，随时有可能给地球上的所有生命带来日益增加的灾难和风险。然而，气候变化由于其自身的特点——发生过程长且缓慢，人们无法基于个人经验清晰地、确切地亲身感受到。由于气候变化的影响范围广、形成的原因较为复杂，虽然已有众多科学证据表明气候变化真实存在，且目前全球科学界的主流意见也一致认为气候变化主要是人为因素造成的，但仍有很多团体和个人对"全球变暖说"表示怀疑。甚至连美国前总统特朗普也曾经公开表示不满"全球变暖说"，不接受美国《气候评估报告》中得出的气候变化会对美国经济造成数千亿美元损失的结论，拒绝承担减排责任。2019 年 11 月 4 日，作为全球第二大碳排放国的美国正式宣布启动退出《巴黎协定》的法律程序。在社会的公共话语中，有关气候变化的争议也从未停歇，对"全球变暖说"持怀疑甚至反对意见的不在少数，甚至还有不少针对气候变化问题的阴谋论式解读（江晓原，2013）。

目前，我国公共视野中围绕着气候变化这一科学问题的争议主要集中于两点。第一，在知识本身所蕴含的认知层面上，地球是不是真的在变暖？全球变暖跟人类活动存在何种关系？数十年地球气候的变暖在地球上亿年的进化发展中是否只是正常的长时段气候周期变化的一部分？全球变暖可能造成何种风险？人们无法依靠自身经验或日常观察来回答这些科学性极强的问题，而科学界也未能有效地运用公众能够理解的语言来解释相关的科学发现，并在社会中普及相关科学知识。同时，全球变暖问题的专业性和复杂性导致大部分公众无法基于直观的感受与自身的知识来进行独立有效的估测，进而建立人类活动与全球变暖之间的因果联系。这在一定程度上也为普及有关全球变暖的科学知识增加了难度，为否定科学界的结论提供了一定空间。第二，在如何应对全球变暖问题上，由于牵涉具体的利益分配和不同的价值衡量与评判，各方意见不一；而在实际的利益分配和政治运作中社会底层对官方机构、权威和精英等的不信任更加剧了全球变暖问题的争议性和复杂性。舆论场中的各方力量可能有传达信息之外的其他目的，导致不同的利益主体在公共话语中就全球变暖问题进行了各种"展演"（performance/enactment）。可以说，气候变化议题具备了争议性科学议题的主要特征，如科学（不确定）性、公共性、利益相关性、不同群体和利益代表者对该议题认知的多元性甚至矛盾性、较高的社会舆论关注度等（Nelkin，1995）。在中国社会，争议性科学议题蕴藏万象，对它的研究无疑将成为观察科学传播、舆情民意及社会矛盾与变革的重要窗口。

这类争议在社会公共话语中的凸显，也是"风险社会"的一个重要标志（Beck，Giddens，Lash，1994）。风险是"完全逃脱人类感知能力的放射性、空气、水和食物中的毒素和污染物，以及相伴随的短期和长期的对植物、动物和人的影响"（乌尔希里·贝克，2004）。气候变化正如核泄漏、地震、泥石流、雾霾等一样，已经成为我们生活中的一种"风险"。一方面，风险是可以被界定和建构的，因为风险"是基于因果解释，而且最初仅仅是以有关它们的（科学的或反科学的）知识这样的形式而存在。因而，它们是可以被社会界定和建构的，可以被改变、夸大、转化或者削减的。掌握着界定风险权力的大众媒体、科学和法律等专业，拥有关键的社会和政治地位"（乌尔希里·贝克，2004）。报纸、电视、互联网和移动媒体等媒介是人们了解气候变化风险的重要渠道，但这些媒介在建构和传播气候变化的相关信息时也不免会对其风险有所改变、转化、夸大或削减，而这些无一不在影响着人们的风险认知。另一方面，由于知识结构、交际范围以及时空距离等因素，人们不可能对世界上发生的所有事情都亲身经历，也不可能到达世界的每一个角落（周敏，2014）。因而大多数人对于外界世界的认知都是通过媒介或个体感知所得，我们头脑中的世界与真实世界之间可能存在一定的偏差。风险感知可能并非是理性、客观的判断，而更有可能是一种感性的、主观的认知。作为风险社会背景下的一个典型性科学争议，气候变化争议及其风险、媒介与公众对气候变化议题的建构与传播，以及公众对气候变化风险的认知及其影响因素均十分值得研究。

近年来，针对气候变化的媒介报道及公共话语的研究与日俱增。多数研究者的目光投向了有关气候变化的报纸报道，针对电视、互联网等媒体上气候变化报道的研究不断增长。褚建勋和倪国香（2014）检索了国际知名期刊 *Science Communication* 中关于气候变化的文献，结果发现从 2002 年到 2013 年该期刊发表的关于气候变化议题的文献数量相对较少；科学传播领域对气候变化议题的研究视域涵盖了社会科学、环境科学和健康科学，具有较强的跨学科特色。长久以来，科学问题往往被认为具有不受社会因素和历史条件影响的普遍一致性。然而，在实际的社会生活中，基于纯粹知识的立场，往往容易忽略社会因素在争议性科学议题建构和传播过程中的作用（贾鹤鹏，2011）。事实上，争议性科学议题的公共话语与社会建构已经超过了科学本身的范畴，受到体制、文化、心理、社会价值与技术发展之间的张力及公众对大众媒体、政府、环境机构等公共机构的信任等多方面因素的影响，并最终通过对公共话语的形塑影响着社会公共进程。

二、媒介报道和公共话语中的气候变化

在全球经济飞速发展和人口急剧增长的当下，气候变暖、雾霾、极端天气、冰山融化、海平面上升及物种灭绝等生态危机频发。其中，气候变化问题由于具有跨地域、跨国界、危险来源不明确等特性，已经严重威胁到人类社会的发展。气候变化问题也与恐怖主义、大规模武器扩散一起被视为 21 世纪全球面临的三大安全问题（杨惟任，2015）。近年来，气候变化对人类生存和发展所造成的影响开始为人所共知。虽然我国公众都认为气候变化正在发生，并且意识到主要是人类活动引起的，但是对于大部分公众而言，气候变化意识和行动之间仍有差距。具体来说，虽然 76.3% 的被调查者同意"人们如果不改变自己的行为，将很难应对气候变化带来的挑战"，多数公众在调查中也表示应该为应对气候变化付出更多，但只有约 26.6% 的被调查者愿意多支付一成的成本购买环保产品（王彬彬，2014）。如何提高公众应对气候变化的行为意愿是气候传播亟需探索的问题，而大众媒体在当中扮演着非常重要的角色，能够起到环境预警、风险沟通、舆论监督和生态教育等作用（郭小平，2018），也能够帮助气候变化相关的科学信息更准确高效地到达目标受众，从而调动更多利益相关方一起参与到应对气候变化的实际行动中。新闻媒体是人们了解气候变化的主要信息来源（Brossard，Shanahan，McComas，2004）。卡斯佩森

（Kasperson）等人（2003）的研究发现，大众媒体在帮助公众更好地理解危险中起着重要的作用，尤其是当人们对这些危险缺乏直接经验和相关知识时。由此可见，我们有必要了解媒介是如何报道气候变化／全球变暖问题，对这一课题的研究能够拓展我们对气候变化媒体呈现的认识，也为面向公众的气候传播实践提供启示。

　　科罗拉多大学的 M. 博伊科夫（Maxwell Boykoff）教授组织的跨国研究团队追踪了七大洲 54 个国家 120 家媒体的报道[①]，其结果如图 2-1 到图 2-3 所示。图 2-1 是 2004 ～ 2023 年世界各地报纸关于气候变化／全球变暖的报道情况，图 2-2 是亚洲地区的情况，图 2-3 则是该时间段内美国报纸对气候变化／全球变暖的报道情况。虽然新闻媒体从 20 世纪 80 年代末就开始报道关于气候变化相关的内容（罗伯特·考克斯，2016），然而从图 2-1 和图 2-2 上不难看出，有关气候变化／全球变暖的新闻报道，除了个别报道高峰外，其余大部分年份的报道量都不大。社会学家罗伯特·布吕莱（Robert Brulle）对此的解释是，"全球变暖已不再是新闻……在对新奇和独特性永无止境的追求中，全球变暖已不再能提供新的戏剧性头条……（媒体）对气候变化的兴趣有自己的规律，而气候变化不再被认为有新闻价值了"（罗伯特·考克斯，2016）。

　　除了报道数量和频率外，还有大量研究分析了媒体对气候变化议题的建构及其在传播过程中所使用的报道框架、话语特点、符号修辞系统和图像政治机制等。在西方国家，媒体对气候变化的报道往往强调冲突，如气候变化相关的科学界内部的冲突或科学家与政治家之间的冲突（Whitmarsh，2011）。但在中国，科学家和新闻媒体的观点并不矛盾。与西方媒体相比，中国的新闻媒体较少对气候变化持怀疑态度（Xie，2015），而更多地支持科学家和政府在减少全球二氧化碳排放方面的立场

---

① 　该研究团队制作的有关全球变暖／气候变化的报道统计图在以下网址中不断更新：http://sciencepolicy.colorado.edu/media_coverage

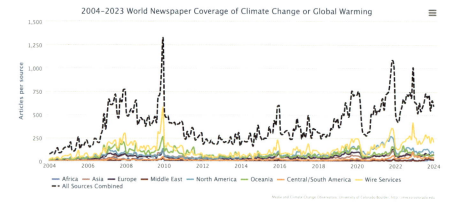

图 2-1　2004 ～ 2023 年世界各地报纸关于气候变化 / 全球变暖的报道情况
（Boykoff，Aoyagi，Ballantyne，et al.，2023）

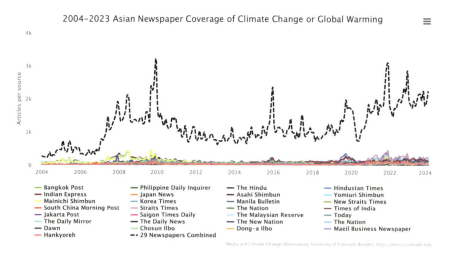

图 2-2　2004 ～ 2023 年亚洲地区报纸关于气候变化 / 全球变暖的报道情况
（Aoyagi，Boykoff，Chandler，et al.，2023）

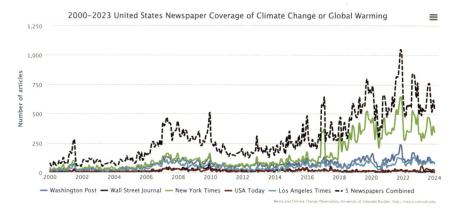

图 2-3　2000～2023 年美国报纸对气候变化/全球变暖的报道
（Boykoff，Bruns，Daly，et al.，2023）

（Wu，2009）。换言之，中国媒体对气候变化的存在和风险的看法十分明确，且与科学界的共识颇为相似。此外，在全球范围内的媒体气候报道中很少出现"气候正义"话语，这与西方国家在气候变化的媒体报道和相关研究中长期占据主导地位，而在气候变化威胁面前最为脆弱的国家则长期处于被遮蔽状态有关（纪莉，陈沛然，2016）。学者李静（2019）基于框架理论通过话语分析考察了 2010 年到 2018 年《人民日报》和《南方都市报》对气候变化责任归属的话语实践，结果发现中国媒体的责任归属话语表达与气候变化作为国际议题或国内议题密切相关。一方面，国际政治是媒体气候报道最为显著的主题，国家的责任、国家及同盟间责任区分主导着媒体的话语表达；另一方面虽然近年中国媒体也开始将气候变化作为国内议题来呈现，并借此凸显政府在政策制定方面的责任、重视本地气象或环境风险下的民众个体责任，但总体上我国媒体气候报道预设了国家或政府作为责任主体、国家间责任区分的认知图式（李静，2019），可惜的是该认知图式可能导致公众认为气候变化问题是国家的责任，而忽略了自身能采取的对抗气候变化的行动。学者们通过分析从 1997 年到 2012 年《纽约时报》《卫报》《澳大利亚人报》和《中国日报》在《联合国气候变化框架公约》下每年一度的缔约方大会期间关于气候变化的报道发现，当有新的条约或协议出台时各国媒体会给予更多的报道；各国媒体所使用的报道框架与其所属国的国际气候变化谈判立场相关；《纽约时报》《卫报》和《澳大利亚人报》对中国谈判形象的报道整体上偏负面，但在报道中国有关气候变化的国际合作和国内政策时较为正面（吴彤，徐建华，2016）。还有学者分析了中美四份主流报纸上有关哥本哈根气候变化会议的报道，结果发现中美两国在此类报道中都突出了责任、领导合作、环境后果、经济影响、生活方式和社会冲突框架，但在发展与风险取向上反映出迥异的价值观念（蒋晓丽，雷力，2010）。王寅（2012）比较了《人民日报》和《朝日新闻》在气候变化报道上的新闻框架，发现两份报纸均将"气候变暖"作为"气候变化"的预设，几乎不提"气候变冷"，这与欧美媒体常常报道气候变化相关的科学争议有较大差异（贾鹤鹏，2007）。

除了文本框架和信息焦点外，大众媒体呈现的气候变化图像框架和内容也逐渐被重视。在气候变化报道中，如"北极熊在融化的冰川上"这样的图像被反复利用，成为了经典，在媒体报道中一再出现。图像是数字媒体消费和社交媒体共享的核心，因其直观性和生动性成为影响公众环境参与的重要因素。人们通过获取和观察气候变化图像来对公众风险进行感知和思考，并进而决定是否该采取行动及采取何种行动应对气候变化（O'neil，2017）。研究者们发现目前报纸和杂志上的气候变化图像多呈现：（1）可识别的人物形象，比如政客、科学家、公民、商业人物和名人；（2）气候变化的影响；（3）气候变化的原因，比如经常出现的"烟囱"图像；（4）气候变化的数据分析图或模型图表（O'Neill，Smith，2014）。史密斯和约菲（Smith，Joffe，2009）分析了6家英国报纸从2000到2006年刊登的所有气候新闻图片，结果大部分图片都侧重表现气候变化的影响、人物形象和分析气候变化的数据或模型图表。迪弗朗切斯科（DiFrancesco，Young，2011）对加拿大报纸的气候新闻图像进行研究，也有类似的发现，即政治人物、炼油厂、北极熊和气候变化受难者的形象反复出现。聚焦于人物形象的图片是媒介呈现气候变化时较常用的，在美国的报纸和新闻杂志中，此类图片约占所有气候变化图像的30%；其中，政治人物占比不小（O'Neill，Smith，2014）。具体来说，政治人物作为主题的气候变化图像在美国媒介报道中约占20%，在澳大利亚约占43%（O'Neill，Smith，2014），在德国则更多（Metag，Schäfer，Füchslin，et al.，2016），这在某种程度上体现了气候变化问题的日益政治化。除了政治人物之外，使用人物形象的气候变化图片还关注公众人物、抗议者和科学家们。大部分情况下，普通人较少出现在媒介的气候变化新闻图片中，就算出现也多是作为背景或是作为较远地区的气候变化受害者、抗议者等（O'Neil，2013）。值得注意的是，这种以政治人物和普通人作为抗议者或背景出现的视觉形象对公众有关气候变化的风险感知和自我效能影响不大，甚至有可能会削弱其自我效能感及参与节能减排行动的意愿（O'Neil，2013）。研究还发现，媒介在气候变化图片中呈现人物形象时往往存在固定的模式，如政治人物和名人在气候变化图片中出现时往往是敦促或反对某项行为，科学家出现时多是做研究和进行报告，而普通人则是受气候变化灾难影响或是参与自救，从而减轻或适应气候变化带来的影响（Rebich-Hespanha，Rice，Montello，et al.，2015）。这么做可能导致特定的人群被作为或强化为气候变化问题的"定义代理人"（Carvalho，2007），从而在不同人群和不同观点想法间进行区隔，形成主流和边缘意见。

此外，在媒介呈现的气候变化图像中，很大一部分与气候变化的影响有关，这其中包括了气候变化对物种、天气、环境等的影响。但值得注意的是，研究表明大部分美国、澳大利亚和英国的报纸在通过图片展示气候变化的影响时多用到了极地、冰川等图像，但人与气候变化影响的关系较少得以展示。学者们发现在美国、英国与澳大利亚报纸上只有不到7%的有关气候变化的新闻图片提及了人们如何适应或缓解气候变化带来的影响，加拿大的报纸上更少，只有5%左右（O'Neill，Smith，2014）。气候变化的可视化本身就是政治的，反映了潜在的价值观。特定视觉符号在气候变化报道中的重复使用或缺席，本身就代表着强化或抑制特定群体或声音的力量；当某些视觉元素不断被重复强调时可能导致受众潜意识里认为此类元素所代表的问题比其他问题更突出、更重要，这在某种程度上会限制公众对气候变化问题的认知，也可能导致人们忽略某些视角及与气候变化相关的社会不平等的系统性因素（Rebich-Hespanha，Rice，Montello，et al.，2015）。

相较于国外，国内对气候变化相关的视觉传播研究较少，但少量的此类研究依然证明新闻图片对环境叙事和传播起着不可替代的推动作用（雍莉，2016）。整体而言，在社会层面上，我国缺少制度化的科学传播途径，媒体对气候变化的报道能力不足，对全球变暖的报道十分有限，且大多集中在历届世界气候大会期间（林芸，2016）。在这些有限的报道中缺乏对科学争议、细节和与读者相关的报道，使得新闻的影响力相当有限（贾鹤鹏，2007）。李晓丹和张增一（2017）基于科学、技术与社会（STS）的视角，运用批判性话语分析的方法对我国报纸有关"气候门"事件的报道进行研究，分析发现"气候门"对气候变化的科学共识、气候变化在国际政治谈判与合作中的政治正确性及减缓气候变化的行动不造成影响，但会对人为导致气候变化的科学共识造成负面影响。可见我国报纸围绕"气候门"事件的报道对气候变化在科学上的不确定性进行了弱化的表征，对促进气候变化的政治化和社会化起到了一定的推动作用。学者们对我国报纸关于"巴黎会议"报道的话语分析显示记者们通过视角化策略、辩论策略和强化 - 弱化策略构建了共区原则（conmmon but differentiated responsibility，简称 CBDR）的不可动摇性、减排行动的重要性以及中国在气候变化国际合作中的领导者身份；从意识形态立场、价值观和国际政治背景等方面阐释了我国报纸关于"巴黎会议"的话语建构，认为巴黎会议标志着有关气候变化的国际政治语境发生了一定的变化，中国在国际舞台上愈发能展示出领导力（李晓丹，张增一，2018）。

不可否认，对气候变化议题表现出兴趣且对此话题有影响能力的主要是科学家、政治家等在内的社会精英群体，而传统媒体在气候变化及相关国际政策信息传达的过程中也会受到政治的影响，并进一步影响公众议程和政策议程。

除了传统媒体外，互联网技术深刻革新着公众的信息获取和认知方式，普通公众借由互联网实现了更多参与环境讨论和环境决策的机会。深入研究新媒体环境下的气候传播现状，对于进一步推进我国公众理解并参与应对气候变化有着重要意义。以在线视频分享网站中与气候变化议题相关的网络视频为研究对象，胡怡和张雪媚（2018）通过内容分析发现，这些视频偏重于呈现与气候变化相关的各种现象乃至于某种刻板化的影像符号，同时更偏重强调气候变化后果而非解决问题的路径，且面向普通公众的行动建议不足，对有关气候科学、全球变暖的科学知识的传播也稍显薄弱。还有学者探讨了气候变化议题在公共话语中是如何呈现的。他们发现，在公众参与的有关全球变暖问题的公共话语中，生态现代化、绿色治理与公共环保主义三大主题最为明显，本土需求和全球关注互相交织（Lassen，Horsbol，Bonnen，et al.，2011）。爱德华兹（Edwards，2013）发现在有关全球变暖的网络论坛讨论中存在回音室效应，讨论的平台、版主的介入和对话的方式会影响话语的最终呈现。韩国学者发现，在韩国，网络能够影响人们对争议性科学问题的看法，且人们在网上交流的过程中存在"沉默的螺旋"，即网民会因为害怕被孤立而附和主流观点（Kim，Kim，Oh，2014）。贝尔（Bell，1994）通过比较在气候问题上新西兰的媒介话语和公众话语，发现两者在关注重点和内容上存在极大的差异。奇尔弗斯（Chilvers，2013）发现要启动社会中有关科学与技术的对话需要科学家、科学机构、学术智囊、决策机构、科普机构和人员以及公众的共同参与。换句话说，有关科学问题的公共话语除了需要媒体、政府和科学家之外也需要公众的参与。国外研究发现有关气候政治的公共话语通常由专家和精英主导，民众、社团以及他们的兴趣、观点和声音都被极大地忽视了（乌尔希里·贝克，2009）。不可否认，科学家被认为是气候变化等环境问题的可靠信息来源（Bickerstaff，Lorenzoni，Pidgeon，et al.，2008；Nisbet，Myers，2007；Zehr，2000）。曾有学者通过问卷调查的方式考察了北美五大湖地区环境记者的气候变化知识并检验了影响其知识形成的因素，结果发现记者的气候变化知识与其工作年限呈正相关，而与其正式学历无关；环境记者如何获取专业科学信息源的途径与其在全球气候变化议题上的专业性密切相关——换句话说，即使记者不具备科学相关的专业背景，也可以经由其新闻工作的经验养成环境科学报道的专业性（黄康妮，大卫·鲍尔森，2015）。

当气候变化这一环境问题日益成为受到政治壁垒影响和公众关注的风险议题时，对气候变化问题的公共话语和媒体呈现研究有利于帮助政府、媒体、科学界和环保组织在传播气候变化相关信息时选择合适的传播内容，从而有效地说服大众参与应对气候变化的行动，促进气候变化问题的解决。基于既有的研究发现，有关气候变化科学知识的传播既要遵循信息传播的一般规律外，也要充分考虑气候变化知识本身的复杂性和交叉性。就气候变化信息本身，应该注重其知识层面的科学性、准确性和权威性；就气候变化信息传播的形式，应注重内容的可读性、通俗性和趣味性；就气候变化信息的传播途径，除了重视传统媒体外，还应该充分关注互联网、社交媒体等，从而更好地拓宽气候变化议题的辐射人群和社会影响力。

第二节　气候变化怀疑论：网络讨论中的全球变暖争议

气候变化影响着人类的生存和发展，是世界各国共同面临的重大挑战。由世界气象组织（WMO）和联合国环境规划署（UNEP）共同成立的政府间气候变化专门委员会（IPCC）在历年来的研究报告中都明确警告了全球变暖的危险，强调人类活动"极有可能是自 20 世纪中叶以来观测到变暖的主要原因"（The Intergovermental Panel on Climate Change，2014）。这一"全球变暖说"（Anthropogenic Global Warming，简称 AGW），即"地球正在变暖，而人类活动是主要原因"，自 20 世纪八九十年代以来已经被越来越多科学家所接受（Leiserowitz，2009）。除了一些细节问题上的分歧外，科学界已经逐渐认识到全球变暖的严重性，并在对该问题的科学理解上达成了高度的共识（Cook，Nuccitelli，Green，et al.，2013）。

然而，在社会的公共话语中，有关全球变暖的争议却从未停歇，对"全球变暖说"持怀疑甚至反对意见的不在少数；仍有不少人认为全球变暖是一个弥天大谎，或认为这种拒绝全球变暖结论的观点"至少有几分道理"，在民间还出现了针对全球变暖问题的各种阴谋论式解读（江晓原，2013）。舆论场中的各方力量出于自身的目的，导致不同的利益主体在公共话语中就全球变暖问题进行了各种展演。特别是在网络这一公共空间中，网络的公开性和匿名性让各方力量有机会共同参与到公开讨论中来并各抒己见，但这也在一定程度上助长了争议的发生发展，同时也为一个对于公共政策议题的争议如何牵涉各方以及各种不同话语表达和策略提供了可循的记载。公众是科学传播的重要环节。随着人们对全球变暖重视程度的不断提升及"科学政治化"（politicization of science）背景下全球变暖在科学以外领域所引发的系列争议，了解公众是如何看待全球变暖、围绕这一问题展开了何种讨论、在讨论过程中如何建构争议、在解决争议时是否在一定程度上实现了理性协商是研究争议性科学议题社会建构与网络环境下公众如何参与科学传播的重要课题，也是本节试图回答的问题。

基于哈贝马斯所构想的公共领域（public sphere），本节内容选取了我国大众网络论坛上有关全球变暖的讨论作为研究对象。哈贝马斯所构想的公共领域是一个介于国家与社会之间的公共话语空间，人们可以在此对公共事务进行讨论、批判，形成一致的意见而不受到权力机关的控制（尤尔根·哈贝马斯，1999）。作为一个公共话语空间，公共领域的形成需要开放的交往空间配合，从而让人们可以突破社会关系、空间、社会规范等的结构性约束，相对自由地发表个人意见，并与他人就共同关注的议题展开讨论和对话（尤尔根·哈贝马斯，1999）。网络的兴起为此种公共话语空间的实现提供了可能，也为公共领域的发展提供了契机。网络论坛作为现今社会生活中的一种公共交往空间，由于准入门槛和参与成本低，每个人在这个公共交往空间中都可以拥有一定的表达权，从而大大扩展了参与者的范围，提升了传播的公开性和公共性。同时，网络论坛的匿名性、互动性、参与性等也有利于公众真实意见的表达。通常，大型的公共网络论坛会包括许多不同的讨论区，每个讨论区有各自的主题，参与者可以自由地在各个主题下基于一定的管理和规则展开讨论。本研究所考察的网络论坛如天涯论坛、凯迪论坛、新浪论坛等都属此类。这些论坛具有开放性和可交互性等特点，有利于网民公开参与对话，进而形成公共意见。

公共领域存在的目的是要对公共权力机关的政策或其他公众共同关心的有关公共利益的问题展开监督和批判。全球变暖深植于社会生活和公众的日常关切之中（安东尼·吉登斯，2009），围绕该问题展开的网络讨论关乎公共利益。同时，现代公共领域允许争论的发生（尤尔根·哈贝马斯，2005）。通过争论，公共领域要做的是在社会中达成某种共识，这种共识需要通过外在于权力却对权力具有规范作用的理性话语来实现（Taylor，1995）。在讨论全球变暖这样的争议性科学问题时，争论无可避免。这些争论是公众在网络论坛上的话语实践，体现了某种社会性的建构，是在特定社会语境下对利益、诉求、意识形态的重新编码。分析公众在网络论坛上讨论的焦点、对争议的建构及他们所采取的话语策略和背后的叙事意图，对于我们了解公众围绕全球变暖问题究竟说了什么，形成了何种公共话语至关重要。

除了"说了什么"之外，了解公众是"怎么说的"同样重要，甚至更为重要。我们关心的不仅仅是公众通过公开讨论形成了何种公共意见，更关心的是公众在参与对话的过程中是否表现出了公共理性，是否通过互动实现了主体间的理解和一致，因为这直接关系争论与批判的合理性及社会共识的形成，也对应了公众在风险社会中可能扮演的角色。研究发现我国网络上对公共事务的讨论常常散布着对复杂问题的简单归因、情感的自由宣泄和群体间的利益冲突，与理想中"公共空间"的民主协商相去甚远（潘霁，刘晖，2014）。公共领域的本质在于行动者愿意进行公共理性的讨论和沟通，即使存在对立冲突也要彼此分享观点与利益，并依据此公共理性讨论的程序，把个人或机构的私利转化为一种公共性的目的（尤尔根·哈贝马斯，1999）。在此民主协商的过程中，交往行动和理性协商成为关键。因此，本研究在公共领域的基础上引入了交往行动理论作为分析的基本框架，考察全球变暖网络讨论的协商质量，探讨网友在讨论全球变暖这一牵涉各方不同利益的争议性科学议题时对该议题的参与程度、论证方式、对话模式、主体间的尊重和理解程度等。

哈贝马斯所说的交往行动指的是主体间遵循有效的规范、以语言符号为媒介而发生的交互性行为，其目的是达到主体间的理解和一致，并由此保持社会的一体化、有序化和合作化（尤尔根·哈贝马斯，2004）。根据交往行动理论，网络论坛上有关全球变暖的讨论和协商以相互交换意见为基础，以话语为媒介，协商是否达成公平的妥协和理性的意见交换则主要由协商程序的条件来决定。学者们依照哈贝马斯的协商伦理（discourse ethics）和理想言说情境（ideal speech situation）设想形成了一套相对稳定的用于衡量协商质量的评价指标 DQI（Discourse Quality Index）（Steiner, Bachtiger, Sporndli, et al., 2004）。该评价标准最早被用于评价欧洲议会对话中的公共性与社会理性，近年来开始被越来越多的学者运用到公共话语研究中。虽然部分学者认为该标准过于聚焦在话语本身而忽略了话语发生的语境（O'Brien, 2009）或认为其定量模块过于狭义地限制了人们对于公共领域的想象（King, 2009），但该工具还是得到了包括哈贝马斯在内的不少学者们的肯定，认为DQI抓住了"公共协商中的重要元素"（Bachtiger，Niemeyer，Neblo，et al.，2009）。具体来说，协商质量指标DQI按照哈贝马斯的协商伦理和理想言说情境设想，对应了理性协商的五大要素：（1）开放参与原则，所有公民平等且不受限制地参与协商过程，且每个参与者都真实明确地表达观点；（2）主张的证成性原则，参与者要对自己的主张和判断进行合理的论证，强调协商的逻辑性；（3）公共利益导向原则，参与者在考虑自身利益时也应考虑他人和社会利益；（4）相互尊重原则，参与者愿意真诚聆听他人的意见并给予真正的尊重；（5）参与性政治原则，所有参与者都依据共享的观点，在共同的语境下进行推理，进而建构共识，而非一味以维护己方利益或观点为目的。根据这五项原则，协商质量指标DQI主要从五方面对公共对话的协商理性进行了衡量，包括参与性（participation）、论证程度（level of justification）、论证的公共利益导向（content of justification）、尊重性（respect）和建设性政治（constructive politics）。其中，参与性强调参与的平等开放和参与立场的明确表达。论证程度强调协商的逻辑性，即一项合理且完整的论证需要具备前提、证据、推理和结论等要素。论证的公共利益导向关心的是参与者的论证须以公共利益为导向。尊重性包括对于其他群体、个人的尊重及对他人主张或相反观点的尊重。建设性政治是指参与者需要在协商中保持开放的态度，基于共享的规范、原则和价值观来实现协商而非固执己见（黄峥，2014）。还有学者引入了不同的话语模式来区分不同程度不同性质的协商，包括原始话语模式、常规话语模式（conventional discourses）、竞争性话语模式（competitive discourses）、合作性话语模式（cooperative discourse）和理性协商模式（rational discourse）（Bächtiger，Shikano，Pedrini，et al.，2009）。就协商质量而言，合作性话语模式和理性协商模式最为理想，而原始话语模式仅能满足信息提供和日常交流的需要，离实现理性协商还有一定的距离。在我国，目前有限的关于全球变暖议题的话语研究大都围绕媒体报道和机构话语展开，关注公众对该议题讨论的研究较少，聚焦微观层面的话语分析和互动的则更少。

随着互联网日益成为公众参与传播的重要载体，以网络论坛为代表的公共性对话空间为公众参与科学讨论提供了新的可能。基于哈贝马斯所设想的公共领域和交往理性，当信息的单向流动被改变后，理想情况下，信息会经过充分的对话和讨论从而得到检验，不实信息的传播会被抑制，科学问题有机会得到更好的传播，人们也能在科学问题上实现理性公示。但现实中我国网络论坛上的各类科学讨论，常常会出现各方自说自话、相互攻讦的情况，有效的对话和沟通是否能够实现，以及这种虚拟行动是否能够创造实质性的结果还有待考察。目前大部分研究聚焦的都是互联网上展开的交往能否促进政治或社会议题的公共协商（Papacharissi，2008），本节内容希望通过系统考察有关全球变暖问题的网络讨论，从话语建构和交往行动的角度思考在中国社会转型、各种风险加剧的背景下公众是如何理解和建构有关科学问题的争议的，探究网民是否能够通过网络上的交往行动来实现主体间的理解并加深对科学的认识。作者将首先梳理我国大众网络论坛上有关全球变暖的帖子，归纳网民针对全球变暖的讨论主题和争议建构，分析围绕争议的话语所承载的意涵，在宏观的社会层面上探讨此种争议建构缘何成为可能。接下来，在文本的基础上考察全球变暖问题是如何被讨论和协商的，通过对话语主体及其对话过程进行审视和重估，探讨公众对争议性科学议题的建构是如何通过特定的对话和互动实现的，当中是否体现了一定的民主协商和公共理性，其协商又是否能推动争议的解决和共识的实现，进而去思考在当今社会中网络空间与公众参与在科学普及和科学决策中扮演的角色，以及未来该如何促进公众参与科学讨论和科学决策。

费尔克拉夫认为，任何话语都必须被同时看作是文本、话语实践与社会文化实践，话语分析需要围绕这三个层次展开（Fairclough，1995）。在最基本的层次上，话语可以被视为文本，对文本的分析有助于理解微观层次的意义生成机制。而话语实践牵涉到文本的生产、分配与消费过程，社会文化实践则将话语与文化意识形态联结起来（诺曼·费尔克拉夫，

2003）。费尔克拉夫建立的这个话语分析框架有助于在文本、话语实践和社会变迁间建立联系，本节将依此框架围绕这三个层次来进行分析。首先，本节的第一、二部分将基于文本从话语建构的角度来考察我国大众网络论坛上有关全球变暖问题的讨论，了解网民在讨论全球变暖问题时关注的主题，分析他们在建构相关争议时所采取的话语策略。接下来，第三部分将从对文本的分析过渡到对话语实践即对文本的生产、分配、消费过程的分析，把网络论坛中围绕全球变暖这一科学问题的争议话语建构与其话语主体的交往行动联系起来。网络讨论的特殊之处在于其文本是价值体系多元化的网民在公开的平台上通过互动共同生产出来，继而成为公共话语的一部分被解读和传播。讨论过程中主体间的交往行动有利于解决争议形成共识，而交往理性也隐藏在这样的语言结构中。因此，本节的第三部分将从哈贝马斯提出的交往行动的角度来分析在网络论坛这一公共空间中，网民是如何展开有关全球变暖的对话，在讨论全球变暖这样的争议性议题时是否体现出一定的协商理性，又是否有利于共识的实现。由于全球变暖议题的争议性及网络论坛作为公共空间自身所特有的公开性和对话性，在文本的基础上研究全球变暖网络讨论的过程及其中的民主协商和交往行动，能帮助我们审视各个话语主体之间的相互关系，以及他们在讨论争议性科学议题时所表现出来的协商意愿与公共理性。这种交往行动一方面能直接作用于文本和话语实践，另一方面又与科学问题本身、网民与网络所提供的讨论环境息息相关。文本和话语实践必须与外部话语环境相结合。最后，本节内容将试图把对文本和话语实践的分析放到中国特定的社会文化政治语境中进行分析，思考全球变暖网络讨论中出现的话语特征、话语策略、对话方式和协商质量是否与科学问题本身、社会固有矛盾、网络意识形态、网民行为特征及科学素养等有关。

具体而言，本节的研究问题包括：

RQ1：网络论坛上，网民对全球变暖的讨论主要集中在哪些主题上？在这些主题中包含了哪些争议？这些争议是通过何种话语策略被建构起

来的？

RQ2：从交往行动和协商质量的角度出发，网民在网络论坛上讨论全球变暖这一争议性科学议题时的参与程度、论证方式、互相尊重程度如何？网络讨论是否有可能促进主体间的理解和一致，从而建构共识？

作者以"全球变暖"、"全球暖化"、"气候变化"为关键词，根据标题中的关键字利用慧科数据库对我国主要的公共网络论坛（包括天涯论坛、凯迪论坛、新浪论坛、搜狐论坛、网易论坛、猫扑论坛、西祠胡同、发展论坛、凤凰网论坛等）进行检索，检索时间段为 2012 年 1 月 1 日至 2017 年 6 月 30 日，按照主帖计算，共得到 885 个帖子，去掉 62 个无关、重复或不包含任何有效信息的帖子（如广告帖等），共选取 823 个帖子作为研究样本，平均约每年 150 个帖子，每月 12.5 个帖子。在这 823 个有关全球变暖的讨论帖中，72.8% 的帖子阅读量在 1000 以上，但 88.9% 的帖子回复量在 100 以下，其中回复量小于 5 的占所有帖子的 62.1%。由此可见，在这些公共网络论坛上，全球变暖议题并不显著，网民对此表达意见和观点的活跃程度偏低，讨论的参与程度更加偏低，大部分网民即使参与也仅止步于围观。

由于此前少有研究就我国网络论坛上有关全球变暖讨论的话语进行具体分析，作为探索性研究，本节内容试图通过梳理这 823 个帖子（主帖下面的回帖暂不包括），进而归纳出这些帖子的主题，并对帖子中包含的有关争议的话语特征和话语建构策略进行分析。采用的研究方法是主题式分析（thematic analysis）（Braun，Clarke，2006），通过多次阅读熟悉研究材料并从材料中找出有意义的信息进行摘录，归纳潜在主题。之后再通过反复阅读，对研究主题进行检查修改，再次确认并定义主题，最后撰写研究分析结果。

定性的话语分析虽可使个案研究向纵深发展，但却无法对文本所蕴含的话语互动和协商质量给出更具体的程度概念。为了实现这一目的，接下来，研究者从 823 个讨论帖中手动筛选出回帖数大于等于 5 的帖子（N =

312）以保证协商存在的可能，再从这些帖子中随机抽取出 30 个讨论帖，获取其主贴及所有回帖后，研究者根据每个帖子中参与讨论的网民 ID，以每个发帖人为研究单位，基于协商质量指标 DQI 对 460 个发帖人（可以是主贴发帖人或回帖人，每个人可以一次或多次发贴）进行编码，通过定量分析考察网络论坛上有关全球变暖问题讨论的协商质量与交往理性。

DQI 评价标准自诞生以来已经发展出了多个版本，本书结合前人的研究成果和前期的话语考察，对原始的 DQI 指标进行调整后，从五个方面对协商质量进行了测量，具体包括：第一，参与性：参与性强调平等参与的机会和参与立场的明确表达，因此主要从参与者的发言次数和参与者是否明确表达了自己在全球变暖相关问题上的立场两方面进行衡量。第二，论证程度：主张的论成性原则强调协商的逻辑性和对主张的全面论证，因此论证程度这一指标主要包括以下两方面。一方面是参与者在进行论证时是否有据可依，因此需要考察参与者是否引用或说明了信息来源，包括无来源、大众媒体、科学研究或科学家、政府部门、参与者及他们的个体性叙事或观点、含以上多种来源（两个及以上）或其他。另一方面是参与者在提出主张或判断时论证关系是否完整，包括四个等级：（1）无论证；（2）瑕疵论证，即提供了理由 Y 说明应该或不应该做 X，但没有证明 X 与 Y 的关系，因此推理不完整，这一编码同时适用于其结论仅仅得到某个例证支持的情况；（3）合格论证，即建立了 X 与 Y 的论证关系；（4）精密论证，即至少提供了两个论据。第三，论证的公共利益导向，包括论证理由只是出于个人或者所在小团队的利益；论证理由不涉及任何个人、群体或公共利益；论证基于国家的公共利益或某些群体的利益；论证基于全球或全人类利益。第四，尊重性：尊重性强调参与者之间的相互尊重，主要从以下四方面进行衡量：（1）是否使用脏话（foul language）；（2）是否尊重其他群体或个人：不尊重，即对行动和话语的群体做贬低性陈诉；中性，既无明确的贬低性陈述也无明确的肯定性论述；明确尊重，至少有一个明确的肯定性论述，不论是否存在其他否定性论述；（3）对他人主张及相反观点的尊重：忽视，即完全忽略他人观点或不承认、不肯定、不否认；承认但贬低他人主张或相反观点，包括只有否定意见的情况；中性承认，即承认但没有鲜明地肯定或否定意见；承认并肯定；（4）互动，是否引用对话中的其他团体、个人的主张或相反观点并进行反馈。第五，建设性政治：理性协商假设中，所有参与者都应依据共享的观点，在共同的语境下进行推理，并试图建构共识。在此基础上，协商的建设性政治包括：（1）倾向性政治（positional politics），参与者始终坚持自己原来的观点，不试图妥协或建立共识，其协商效果最差；（2）备选建议（alternative proposal），参与者提出一个新的议题，而该议题与当下议题无关，是一个新的议题；（3）协调意见（mediating proposal），参与者依据共享的观点就有关该对话的观点进行了修正和妥协，则认为协商的效果最好；（4）参与者未明确表态不置可否。

编码工作由两位编码员共同完成。两人先各自对同样的 25% 的样本进行了编码，信度检测结果显示除了建设性政治这一变量（$\alpha = 0.750$）外，其他所有变量的 Krippendorff's alpha 系数都大于 0.8（见第 69 页表 2-1），因此结果可信。

一、全球变暖网络讨论的主题分析

基于主题式分析，通过多次往返的阅读、归纳和整合，作者从 823 个网络论坛帖子的文本中提炼出全球变暖讨论的四大主题。

第一，全球变暖的现状，包括什么是全球变暖（如全球变暖的定义）、全球变暖的表现（如"今年全球变暖幅度将首超 1 摄氏度""全球变暖在世界各地不均匀""全球变暖并没有停止"）及有关全球变暖问题的争议（如"全球变暖、新能源、低碳，都是骗局""全球变暖，转基因解决粮食危机，21 世纪最大的两个科学谎言"）。在网络论坛上，当涉及何为全球变暖或全球变暖的具体表现这一讨论主题时，大部分帖子都源于科学研究或媒体报道，也有部分糅合了发帖人的自身感受或亲身经历（如"专家说全球气候变暖，为什么最近两年冬天奇寒？"），不少帖子涉及了有关全球变暖的各种争议，包括这一命题本身的真伪和对全球变暖问题的政治化解读与科学理解等。

第二，全球变暖的成因，如"全球变暖，一场人造的危机？""联合国气候专家认定人类活动导致全球变暖""全球变暖源自地球内部自身能量？""造成全球变暖的真正原因"等。部分帖子引用科学研究将人类活动和地球变化作为主要的归责对象。部分帖子则从国际关系的角度探讨了各国在全球变暖问题上应该承担的责任（如"全球变暖'祸首'排行榜：美中俄分列前三"）。还有部分帖子则从相关的媒体报道和科学研究中提取出较为耸人听闻的内容来引发讨论（如"做手术也能引发全球变暖？""互联网公司：全球变暖的帮凶"）。围绕着全球变暖的成因，网络论坛讨论中出现的争论包括人类活动究竟在多大程度上导致了全球变暖、各个国家间谁该为全球变暖负上更多责任（如"《自然》杂志：中国对全球变暖的责任比美国小得多"）等。

第三，全球变暖的后果，包括对自然环境的影响（如"全球变暖致植被生长范围北移将引发生态改变""全球变暖令太平洋珊瑚礁大规模白化""全球变暖致南极冰川融化加速70%"）、对天气的影响（如"全球变暖使美国龙卷风增多"）、对地貌的影响（如"全球变暖引发冰川融化，秘鲁出现近千个新湖泊"）、对动植物的影响（如"全球变暖：北极熊为觅食开始练习长距离游泳""全球变暖威胁跨国迁徙的黑脉金斑蝶繁衍"）、对人类及人类生活的影响（如"全球变暖将影响食物口感""世行预测全球变暖或将使贫困人口增加1亿"）、对国际政治的影响（如"全球变暖就会消失的国家"）、对我国的影响（如"气象局郑国光：全球变暖将祸及三峡、青藏铁路""研究称如全球变暖4℃中国1.45亿人将失去家园"）。虽然大部分帖子涉及的都是全球变暖的负面影响，也有部分帖子谈到了可能的正面影响，如"全球变暖使花朵香甜9倍""全球变暖增加橄榄产量"等。

第四，应对全球变暖，包括宏观上的应对思路（如"浅谈中国如何应对全球变暖"）、正在实施中的各项应对全球变暖的措施，包括国际合作（如《巴黎协议》的签订）及各国与各行业已经采取的应对措施（如"应对全球变暖，世界各国有奇招""世界财经大佬成立突破能源联盟要阻止全球变暖"）、未来可行的应对方法（如"使用混合燃料能减少空气污染和全球变暖"）。大部分帖子在谈到应对时，更多地停留在宏观层面上，讨论国际社会或国家该怎么做，缺乏落实到个人层面的行动。相对来说，怎样应对全球变暖是四大主题中讨论最少的，但在围绕该主题的讨论中争议仍清晰可见。有些帖子认为针对全球变暖的国际协议和国际合作是西方国家和政府坑害我国利益的阴谋。讨论中涉及的应对措施更是五花八门，有些措施本身就颇具争议性（如"专家：用减排遏制全球变暖不如人造火山以毒攻毒"）。

二、网络讨论中围绕全球变暖的争议话语特征

在围绕全球变暖的网络论坛讨论中，不论是有关全球变暖的现状、成因还是有关其后果和应对措施，争议贯穿始终。公众在网络讨论中对争议的建构和回应在某种程度上体现了其对科学的看法和对科学传播的参与。虽然可能存在展演和夸大的成分，但争议性话语在一定程度上体现了当前社会中的科学困惑和社会矛盾。应该说，围绕全球变暖这一科学问题的网络争议既是一种正常的观点交锋，也是利益驱使下的客观呈现，并可能影响到公众的科学认知和风险沟通及有关科技的舆论走向和公共决策。通过分析发现围绕全球变暖议题，网民引用了多样化的消息来源（如权威性的科学研究、媒体报道、政府报告及网友的个体叙事与观点等），并出于自身认知和利益对该议题进行了界定和判断，在建构话语的过程中重点突出了其争议性。在话语表达上，常采用疑问式标题或主动语态的陈述句、评价性词汇、及反讽戏谑或夸张的修辞方式来凸显争议。具体而言，网络论

坛上建构全球变暖相关争议的话语策略主要有四种：

第一、采用耸人听闻、抓人眼球的标题。有些标题用语夸张，陈述的观点出人意料，与日常预期不符，极大地激发了受众的好奇心和猎奇心理，如"研究称畜牧业为全球变暖元凶之一，呼吁征税提价让人们少吃肉""中国饺子跟全球变暖有何关系？"。有些标题故意剥离整体语境，断章取义地陈述某些科学研究或科学结论，刻意突出一句话或一个结论，人为制造噱头，如"新生儿致全球变暖？专家：要少生孩子"。有些标题则主观评价色彩浓烈，情绪化、表面化、极端化地看待全球变暖，试图在情绪上调动受众，激起人们的非理性盲从，如"现在我打死都不信：二氧化碳排放过多造成全球气候变暖了"。这些夺人眼球的标题往往语不惊人死不休，通过戏谑叙事、怀疑叙事等来建构全球变暖争议，妖魔化全球变暖这一科学议题和专家群体，对抗主流叙事和精英主义，成为社会危机情绪的非理性表达出口。

第二、聚焦并放大科学意义上"全球变暖说"的不确定性。此类争议性话语修辞和论述的手法之一是突出科学共同体在全球变暖问题上的内部争议，从而对"全球变暖说"进行质疑或证伪。在围绕全球变暖问题所展开的争议中，最基本也是最常被提及的就是"全球变暖说"的真实性。不同于我国主流媒体在报道中对有关全球变暖问题所形成的科学共识的强调及对相关质疑的低调化处理（Wu，2009），网络论坛上为数不少的帖子都旗帜鲜明地从源头上对全球变暖的真实性和严重性及其成因进行了拷问，从科学角度利用不确定性来提出质疑或寻找反证来对这一科学论断进行证伪。需要注意的是，相较于媒体报道，网络论坛上对全球变暖问题的建构多了表演科学逻辑或科学论证过程的成分，有人甚至以此为脚本来建构话语，放大争议。在消息来源上，此类话语往往会引用权威媒体、科学家、科研机构和知名科学期刊，通过借用信源的科学权威（Collins，Nerlich，2016）和人多势众来建立自身的可信性，实现话语上的对抗。但不少帖子都只强调了信息来源的权威性却模糊处理了信源本身，采用如"十几位一流科学家""一些知名学者"等模糊表述。

> "甚至连德国《明镜》第 47 期都提到，英国顶级气候研究机构哈德利（Hadley）气候变化研究中心刚刚公布的数据显示，十年来全球气温一直很平稳，没有上升。让冰山融化、大水淹没德国汉堡市的谣言见鬼去吧！"
>
> ——天涯论坛，2014 年 4 月 19 日，《全球变暖是大骗局！》
>
> "2008 年 12 月 8 日，141 位科学家公开发表联署信致联合国，挑战'人造全球变暖'假说，指出'人造全球变暖'还不是定论，不能因此制定相关的政策。挑战'人造全球变暖'假说，揭穿这个谎言的学术研究更不计其数。"
>
> ——新浪论坛，2012 年 2 月 2 日，《人造全球变暖，一个编造的谎言》
>
> "BBC 的这个节目里，共采访了十几位世界一流的科学家，他们并不否认全球变暖这个事实，而是不约而同地指出，全球变暖的原因不是人类活动造成的二氧化碳的增加。他们认为，联合国 IPCC 的报告关于全球变暖原因的结论是错误的。同时，他们还认为，全球变暖没什么大不了，是一件很正常的事情。"
>
> ——凯迪社区，2012 年 2 月 21 日，《全球变暖是个大骗局？》

由于人类认知的局限性和科学本身的复杂性、不确定性和演变性等原因，科学家们对科学问题的争议在所难免，而这些意见纷争往往会影响公众对科学的理解。在全球变暖的争议性话语中，网民们除了利用科学意义上的不确定性外，还借用当前科学共同体内部对"全球变暖说"的看法不一来凸显全球变暖的可疑，暗示"全球变暖说"可能受到来自科学以外因素的影响，因此真实性堪忧。

"上个月月初，来自美国物理学会、美国国家科学院、普林斯顿大学、剑桥大学、麻省理工、巴黎大学等学术机构的16位科学家发表联合声明，明确反对'全球变暖'理论。声明称，怀疑气候变暖论的'科学异端人士'的数量在逐年增加……迄今为止，全球气候已有十多年未呈现变暖趋势了……"

——猫扑论坛，2012年3月10日，《我们都上当了？"全球变暖"或为本世纪最大的科学骗局》

"对科学的'警惕'应是一种常识……比如发明了'全球变暖'这个词的沃利·布洛克，在35年后的一本书中，对他早年的这个发明表示愧疚，并明确提出对'化石燃料燃烧释放的CO_2持续积累将超过临界值而不可逆转'并不认同。可见科学家的说法随时会变，至于使他改变的是科学，经济，还是政治就不一定了。"

——凯迪社区，2016年6月17日，《谁发明了"全球变暖"？他后悔了》

第三，在国际视野下进行全球变暖的阴谋论推断。在此类争议性话语中，网民们除了对"全球变暖说"本身的真实性存疑之外，还试图通过诘问西方政府、政客、科学机构、科学家等在国际范围内推动"全球变暖说"的目的和动机，对其进行政治化解读，将全球变暖从单纯的科学问题转换为复杂的政治和经济问题，认为全球变暖是荒谬的，试图将其建构为一场国际性的政治阴谋。鉴于媒体在科学传播和风险沟通中扮演的重要角色，网民还将矛头指向媒体，认为媒体在有关全球变暖问题的报道中不尽不实。媒体由于在科学报道上的缺失、对耸动性消息的追逐导致公众对媒体的信任度有限，而这也进一步影响了公众对有关全球变暖科学争议的理解和认知。

"全球变暖问题已经变成了一个政治议题，变成政治与科学联手腐败的温床……全球变暖议题的政治化，原因之一就是媒体喜欢夸大其辞，喜欢耸动的消息……"

——凯迪社区，2012 年 2 月 21 日，《全球变暖是个大骗局？》

"必须首先问一个问题：为什么欧美的政客和知识分子如此热衷减少碳排放？他们到底想干什么？一旦问出这个问题，就离真相不远了……西方知识分子和政客想要的不是什么减少碳排放，也不是拯救地球，而是以此为借口获取更大的控制社会的权力。"

——天涯论坛，2012 年 10 月 30 日，《人造全球变暖谎言研究指南》

"气候变暖背后的科学逻辑是经不起推敲的，它是国际政治经济的产物，他是欧盟为了收取全球碳税人为制造的一个科学谎言……'全球变暖'这样一个事实能让它处在国际政治的道德制高点，进而能谋取各种经济利益。

——天涯论坛，2014 年 10 月 1 日，《"全球变暖""转基因解决粮食危机"，21 世纪最大的两个科学谎言》

"全球变暖的背后其实是一个由狂热的反工业化环保分子创造出来的高达数百亿美元的全球产业。这个有利可图的产业获得了那些用恐慌故事来争取研究基金的科学家们的支持，又被政治家和媒体大肆渲染……这一事件也在整个世界引起讨论和争论，并被媒体称为"气候门"（climategate）。"

——天涯论坛，2014 年 4 月 19 日，《〈美国真相〉之十九：全球变暖是大骗局！》

在这种阴谋论的逻辑中，推动"全球变暖说"的专家学者、科研机构、政府部门和大众媒体，特别是外国势力，都处于同一利益链条上。他们的立场及传达出来的信息都因为其背后隐藏的政治目的而变得不可信任。由此，全球变暖也由单纯的科学争论进入更为广阔的社会政治经济层面，成为复杂的被操弄的政治问题，而这也为建构全球变暖的相关争议提供了更大的发展空间。可以看出，公众有关全球变暖阴谋论话语的针对目标并非科学本身，而是我国政府对包括科学在内的各项社会事务的管理能力。

第四，在矛盾视角下针对全球变暖展开反转叙事。此类争议性话语主要有三个类型。第一类反转叙事是基于自身体验和认知对"全球变暖说"的反驳，强调自身体验与科学叙事之间的矛盾，进而引出对全球变暖的质疑和争议。虽然有学术研究表明全球变暖可能导致极端天气事件，既可能是气温升高，也可能是气温下降，但且不论网民所表述看法的正确性，部分网民在论坛中基于自身的认知，利用表面差异和断裂的存在来反对"全球变暖说"，用通俗的民间话语体系来平衡专业的科学话语体系，将有关全球变暖这一争议性问题的建构从宏观的科学层面和社会政治经济层面扩展到了微观的个体层面。

> "有一种观点比较统一，就是全球在变暖……可是最近的几年本人都感觉冬天很冷。而且似乎是一年比一年感觉冷。据说今年北京还要创历史气温新低……东北、新疆也是风大雪大，急剧降温……完全感受不到变暖，相反是感觉变冷……"
>
> ——凯迪社区，2012年12月21日，《哪个混蛋说的全球变暖的？》
>
> "全球变暖说了好些年了吧，到处都打着减排节能的幌子涨价了，国际上也征什么碳关税了，结果就出现了28年最低气温，真真是……环保是应该的，化合物和粉尘的排放应该治理，二氧化碳的危害没那么大吧。不是要小冰川期了么……"
>
> ——天涯论坛，2013年1月6日，《不是全球变暖吗？全国气温创28年新低》

第二类反转叙事是在承认全球变暖的基础上，改变话语的基调，不把全球变暖作为一个负面性事件来解读。例如，在阐释全球变暖的负面影响之外，关注其可能具有的正面作用，或思考如何利用全球变暖来实施新发展，通过类似于"反风险建构"的话语策略来放置希望（"situated" hope），围绕全球变暖这一核心事件进行新的意义制造。

> "例如随着温度的升高，副极地地区也许将更适合人类居住；在适当的条件下，较高的二氧化碳浓度能够促进光合作用，从而使植物具有更高的固碳速率，导致植物生长的增加，即二氧化碳的增产效应，这是全球变暖的正面影响。"
>
> ——发展论坛（新华网），2016 年 2 月 26 日，《全球变暖正负面影响》
>
> "全球变暖，既是坏事，也是好事。让我们充分利用它，改造北方，为国人造福。这是一个不可多得的战略发展机遇哦！"
>
> ——凤凰网论坛，2014 年 3 月 17 日，《怎样将全球变暖这一坏事变成好事》

第三类针对全球变暖的反转叙事则是从权力和对抗的角度出发，通过质疑科学家的可信性及其作为一个利益群体的内在统一性，试图证明"全球变暖说"是在科学和学术势力的把持下才得以流行起来的。这类话语突出了对科学家群体的不信任，用诸如"砖家"等词汇来进行戏谑，突出了科学家之间在全球变暖问题上的对立，将推动全球变暖观点的主流科学家们邪恶化，用权力的观点来诠释全球变暖，强调冲突、对抗和争夺。其目的在于引发人们反思全球变暖是否是一个真实的问题，是否值得关注，在争议性科学问题上是否应该盲目追随权威的观点，以及整体的学术和社会氛围是否影响了人们对科学的理性判断。

"尽管有越来越多的科学家公开质疑气候变暖说，但许多年轻科学家私下里表示，尽管他们对全球变暖说深表怀疑，却不敢说出来，因为担心这会使他们升迁受阻，甚至发生更糟糕的事情。他们的担忧不无道理。2003 年，学术期刊《气候研究》(*Climate Research*) 的编辑克里斯·德弗赖塔斯 (Chris de Freitas) 博士大胆刊登了一篇不符合政治导向（但符合事实）的同行评审文章，文章结论是，如果以过去一千年的气候变化为背景，那么近期气候变暖并非异常现象。国际上的全球变暖论者很快针对德弗赖塔斯博士发起蓄意攻击，要求撤销他的编辑职位和大学教职。所幸德弗赖塔斯博士保住了他的大学教职。"

——凯迪社区，2015 年 10 月 23 日，《全球十六位科学家联合对全球变暖说提出质疑》

"联合国'政府间气候变化专门委员会'(IPCC) 的顶级科学家们刻意伪造数据和制造科学欺诈的行为！他们就是拿着这样的数据，大言不惭地宣布，人类驾驶汽车和燃烧煤炭排放的二氧化碳，正在造成巨大的气候灾难！丑闻终于被揭开了：这些顶级科学家正在竭力推广'人造的全球变暖说'！这个丑闻堪称为'现代科学中最大的丑闻'。这些气候'科学家'之间电子件邮往来的细节，揭开了一个蓄谋已久的惊天阴谋：他们共谋夸大气候变暖数据、尽可能地非法销毁对他们不利的信息，有组织地抗拒信息披露，玩弄数字游戏，私下里承认在公开场合言论中的谬误，如此等等，不一而足。"

——天涯论坛，2014 年 4 月 19 日，《〈美国真想〉之十九：全球变暖是大骗局！》

网络论坛中的争议是社会变迁与发展的见证，与当下中国特有的社会语境密切相关。科学本身、现代化进程中出现的信任危机及全球化发展中萌生出的政治经济隐忧交织出现在网络论坛中有关全球变暖的争议性话语中，使得公众参与下的全球变暖讨论不只停留在单纯的科学层面，还兼具了更为复杂的社会意涵。事实上，在围绕科学议题展开的讨论中，争议是难以回避的。在科学传播中，不同的利益主体带着各自的目标参与到公共讨论中，通过建构和交流话语来支持或质疑特定的目标或政策（Dunwoody，1999）。围绕全球变暖出现的各种争议容易激起公众的担忧情绪，也容易导致人们对全球变暖的认知出现差异，影响人们的话语和共同行动（Norton，Sias，Brown，2011）及对公共政策和日常实践的可能及效度等的怀疑。当其与现代化和全球化过程中的风险不确定性互相交织后，人们的不安和焦虑与日俱增。同时，公众对科学共同体、政府、媒体等社会权威的不信任也被投射到全球变暖问题的网络讨论上。当对于这些权威的不信任和对于"西方"的不信任融合在一起时，在国际矛盾、政治和经济利益等多种因素的共同冲突下，中国社会正在经历的信任危机具化到了有关科学问题的网络讨论中，使全球变暖问题超出了科学争议的范畴而被政治化、阴谋论化。公众由于自身科学素养的不足一时难以对科学问题建立清晰的认识，且缺乏必要的渠道去对科学进行了解和考证，社会中科学普及的力度也不够，当所有这些与观点和情绪都极为多元化的网络相碰撞时，有关科学的矛盾和争议被进一步激化了。

三、全球变暖网络讨论中的网民互动和协商

网络论坛上的话语表达是一种话语的生产及再生产实践过程。如果说论坛中的主帖体现的是发帖人单一的叙事意图的话，那么网民跟帖或回帖而产生的对话则充分体现了网民之间的话语互动和对该议题的公共协商。在公共领域中，各种论点和意见可以通过理性的讨论来展开交锋，在讨论

中酝酿冷静、理性、公正的公共意见，形成一种集体的省思与判断。这意味着在网络论坛这一公共空间中，有可能通过讨论实现对争议性科学议题的公共协商，跟帖人可以批评纠正或赞同主帖及之前的帖子，发帖人之间的理性交锋有利于推动科学共识的形成。当然，公共协商的焦点不是对其他话语或意识形态的说服，更重要的是不同意识形态和利益之间的对话和理解增进。通过分析我国网络论坛上围绕全球变暖所呈现的讨论和对话，能帮助我们了解网民是否能在网络公共平台上通过交往行动来实现主体间的理解，加深对科学的认识；探究民主协商和公共理性的规范理念在有关争议性科学问题的网络讨论中是否有可能部分地实现；思考网络论坛若作为公众参与科学传播的公共空间，能否帮助代表不同利益的人们通过对话来增进理解、化解争议。

通过对 460 个发帖人（包括主贴发帖人和回帖人，每人可以一次或多次发贴）的话语和互动进行分析，本书发现整体而言，网络论坛为网民提供了一个能够自由参与讨论协商的空间，不论网民是旁观还是主动参与，也不论他们是偶尔发言还是积极参与有关全球变暖问题的讨论，网络论坛为科学术语的日常化表达和社会化阐释提供了机会，也为立场各异的社会成员提供了更多的参与公共对话的可能。尽管如此，我国大众网络论坛上有关全球变暖问题的讨论并不活跃，在本书考察的所有关于全球变暖的讨论帖中，62.1% 的帖子回复量小于 5；从回复量大于 5 的讨论帖中随机抽取所得的帖子中，82.6% 的发帖人只进行了单次发言；在剩下的 17.4% 的发帖人中集中了全球变暖讨论的深度参与者，他们除了会在自己发的帖子中多次留言回应外，也更容易参与到其他有关全球变暖的讨论帖中。前人的研究发现在我国的大众网络论坛上，日常生活类、与公众切身利益相关的、或一些威胁人身安全或国家利益的突发事件较有可能成为论坛热点话题，而科学等专业性、知识性较强的议题则往往曲高和寡（曹丽娜，唐锡晋，2014）。本书再度证实了这一点。有学者曾对中英两国网络论坛上的知识建构进行对比，结果发现中国网络论坛中的公众参与度更低（Li，Cox，2016）。这种整体上的科学讨论不活跃和部分人的积极参与可能导致某些更关心全球变暖或对此更感焦虑的群体更倾向于在网络上发帖，进而使该群体的话语更有可能在网络空间中出现，并在如沉默的螺旋（Kim，Kim，Oh，2014）等效应的影响下成为网上的主流观点。显然，在网络论坛这个"公共空间"中并非各种不同的立场和观点都有均等出现的机会。公共领域中的民主协商是希望公众在"理想的言说情境"下能够自由地表达、交流和协商各种诉求，从而促进共识，提高公共决策的效率。当网络论坛在某种程度上部分满足了"理想言说情境"的条件，成为网络时代公共协商的可能实现途径时，论坛讨论的协商质量就成为衡量人们在公共协商过程中交往行为和协商理性的重要指标。通过更进一步考察有关全球变暖的讨论贴，特别是网友在这些帖子中所表现出来的交往行为和协商质量，分析发现：

第一，在网民的讨论中，如果剔除掉其中对政府机构、科学共同体和西方势力的情绪化表达，为数不少的网民对全球变暖问题事实上抱持着不置可否或事不关己的态度，且消息来源在讨论发言中普遍缺乏。曾有研究在对比分析多家机构对我国公众气候变化认知的调查结果后发现，我国公众对于气候变化及全球变暖到底是什么只有模糊认识，对其原因和科学机制认识不足（王钟秀，董文杰，2016）。结合本书研究的发现，有关全球变暖的网络讨论较少，41.3%参与全球变暖讨论的网民在相关问题上也没有表示明确的立场（见表2-1），且文本分析显示大部分帖子在谈到应对时，更多地停留在宏观层面上，如国际社会或国家该怎么做，缺乏落实到个人层面的行动。由此可见，我国公众对全球变暖问题的兴趣、关注和了解不足，且更多的把全球变暖看作是国际或国家层面的事，缺少与个人之间的关联。而在那些立场明确的讨论和互动中，对风险的焦虑和不信任情绪成为话语的出发点和归宿，对政府机构、科学共同体和西方势力的情绪化表达成为情绪宣泄的出口，并非理性的对话和协商，也缺乏科学精神。这种非理性不仅会阻碍科学知识的传播，也可能助长迷信和伪科学横行。

在消息来源上，79.1% 的发帖人在参与过程中没有说明消息来源；在说明了信息来源的发帖人中，最多的是基于自身的个体性叙事和观点（6.3%），剩下 4.8% 的发帖人引用了科学研究或科学家，3.5% 的发帖人引用了大众媒体，政府部门是最少被引用的信息来源（0.9%）。由此可见，网民在讨论全球变暖问题时更多的还是依靠经验逻辑（民众的日常生活经验）而非专业或价值逻辑（科学知识）来建构话语（龙强，吴飞，2016）。和基于科学事实的叙事不同，基于自身体验和观点的个体性叙事以个体经验为基础来进行意义阐释，跳出了科学的范畴，容易形成话语自证的封闭体系，不利于公共协商的实现。

第二，有关全球变暖的网络讨论公共利益导向明确，但协商逻辑不足。仅有 12.6% 的发帖人是以个人或所在小团体的利益为导向的，更多的是不涉及任何利益或从促进社会共同体、国家、全球、全人类的利益出发参与讨论全球变暖问题的，因此公共利益导向明确。这与全球变暖议题的公共性和话语的公共性有关。但美中不足的是帖子的协商逻辑，即参与者为其主张和判断所提供的论证有所欠缺。在公共协商中，协商逻辑是协商质量的重要体现。如表 2–1 所示，61.5% 的发帖人没有对有关全球变暖的问题进行论证，只是简单地提出论点；27.8% 的发帖人进行了瑕疵论证，即只提供某个理由或例证，但没有证明这个理由或例证与全球变暖之间的关系；只有 10.6% 的发帖人提供了一个或多个论据来进行论证。协商逻辑的缺失与交往行为发生的语境有关——由于网络的虚拟性、网络发帖中自由随意的表达习惯、接收者的不确定性和网络传播内容的日渐简化，观点和情绪的表达相较于事实的论证占了上风。当然，这也与网民所掌握的关于全球变暖的科学知识或经验材料有限有关。尽管总体上论证的逻辑性有所欠缺，但无论是简单的表明态度的一句话还是长篇的分析话语，几乎每一个回帖都有完整的表达意义。除了在个别热帖中，基本上较少出现刷屏或无实际意义的一个字或一个词的情况。

第三，对于其他个人、群体及他人主张与相反观点，参与全球变暖讨论的发帖人表现出了相当的尊重，并形成了一定规模的讨论和争辩，但总体而言对话和互动仍十分有限。约 4.6% 的发帖人在讨论时夹杂了脏话。16.3% 的发帖人对其他个人或群体表示了不尊重并有所贬低。不同于广场狂欢式的宣泄，我国大众网络论坛上有关全球变暖的大部分讨论，不论是支持还是反对，呈现的都是较为文明的景象，这可能与全球变暖这一讨论主题有关，也可能我们所看到的是被"筛选"或"把关"后的自由表达（王艳玲，孙卫华，唐淑倩，2013）。但同时也必须注意到网民在讨论中与他人的互动有限，如表 2-1 所示，只有 27% 的发帖人在讨论中引用了其他群体、他人主张或相反观点并进行反馈。对于他人主张及相反观点，22.6% 的发帖人予以否定，13.5% 予以肯定，其余 36.3% 发帖人承认他人观点但没有鲜明的肯定或否定，还有 27.6% 的参与者则忽略他人观点自说自话，呈现出一种高度的游离状态。在哈贝马斯为达成理性共识的交往行动设定的"理想言谈情境"中，在机会平等的基础上，论辩各方都需要针对议题充分表达自己的意见，并对他人的观点进行充分反思和批判。可以说，批判和对话是通往共识的必经之路。显然，在全球变暖的网络讨论中参与者间的对话和批判依然不足，结合总体讨论不活跃、信息源缺失、论证缺乏、冲突有限、参与者间的互相尊重等结果，不难发现全球变暖网络讨论中的公共协商较弱，不利于科学共识的形成和科学决策的民主化。

表 2-1　我国大众网络论坛上全球变暖讨论的协商质量

协商质量指标（DQI）	百分比（%）	Krippendorff's alpha
参与者的发言立场		0.934
明确表示自己有关全球变暖的发言立场	58.7%	
没有明确表示自己有关全球变暖的发言立场	41.3%	
信息来源		0.895
无来源	79.1%	

（续表）

协商质量指标（DQI）	百分比（%）	Krippendorff's alpha
参与者自身的个体性叙事或观点	6.3%	
科学研究或科学家	4.8%	
含多种来源	3.9%	
大众媒体	3.5%	
其他	1.5%	
政府部门	0.9%	
论证程度		0.817
无论证	61.5%	
瑕疵论证	27.8%	
合格论证	6.3%	
精密论证	4.3%	
论证的公共利益导向		0.886
论证理由不涉及任何个人、群体或公共利益	61.3%	
论证基于全球或全人类利益	15.2%	
只是出于个人或所在小团队的利益	12.6%	
论证基于国家的公共利益或某些群体的利益	10.9%	
尊重性		
使用脏话	4.6%	0.955
对其他群体或个人的尊重		0.872
中性	76.6%	
不尊重	16.3%	
明确尊重	7.1%	
对他人主张及相反观点的尊重		0.834
中性承认	36.3%	
忽视	27.6%	

（续表）

协商质量指标（DQI）	百分比（%）	Krippendorff's alpha
承认但否定	22.6%	
承认并肯定	13.5%	
互动，引用对话中的其他群体、他人主张或相反观点并进行反馈	27.0%	0.889
建设性政治		0.750
提出新的与当下议题无关的议题	33.7%	
坚持自己原来的观点	31.1%	
进行修正和妥协	23.5%	
未明确表态、不置可否	11.7%	

最后，虽然网络论坛这一公共空间中的讨论有助于形成有关科学争议的理性沟通，但至少在现阶段我国公众在全球变暖问题上的争议难以简单地通过网络论坛讨论得以弥合。从公共协商的角度出发，讨论参与者们需要保持开放的态度，通过共享的规范、原则和价值观来构建共识。但如表2-1所示，约三分之一的发帖人（31.1%）在讨论过程中始终坚持自己的观点，另外三分之一的发帖人（33.7%）提出了新的与主帖议题无关的议题，只有23.5%的发帖人就有关该对话主题的观点进行了修正与妥协，剩下的11.7%则游离在议题之外不置可否。换句话说，大部分发帖人在参与讨论的过程中并没有任何意愿妥协或改变观点，这离构建共识还存在一定的距离。这可能与网络论坛松散的参与机制与对话结构有关——82.6%的发帖人只发了一次言，因此难说发帖人是否参与了整场讨论，更不用说在短暂的参与过程中是否会修正或改变自己原来的观点来构建共识。换句话说，目前有关全球变暖的网络讨论依然缺乏对话和互动，没有形成真正意义上的"讨论"和民主协商。

通过测量各项有关协商质量的指标不难发现，目前我国大众网络论坛上有关全球变暖问题的公共讨论呈现低水平的证成性、互动性和协商性，高水平的公共利益导向性，中等水平的尊重性和叙事性，因此更像是一种日常交流形式而非竞争性或合作性协商，较为接近贝希蒂格等学者提出的原始话语模式（proto-discourse），即这样的对话仅能满足信息提供和日常交流的需要，离实现理性协商还有一定距离（Bächtiger，Shikano，Pedrini，et al.，2009）。对于全球变暖这一争议性科学议题的建构和传播来说，网络论坛既是体现其民主属性的公众参与的延伸，但又尚不具备足够的协商条件和现成的民主模式。简单地让公众参与到网络对话中既不足以构建公众参与科学的模式，也不足以形成科学的民主。人们需要在科学的专业性与公众言论的民主性之间找到平衡，才能构建科学共识，更好地推动公众参与科学传播。

四、全球变暖网络讨论中的科学政治化与不确定性呈现

本节前述内容通过对我国大众论坛上有关全球变暖的网络讨论进行话语分析发现：（1）网络论坛有关全球变暖议题的讨论主要集中在全球变暖的现状、成因、后果和应对这四大主题上；（2）网民通过耸人听闻抓人眼球的标题，聚焦并放大科学意义上"全球变暖说"的不确定性、在国际视野下进行全球变暖的阴谋论推断，以及在矛盾视角下针对全球变暖展开反转叙事等话语策略来围绕全球变暖建构争议；（3）网络论坛为网民提供了一个能够自由参与讨论协商的空间，但整体上有关全球变暖问题的讨论并不活跃，大量网民对全球变暖问题抱持着事不关己或不置可否的态度，有关全球变暖的网络讨论整体而言互动有限、协商不足。

网络论坛上的全球变暖讨论所呈现出来的话语特点和公共协商方式与全球变暖本身作为一个科学问题有关，与当前社会人们对风险的感知及社会中的信任危机有关，也与网络对话机制和网民的参与方式有关，凸显了公众在科学素养和网络交往方面还亟待提高的现状。

　　首先，以上发现为公众在网络空间中对科学议题相关争议的建构提供了一定的经验材料。风险社会争议迭出，处于转型时期的中国社会更是如此。全球变暖这样的争议性科学议题与公共利益密切相关，但社会和公众对该议题的认知却富有争议。网民在网络论坛这一公共空间中对全球变暖相关的争议进行建构时，除了传递基本的科学信息外，还存在着强烈的展演成分。这种展演所遵循的脚本有时是民族自尊（如全球变暖是西方强加给中国不平等待遇的阴谋），有时是通俗文化中的"科学论证"，有些则是伪科学的证据和逻辑。在全球化进程中，面对西方的强势主导地位和本民族在经济、政治与文化上的相对弱势地位，人们对民族自尊的关切通过公众的网络话语表现为一种对本民族能否稳定发展、是否会受制于他人的焦虑（王绍光，2004）。而对全球变暖问题在科学（确定）性和真实性上的反复纠结则透射出公众的信任危机，或者说当前政府／专家／媒体的公信力危机及公众安全感匮乏的社会语境。随着科技与社会一体化趋势的加强，科技的社会风险越发突出，这会引发人们的不安和焦虑，而全球化的来临更加剧了这种信任危机。公众的网络话语中对全球变暖的争议除了关乎知识本身外，还涉及具体的利益分配和价值评判。这也凸显了政治运作过程中底层对权威、精英和机构的不信任。这类科学政治化问题成为当前的科学传播需要面对的一大问题。

　　其次，如果说争议是共识达成之前的争论和竞争态势，那么网民基于网络论坛这一公共空间是否能通过公共协商来解决争议、实现共识呢？本书揭示了我国大众网络论坛在科学争议协商上存在的问题。民主的科技风险治理模式呼吁科学技术的公众认知和公开参与。网络有利于调动广泛的公共话题参与者，让他们参与到科学事务的讨论中来。随着网络的不断发展，网民已经开始通过网络空间积极地参与到有关科学问题的公共对话和意见表达中。但在网络论坛这个"公共空间"中并非各种不同的立场和观点都有均等的出现机会，且由于科学话题的生僻性、对话的匿名性、参与的随机性及参与者较为有限且鱼龙混杂等原因，网络论坛上围绕全球变暖展开的公共讨论较为松散，网民的总体参与性不高、互动十分有限，离构建共识还有一定距离。这一方面说明我国公众对全球变暖问题的关注及相关的科学精神和科学思维还有待提高，另一方面也说明虽然信息共享和公共协商在有关全球变暖问题的网络讨论中有所体现，但很明显在目前有关全球变暖的网络讨论中，公众的普遍参与和理性协商依然有所缺失。在全球变暖这样的科学问题上，争议始终存在，甚至在某些情况下可能加剧，代表不同利益的各方缺乏有效的方式来调和矛盾、"中和"观点、达成共识。科学传播从来都不是孤立的，要解决争议、实现公共理性需要我们回归到实际的社会情境中来。如果网络要在与科学相关的问题上真正实现有价值的公众参与，需要在科学的专业性与公众言论的民主性之间找到平衡，在理性协商的前提下寻求各方力量共同参与，为各利益相关方提供平等对话的平台和机会，让科学的论辩找到合适的实现途径和渠道，建立起能够适应现代化进程的公众参与科学机制。只有当公众能通过自己的话语体系来表达对科学的合理担忧和异议并得到有效疏导时，才能更好地缓解公众的矛盾心态，推动科学在社会中的普及。就全球变暖问题而言，如何面向公众实现科普，从而减轻人们的怀疑和不确定，同时如何利用网络这一公开的讨论空间增进网民之间的理性交流和公共协商，从而增强公众的科学素养，并在社会范围内构建科学共识将是科学传播的一个重要课题。

第三节　公众对气候变化风险认知的影响因素研究

气候变化的重要性已经得到了比较广泛的认知，但它还远没有成为公众关心的热点。研究发现，各国公众对气候变化的认知和行为调整存在差别，相较于发达国家而言，我国公众对于气候变化成因及其影响的了解比较有限；虽然我国公众在应对气候变化的行动上呈现出积极取向，但行为的自觉性依然不容乐观（洪大用，范叶超，2013）。作为一种缓慢的、渐进的平均气候条件的改变，气候变化是一个复杂的过程，不同于其他的人类能清晰地、确切地亲身感受到的风险，它很难基于个人经验被精确地预测和追踪（Weber，2010）。人们对于气候变化风险的感知更多地是从外界信息中获取的。因此，人类对气候变化风险的认知往往会受到多重因素的影响，且普通公众对气候变化风险的认知不同于专家对其的判断。专家对气候变化风险的判断更多地是从量化的、具体的和逻辑的角度出发，而公众对气候变化风险的认知则更多地基于主观的个体感受和个人接收到的信息（周敏，2014）。正因为气候变化风险的影响巨大，但人们对气候变化的风险认知还十分不足，因此关注气候变化风险及其公众认知具有十分重要的意义。国内现有的对环境风险认知的研究，大多是针对空气污染、水污染、食品安全、自然灾害等（李文竹，2016），近年来针对气候变化风险认知的研究也逐渐增多。本节内容将首先从风险社会理论出发分析何为气候变化风险，然后围绕有关气候变化的风险认知，通过两个系列实验分别考察媒介内容（媒体来源和信息平衡性）和受众因素（空间距离感、受难者形象和救援者感知）如何影响公众对气候变化风险的认知。

一、风险社会视域下的气候变化

"风险"（risk）一词的原意是指在海图上未标明的水域航行，所谓风险就是指由于未来结果的不确定而造成的人身或者财产的非预期获益或损失（周敏，2014）。二十世纪五六十年代开始，风险问题引起了西方社会的关注，其语义也逐渐从技术和经济层面发展到了社会层面。道格拉斯和威尔德韦斯从文化视角提出了风险分类学，卢曼提出了风险社会学。乌尔里希·贝克是风险社会理论的开拓者，与安东尼·吉登斯一起成为了"风险社会理论"的重要代表。贝克与吉登斯把风险问题置于社会变迁的宏观考察中，从社会变迁的视角研究风险的整体转型，开创了风险社会理论（刘岩，2008）。风险社会理论包括了对风险社会的产生背景、概念、风险产生的原因、风险分配等的阐释，认为在越来越紧密的全球化时代，风险的出现是现代性下的必然产物。风险在根源上具有内生属性，是这一理论建构的基点。如今，风险社会理论已经成为风险问题研究的主导理论范式，是分析当代风险问题最直接最重要的理论基础。

风险社会理论认为，风险社会是在现代社会变迁的背景下，在工业社会的基础上进一步现代化的产物。"风险"这个概念的诞生是随着经济社会和人类意识的发展而来的（安东尼·吉登斯，2000）。贝克认为，当代风险的现实基础是工业化的过度生产所带来的大规模的副产品，风险社会是其在全球化进程中加剧的结果——"在发达的现代性中，财富的社会生产系统地伴随着风险的社会生产"（乌尔希里·贝克，2004）。这是一种"反身性现代化"，即现代性在创造出工业社会繁荣和发达的同时，也在创造着毁灭这种繁荣和发达的条件，现代性的后果引起了性质完全相反的两种发展倾向，即高度现代化和高度风险性（刘岩，2008），这两者共生且不可分离。

气候变化风险正是现代社会所面临的环境风险之一。气候变化影响着人类的生存和发展，是世界各国共同面临的重大挑战。根据英国社会学家吉登斯的分类，在风险社会中，最令人不安的就是人造风险，是人类以往从未体验过的也无法依据过往经验对其做出预估的风险（安东尼·吉登斯，2001）。与此同时，风险社会的存在还与新风险的发展密切相关。新风险是核能的、化学的、遗传的以及生态的大灾难，且往往存在难以预测的后果和影响，其结果是全球性的、普遍联系的。风险社会中的风险作为"新风险"还具有三大特点：第一，风险造成的灾难是全球的、无法挽救的、不受限制的损害；第二，风险的严重程度、致命性的灾难情形超出了预防式的事后安置的能力范围；第三，风险发生的时空界限无法确定，使得风险计算的基础被破坏，常规使用的计算程序、标准等失效（乌尔希里·贝克，2004）。从这个意义上说，气候变化风险就是一种典型的"人造风险"和"新风险"。政府间气候变化专门委员会（IPCC）在历年来的研究报告中都明确警告了全球变暖的危险，强调人类活动"极有可能是自20世纪中叶以来观测到变暖的主要原因"。气候变化问题已经在世界范围内得到了前所未有的关注和讨论，越来越多的人开始意识到，人类活动正在将气候变化一步步推向不可逆转的临界点。

在应对风险的方法上，贝克和吉登斯认为现有的风险计算方法和经济补偿方法都难以根本上解决问题，还要通过提高现代性的反思能力来建构应对风险的新机制（安东尼·吉登斯，2000；乌尔希里·贝克，2004）。如乌尔希里·贝克（2004）所说，在风险社会，前人的经验和道路在新的风险问题上能给人们提供的参考价值较为有限。今日的种种风险问题与困境，不仅风险的承担者难以确定，且风险的判断标准也已变得模糊不清。同时，全球性的风险在时间和空间上都存在不确定性，因此对风险的善后处理、应急机制固然重要，建立预防机制也同样重要。全球变暖已不可逆转，其影响和风险将持续相当长的时间，"减排越多，变化越小，影响越低"就成为了人们适应气候变化、预防和降低气候风险的重要原则。对于我国来说，要实现减排从而降低气候风险，一方面需要进一步深化改革，积极进行经济转型和经济结构调整，加强对温室气体的再利用和对化石燃料的精细化生产加工，同时在政策层面上推广节能措施，逐步改善目前中国经济碳强度较高的现状，统筹推进经济、能源、环境协同发展；另一方面，如安东尼·吉登斯（2000）所说，生活在高度现代性的世界里，便是生活在一种机遇与风险的世界中，但新风险的出现并不意味着现在的社会生活比以前的更为危险，而是在风险个人化的过程中需要人们不断提高自己的风险意识和风险认识水平，让社会各界共同参与到风险预警中来。因此，在应对气候变化问题上，需要动员全社会的力量，积极探索多元化的能够减缓气候变化的措施，如植树造林、提高公众的环保意识和环保公德，通过科普减轻人们在气候变化问题上的怀疑和不确定，增强公众的科学素养，提高公众的环境意识，在社会范围内构建应对气候变化的环保共识。

公众对气候变化的风险认知是公众环保意识和科学素养的重要组成部分。风险是可以被建构和界定的。从风险社会的角度出发，在气候变化问题上前人的经验和道路对于当代人的参考价值有限，人们难以通过沿用以往的治理制度和模式来应对气候变化风险，此类风险的蔓延之势容易让当代人陷入焦虑（乌尔希里·贝克，2002）。一方面，各种现代风险总是伴随着人类的决策与行为，是各种社会制度尤其是工业制度、法律制度、技术和应用科学等运行的共同结果（乌尔希里·贝克，2004）。在风险社会中，工具理性和价值理性、科学理性和社会理性之间存在着分裂。工具理性的泛滥和价值理性的缺失，使得人们的生活处于不确定和焦虑中；科学理性和社会理性的断裂使得理性、科学、权威的合法基础开始动摇，从而加重了公众的焦虑感和不安全感（乌尔希里·贝克，2004）。另一方面，在风险社会中，风险的严重程度和致命性已经超出了人们现有的知识领域。风险社会中始终存在着一些人们无法确切知道的知识，其不确定和未知的状态难以通过更多的科学实验操作和理性逻辑演绎而得以改变，属于"统计数据验证上可以容忍的范围"及"知识操作的副作用"（刘维公，2001）。作为风险社会中的一种典型风险，气候变化风险的复杂性体现在其兼具自然风险和人为风险——在产生原因上，既有自然的因素，也有人为因素；在风险后果产生的空间上，气候变化风险的影响范围是全球性的；在风险后果产生的时间上，影响的时间跨度大，既会影响当代人，也会影响后代。鉴于气候变化风险的复杂性，对该问题的风险认知及其影响因素的研究就显得尤为重要，也构成了风险社会视域下探究科学问题风险建构和公共认知的重要课题。

二、风险认知及其影响因素

风险认知（risk perception）即人们对各类风险因素的感受和认识，与每个人的文化背景、社会价值观、利益诉求等要素密切相关（李文竹，2016）。坎宁安（Cunningham，1967）认为，风险认知由不确定性和后果两个部分组成，换言之风险认知包括风险之下某个结果是否会发生的主观可能性和一旦发生风险所导致结果的危害性。李红锋（2008）认为风险认知是人们对某个特定风险的特征和严重性所做出的主观判断，是测量公众心理恐慌的重要指标。换句话说，风险认知是一种个人主观的对于风险不确定性和风险产生后果危害性的判断，描述的是个人内心对风险的评估。基于以上定义，下文中所提到的公众对气候变化的风险认知指的是个人或群体对以全球变暖为特征的气候变化的客观认识以及对已受到或将受到这种风险影响或损失可能性的一种评估与判断。

既有研究中对风险认知的理论研究范式主要包括心理测量范式、跨文化研究范式、双系统理论和风险的社会放大研究范式等。心理测量范式（psychometric paradigm）主要基于斯洛维克（Slovic）提出的风险认知因素分析法，认为风险是由会受心理、社会、制度和文化等多种因素影响的个人主观定义的，主要从"恐惧风险"（dread risk）和"未知风险"（unknown risk）两个维度，使用心理 / 生理量表和多元分析技术来定义人们风险态度和认知的定量表达或"认知地图（cognitive map）"（Slovic，1987）。心理测量范式及其风险测量法曾被我国学者借鉴，从风险的可怕性、可控性、致命性和灾难性四方面考察媒体报道对公众环境风险感知的影响（余红，张雯，2017）。跨文化研究范式主要基于玛丽·道格拉斯（Mary Douglas）和艾伦·威尔达夫斯基（Aaron Wildavsky）提出的风险和文化理论。在二人的著作《风险与文化》中，他们尝试运用文化理论来分析现实社会的风险，认为人们所处的文化群体能够通过他们共同的世界观来部分地解释群体成员的风险认知，而人们对风险种类的关注、对风险恐惧的判断则取决于人们是否社会性地参与以及隶属于何种社会群体及社会文化（李红锋，2008）。文化理论主要停留在理论层面的思考，相关的实证研究略显匮乏。

认知的双系统理论认为人们获取到的信息可以分为经验信息和分析信息两种，而人们对这些信息进行加工存储时存在经验系统和分析系统两套系统。在经验系统中，人们将现实与个人或他人的经验相关联，进而把各方面的经验转化成情感，最终影响风险认知和决策（Loewenstein，Weber，Hsee，et al.，2001）。在分析系统中人们运用逻辑分析来对事实进行描述并评估风险，其过程相对缓慢且需要意识的控制（Marx，Weber，Orlove，et al.，2007）。研究发现科学家对气候变化及其风险的看法在很大程度上是基于分析处理，而非科学家则更多地依赖更易获取的与气候有关的信息和相关情感进行处理，这两个系统互相平行又互相联通，当两个处理系统的输出不一致时，基于情感的经验系统通常占上风，因为它更生动、处理速度更快（Weber，2010）。

风险的社会放大研究范式（social amplification of risk framework）指出灾难事件与心理、社会、制度和文化状态之间互相作用，这种作用会加强或减弱人们对风险的感知并型塑人们的风险行为，而人们基于此所采取的风险行为可能更进一步造成新的社会后果。这些后果的负面作用可能远远超过对人类健康或环境的直接伤害（如健康伤害、财产损失等），从而导致更重要的间接影响（如社会污名化、群体冲突、社会分裂等）（Kasperson，Kasperson，Pidgeon，et al.，2003）。这种放大的过程可能由某个物理事件（如意外事故）引起，或起因于某些有关环境或技术的报道（谢尔顿·克里姆斯基，多米尼克·戈尔丁，2005）。由此，大众媒体在对公众解释这些风险的过程中扮演着重要的角色，尤其是当人们对这些风险缺乏直接经验和相关知识的时候。风险的社会放大范式预先给公众的风险关注设置了基线，然后通过社会放大过程引发不同的效果。但是这种研究方法是在社会共同的水平上而非个体的水平上进行的，因此对于个体的风险认知解释力较为有限（李红锋，2008）。

以上所提到的有关风险认知的理论研究范式为研究公众对气候变化的风险认知提供了基本的理论框架和解释路径，但必须看到在今天的传播环境中公众已不再只是被动的信息接收者。研究发现，人们对风险的本能反应往往与客观的、量化的风险衡量标准不太一致（Weber，2006）。且人们在科学话题上的立场除了跟他们具备的科学知识相关外，对科学家和科学的看法、政治立场、宗教信仰、文化环境等因素同样能够影响人们对气候变化问题的看法（Shao，Garand，Keim，et al.，2016）。普通公众作为非专业人士对风险的评估较多从主观层面出发，基于自身对风险事件的认识和风险事件可能带给自己的危害程度的预测来判断风险（周敏，2014）。罗伯特·考克斯（2016）认为，人们在判断气候变化等环境风险时会受到以下因素的影响：（1）自愿性，即人们是自愿假定是有风险还是被强制植入风险观念；（2）控制性，即个人是否能够防止或控制风险；（3）公平性，即个人是否被要求比他人承受更大的风险，尤其是在利益均等的前提下；（4）时空扩散性，即风险是大规模地在人群中散布还是只集中在小范围内。还有学者提出了风险即感觉假说，强调了人们在进行科学决策时情感的重要作用（Loewenstein，Weber，Hsee，et al.，2001）。

既有的对气候变化风险认知的研究主要集中在三方面。第一，分析公众对气候变化的风险认知，如对公众所认为的风险起因、风险事件、风险源、风险后果、风险危害程度、风险责任、风险的不确定性和复杂性等的分析。如有学者考虑到气候变化风险的延迟性，从后果和可控性这两个角度考察了公众认为气候变化对自己、其他人和下一代的风险有多大（Chang，Kim，Shim，et al.，2016）。有学者从风险严重性的角度分析了公众认为气候变化对地球未来所构成的威胁（Dan，Braman，Gastil，et al.，2007）。有学者从气候变化的发展程度（如"我认为气候变化正在发生""我已经注意到气候变化的某些迹象了""我认为现在的气候温度比过去几年热""我认为降雨最近几年下降了""气候变化和突然间不可预测的变化增加了"）和气候变化可能产生的后果（如"气候变化将对气候产生积极的影响""气候变化将对海洋／冰川有积极的影响""气候变化将对人类健康产生积极的影响"）两方面考察了公众对气候变化的风险认知（Hidalgo，Pisano，2010）。还有学者通过测量人们所感知的气候变化可能对全球和个人造成影响的严重性来体现公众对气候变化的风险认知（Sun，Han，2018）。斯洛维克和菲施霍夫等学者则引入了心理测量范式（Psychometric Paradigm），从九个方面：（1）风险的自愿性，即是否自愿暴露在风险面前；（2）影响的即时性；（3）暴露于风险中的人对于风险知识的掌握；（4）科学上关于风险知识的把握；（5）对风险的可控性；（6）新颖性，即风险是新的还是旧有的、为人所熟知的；（7）慢性／灾难性，即风险一次可能只杀死一个人（慢性）或风险一次能杀死很多人（毁灭性的）；（8）一般／恐惧，如人们是否已经能接受风险，能理性地、平静地思考风险，还是出于本能对风险存在巨大的恐惧；（9）后果的严重性，来测量人们对风险的特性评价和风险认知（Fischhoff，Slovic，Lichtenstein，et al.，1978；Slovic，1999）。

第二，探究风险认知对个人行为如传播行为、环保行为、风险应对行为和风险决策的影响。有学者以空气污染风险作为研究对象，发现风险认知偏差，尤其是悲观偏差，容易引发风险传播行为，从而引发谣言（赖泽栋，卓丽婕，2016）。有学者发现，人们对环境问题的风险认知容易影响人们的环境保护意识和行为，且在自然灾害的潜藏期、爆发期、灾害蔓延期和灾后重建期，人们对环境问题的风险认知需求和传播方式上存在一定的差异（唐冰寒，夏佳莉，2017）。在风险决策方面，韦伯（Weber，2010）发现公众对气候变化风险缺乏关注，且人们不太可能牺牲具体的、即时的利益去换取抽象的、遥远的利益，因此风险分析数据不太可能激发公众的环保行动，而基于规则或出于道德和社会责任更有可能为人们的可持续行动提供最佳前景。

第三，分析公众对气候变化风险认知的影响因素。研究发现，人们的风险认知和对风险的态度与风险所在的空间位置存在相关性。在此基础上，研究者们探究了个体特征（年龄、收入、性别、职业、文化程度、宗教信仰等）、主观价值（个人情感、生活经验、专家信任、环境价值观等）和社会环境因素（政府政策、企业行为、媒体传播、民间环保组织行为等）等对公众气候变化风险认知的影响。具体而言，韦伯（Weber，2010）发现世界观和政治意识形态作为个人文化背景的两个重要因素能够引导人们去关注威胁现有社会秩序的事件，如气候事件，并影响人们对此类事件的看法。但既有研究，特别是国内有关气候变化风险认知的现有研究多为基于问卷调查或二手数据形成的研究，少有通过实验研究来确认对公众的气候变化风险认知存在影响的因素并建立因果模型的。同时，国内少有研究关注新闻本身以及科学信息在新闻中的呈现方式对公众的气候变化风险认知可能存在的影响。

伴随着移动互联网的飞速发展和人们信息获取方式的快速迭代，科学新闻的生产模式也在不断变化中。目前我国的新闻生产已经由权威机构（如政府、媒体等）垄断的模型逐渐走向开放共享、多方共同参与的场景。除了传统的专业新闻媒体外，商业新闻网站、个人或机构自媒体（如各类微博大 V、微信公众号等）等也已成为公众重要的科学信息来源。根据第40 次《中国互联网络发展状况统计报告》，网络新闻作为人们获取信息的重要来源，其服务形式已经从早期的以采编分发为主的自主传播模式转化到了以用户资讯需求为主的资讯平台供给模式（中国互联网络信息中心，2017）。但不同的媒体来源，不同的信息发布主体，不同渠道、类型、级别的媒体在公信力/可信度上普遍存在差异（詹骞，2013；靳一，2006），因此对公众的科学认知和风险意识的影响也会有所不同。

同时，新闻报道的方式也可能会影响到公众的风险认知。平衡性、客观性和准确性一直以来都被认为是新闻报道的基本原则。平衡报道意味着"以一种不表态的方式探讨问题，让听众、观众和读者能够了解所有重要的论点，包括其受到多大的支持"（约翰·费斯克，2001）。新闻媒体有义务为受众提供准确的信息，因此在报道具有不确定性和争议性的新闻事件时，记者应该提供无偏见的信息，从不同的消息源获取信息，平衡地报道各方意见，对来自对立面的事实和观点同时予以报道（约翰·费斯克，2001）。具体到科学报道中，即记者在撰写科学类的文章时需要兼顾矛盾双方，尽可能准确、公正地包含来自多个对立观点方的信息。在气候变化报道领域，"平衡"的报道原则也为记者所推崇。乔治·梅森大学的气候变化传播中心（Center for Climate Change Communication at George Mason University）对美国主要电台和电视台新闻主管进行了调查，结果发现尽管气候变化正在发生且是由人类所导致的已成为科学界的共识，但 90% 的新闻主管仍然认为，像报道其他议题一样，在报道气候变化议题时必须实现观点的平衡（Maibach，Wilson，Witte，2010）。然而，当把平衡这一原则运用到环境报道中时容易对受众产生误导。尽管新闻学一般倾向于获取一个故事的两面，但这种做法在科学和环境报道中并不总适用。

媒体对科学议题的报道会影响公众对该议题的认知（Entman，Rojecki，1993）。早期的气候变化报道常常会引用气候怀疑论者的观点，以期达到新闻的平衡性标准，但这助长了公众对气候变化的不确定性看法（罗伯特·考克斯，2016）。学者们通过分析《纽约时报》《华尔街日报》等美国权威媒体的 3450 篇文章，发现 20 世纪 90 年代和 21 世纪初美国媒体绝大多数有关全球变暖的报道都包含了与"全球变暖说"对立的观点，即使"全球变暖说"早已成为科学界的共识（Boykoff，Boykoff，2004；Kortenkamp，Basten，2015）。博伊考夫（Boykoff）等（2004）发现，美国报纸在报道全球变暖时采用的平衡性报道方式实际上导致了有关全球变暖问题的"偏见性报道"，将气候科学和人类活动对气候变化影响的偏见隐藏在平衡性报道后，为美国政府在全球变暖问题上推卸责任并拖延应对创造了现实的政治空间。记者即使遇到错误的反对意见也将其纳入报道，且缺乏专业技能或时间去了解真正的科学真相是什么（Cunningham，2003），这种为平衡而平衡的做法容易使得人们将气候变化问题认为是一个科学上充满争议的问题，这一方面削弱甚至违背了新闻的客观性原则，另一方面减少了人们达成科学共识的信心，增加了公众认知中科学风险的不确定性（全燕，2016）。

但既有研究发现在新闻报道中不论是强调风险还是平衡地呈现风险，都有可能增加受众的恐慌程度。一方面，大众借助媒体报道与舆论形成对风险的感知和判断。如果媒体在信息传播中不断强调风险，一旦风险太大超出公众对风险及其预期的感知承受能力，容易导致公众对危机和灾难的认同先于感知发生。这种混杂着风险猜测、风险想象的恐慌情绪可能被不可控感所操纵、加剧，进而演变成更加严峻的心理危机和社会危机（杜建华，2012）。另一方面，如若平衡地呈现风险信息，人们也有可能倾向于采用"最坏的打算"。约翰逊和斯洛维克（Johnson，Slovic，1998）通过研究发现，当得知科学家们在环境风险的大小上存在分歧时，65%的实验样本会倾向于认为最坏的情况是真的，要做最坏的打算以防万一。在中国语境下，科学报道的媒体来源和信息平衡性是否会对公众的科学风险认知存在影响尚缺乏有力的实证研究结果。本节接下来的三、四部分将通过两个实验来分别考察在中国语境下媒介因素（信源可信度与报道平衡性）和受众因素（空间距离感、受难者形象和救援者感知）是否分别会对公众的气候变化风险认知产生影响。

三、信源可信度与报道平衡性对公众气候变化风险认知和行动意愿的影响

随着网络的发展，除了传统意义上的媒体之外，越来越多不同类型的传播主体（如自媒体人、环保机构、科学组织及科学家等）开始加入到气候信息的传播中来，且信息呈现的方式和策略也变得越来越多元化。在媒介化的环境中，如何体现并保证信息的科学性进而正面地影响公众的气候变化风险认知开始成为重要的研究课题。具体而言，在网络化的多元传播

环境中，信源可信度和报道平衡性是否会影响到他们对气候风险的认知，对这一问题的探究能够帮助我们更好地摸清气候信息的传播规律，指导媒体和各类信息发布主体的内容发布和传播策略，并进一步明确我国受众对气候变化的风险认知究竟在多大程度上受到传播要素的影响。具体而言，本部分内容旨在探讨信源可信度和报道平衡性对人们感知气候变化风险和采取气候减缓行动的意愿的潜在影响。

之所以采用信源可信度和报道平衡性这两个自变量，是因为信源和信息内容是传播的重要组成部分，也是影响传播效果和受众认知的重要因素。邱鸿峰（2017）认为媒体对公众的气候变化风险认知具有重要的影响作用，尤其是在公众对气候变化相关知识和直接经验较为缺乏时，因此传播者的可信度很有可能会对公众的环境风险认知产生影响。目前，我国的环境和科学信息生产中存在着不同类型的传播者（如官方媒体与自媒体）同台竞争的情况。但不同的传播者在公信力和可信度上普遍存在差异。根据信息说服模式，受众往往会从信息内容和信息源来判断信息的可信度（Hovland，Weiss，1951）。当受众缺乏相应的知识、能力或动机对信息进行处理时，会更倾向于根据传播者或信息源的可信度来对信息本身做出判断，且更倾向于信任来自高可信度传播者的信息（Hovland，Weiss，1951）。

可信度指的是媒体或传播者可被信任的程度，是受众对信息发布主体及信息源值得信赖程度的主观感受。詹骞（2013）提出可以从拥有秉持社会关怀的新闻专业素质、影响力和管理良好这三个维度来测量网络媒体的可信度。靳一（2006）基于社会调查数据总结了中国大众媒介的公信力测评可以从新闻专业素质、社会关怀、媒介操守、新闻技巧等方面展开。基于既有的研究不难发现，传播者可信度的判断主要受到传播者（或传播媒体）的专业性、权威性及传播动机等的影响。当受众感知到传播者具有较高的权威性（如《人民日报》），信息源具有较高的专业技能知识（如相关领域的专家），且传播者与信息间不存在利益相关时，会更倾向于认可其传播的信息（唐雪梅，赖胜强，2020）。一般来说，官方媒体相较于自媒体在信息传播上具有更强的公信力和可信度。由高可信度传播者发布的气候变化信息更有可能强化人们对气候变化的风险感知。据此，提出以下研究假设。

H1a：信源可信度能够直接正向影响公众有关气候变化的风险认知。

媒体在新闻报道中遵循的平衡报道原则可能使科学看起来比实际更有争议，也更容易对公众的风险认知产生影响。换句话说，报道的平衡性也可能影响到公众的风险认知。平衡性作为新闻报道的基本原则，需要媒体在报道具有不确定性和争议性的议题时尽可能提供无偏见的信息，平衡地报道正反双方的观点和意见。但在报道气候变化问题时强调报道的平衡性实际上导致了有关气候变化问题的"偏见性报道"，忽视了在气候变化问题上正反双方背后科学证据的悬殊对比，使得公众将气候变化问题认为是一个科学上充满争议的问题，这一方面削弱甚至违背了新闻的客观性原则，另一方面减少了人们达成科学共识的信心，增加了公众认知中科学风险的不确定性（Boykoff，Boykoff，2004；Dixon，Clarke，2013；全燕，2016）。美国学者通过实验研究发现在报道环境危机时，有三种报道方式：（1）只呈现与该环境危机相关的科学界主流观点而不报道反方观点；（2）平衡地呈现正反两种观点；（3）呈现正反双方观点的同时驳斥反方观点。后两种报道方式对受众有关环境危机的风险和不确定性的认知影响相似，都无法消减公众对科学争议的错误认知且可能降低人们对风险的认识（Kortenkamp，Basten，2015）。学者们发现，在"全球变暖说"早已成为科学界共识的前提下，平衡地呈现气候变化正反双方的观点实际上导致了气候问题上的"偏见性报道"，这种"虚假平衡"导致在科学上不占优势的观点获得了版面，这样为平衡而平衡的做法完全忽视了正反观点背后科学证据的悬殊力量对比，降低了人们对气候变化的风险认知（Boykoff，Boykoff，2004）。在我国，报道平衡性是否对人们的气候变化风险认知具有类似的影响，又是否会与信源可信度交互影响人们的气候变化风险认知呢？研究假设如下：

H1b：报道平衡性能够负向影响公众有关气候变化的风险认知。

H1c：信源可信度和报道平衡性对公众有关气候变化的风险认知存在交互影响作用。

既有研究表明，气候变化风险认知与人们应对气候变化的行动意愿存在正相关（Boykoff，Boykoff，2004；全燕，2016）。本节除了希望考察信源可信度与报道平衡性对气候变化风险认知的影响外，也希望了解气候变化风险认知是否在信源可信度与报道平衡性对人们有关气候变化行动意愿的影响中存在中介作用，因此文章提出以下研究假设，并构建了如图 2-4 的理论模型。

H2：公众有关气候变化的风险认知越高，其应对气候变化的行动意愿也越强。

H3：气候变化风险认知在信源可信度和报道平衡性与公众应对气候变化的行动意愿影响中起中介作用。

H3a：信源可信度越高，公众有关气候变化的风险认知越高，其应对气候变化的行动意愿也越高。

H3b：报道平衡性越高，公众有关气候变化的风险认知越低，其应对气候变化的行动意愿也越低。

H3c：信源可信度和报道平衡性通过风险认知对行动意愿存在交互影响作用。

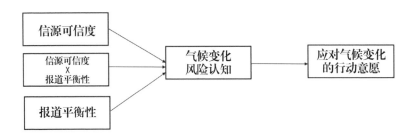

图 2-4　气候变化报道影响受众风险认知和行动意愿的理论模型

为了验证以上研究假设，研究采用了 2（信源可信度：高 VS 低）×2（报道平衡性：失衡 VS 平衡）的组间实验设计，形成了 4 种不同的实验条件。考虑到越来越多的中国人，尤其是年轻人，倾向于通过社交媒体（如微信）获取信息，因此本研究所有作为实验刺激材料的文章按照微信公众号文章的页面、标题栏、文字样式、底色等设计了实验内容，从而模拟日常的微信文章呈现给实验对象阅读。

实验材料包括来自两类不同的信源（官方媒体 VS 自媒体）、采取两种不同报道方式（平衡 VS 失衡）的 4 篇气候变化文章。信源可信度被操作化为权威新闻媒体和自媒体，其中高可信度信源被操作化为"人民网"这一官方媒体的官方微信公众号，低可信度信源被操作化为"冯站长之家"这一自媒体微信公众号。报道平衡性则参照了前人的研究（Boykoff，Boykoff，2004），将平衡性报道操作化为在新闻文本中同时呈现认同和驳斥"全球变暖说"的观点，且正反双方的论点、论据在篇幅和结构上相似，在引用信源的数量上相同、地位上相当；而"失衡性"报道被操作化为全文只呈现并肯定气候变暖这一观点。所有文章均根据真实的气候变化报道修改而来，采用了同样的排版和呈现方式，篇幅近似。这 4 篇文章被分别应用于 4 个实验条件组（高可信度信源+"平衡式"报道、高可信度信源+"失衡式"报道、低可信度信源+"平衡式"报道、低可信度信源+"失衡式"报道）作为实验材料。

360 名来自中国南方某大学的学生自愿参加了该实验，并被随机分配到 4 个实验条件组中，每组 90 人。每人都被要求在阅读完本组的实验材料后回答问卷。为了避免受测对象刻意迎合实验意图，他们被告知是在进行公众号改版测评。实验过程设置了一些限定条件，如阅读文章时间不及中位数三分之一的、未通过注意力检测的及未完成整个问卷的被认为是不合格样本，会被筛选出最终样本。此外，为了保证研究的科学性，通过控制检验（manipulation check），实验删除了未能正确回答文本的媒体来源及文本观点平衡性的实验样本，最终得到 340

份有效的研究样本。

本研究的因变量包括对气候变化的风险认知和应对气候变化的行动意愿。具体来说，对气候变化风险认知的测量参考了风险的心理测量范式（Fischhoff，Slovic，Lichtenstein，et al.，1978；Slovic，1999），从 4 个维度（包括可能性、易感性、严重性和影响）采用 5 级李克特量表评估了被试所感知到的气候变化的风险程度（$M=3.51$，$SD=0.54$，Cronbach's $\alpha=0.81$）。研究采用 5 级李克特量表（1＝非常不愿意，5＝非常愿意）设置了 4 个问题对人们采取应对气候变化的行动意愿进行测量（$M=3.48$，$SD=0.92$，Cronbach's $\alpha=0.80$），包括：（1）为了减少燃料排放，你愿意多走路、骑自行车或乘坐公共交通工具吗？（2）你愿意更多地实践回收利用来缓解气候变化吗？（3）你愿意为了气候原因节约能源吗？（4）你是否愿意抗议可能导致全球变暖的项目？

在随机分配后的 4 个实验条件组中，性别的男女比例（$x^2=6.69$，$df=3$，$p>0.05$）和平均年龄（$F=1.25$，$p>0.05$）均无显著差异，可见本实验对实验条件的随机分配是有效的。实验中对信源可信度和报道平衡性的操纵检验，采用独立样本 T 检验，结果显示阅读"人民网"文章组的被试（$M=3.66$，$SD=0.61$）对信源可信度的评估要显著高于阅读"冯站长之家"文章组的被试（$M=3.09$，$SD=0.70$）（$t=6.85$，$p<0.001$）；所阅文章中同时平衡地呈现认同和驳斥"全球变暖说"观点组的被试对报道平衡性的评估（$M=3.84$，$SD=0.72$）显著高于阅读失衡的或全文只呈现并肯定气候变暖报道的被试（$M=2.90$，$SD=0.78$）（$t=9.92$，$p<0.001$），可见实验对信源可信度和报道平衡性的操控有效。此外，数据显示，信源可信度与受众的气候变化风险认知（$r=0.101$，$p<0.05$）和行动意愿（$r=0.184$，$p<0.01$）呈正相关；报道平衡性与受众的气候变化风险认知（$r=-0.236$，$p<0.01$）和行动意愿（$r=-0.131$，$p<0.05$）呈负相关；风险认知与行动意愿呈正相关（$r=0.422$，$p<0.01$）。这些相关性与理论预期的关系一致，为验证研究假设提供了初步证据。表 2-2 进一步

说明了 4 种不同实验条件下的被试的气候变化风险认知和行动意愿的差异。

表 2-2　不同实验条件下的气候变化风险认知及行动意愿的均值与标准差

	低信源可信度（自媒体）		高信源可信度（官方媒体）	
	低报道平衡性（只强调气候变化）（N=84）	高报道平衡性（平衡地呈现认同和驳斥）（N=92）	低报道平衡性（只强调气候变化）（N=84）	高报道平衡性（平衡地呈现认同和驳斥）（N=80）
风险认知	3.63（.47）	3.49（.41）	3.66（.68）	3.27（.48）
行动意愿	4.05（.72）	3.82（.72）	3.75（.59）	3.65（.63）

　　为了验证 H1a、H1b 和 H1c，研究采用多因素单因变量方差分析（ANOVA）来检验信源可信度、报道平衡性及其交互项对气候变化风险认知的影响。如表 2-3 所示，报道平衡性，$F(1, 336)=21.60$，$p < 0.001$，及其与信源可信度的交互项，$F(1, 336)=5.41$，$p < 0.05$，能显著影响公众有关气候变化的风险认知，但信源可信度对气候变化风险认知的直接影响未被证明，$F(1, 336)=2.86$，$p > 0.05$。因此，H2 和 H3 成立，但 H1 不成立。具体来说，低报道平衡性组（$N=168$）的被试，即阅读的报道只呈现并肯定气候变暖的被试，对气候变化的风险认知程度（$M = 3.64$，$SD = 0.58$）显著高于高报道平衡性组（$N=171$，$M=3.38$，$SD = 0.46$），即所阅报道中平衡地呈现认同和驳斥"全球变暖说"的被试。针对交互作用的数据检验发现，当信源可信度更高且报道平衡性更低时，被试的风险认知程度会显著更高。换句话说，当高可信度的媒体在气候变化报道中更强调气候变化问题时，受众对气候变化的风险认知更高。

表 2-3　信源可信度、报道平衡性及其交互项对气候变化风险认知的方差分析

	III 类平方和	df	MS	F
信源可信度	0.76	1	0.76	2.86
报道平衡性	5.78	1	5.78	21.60***
信源可信度 × 报道平衡性	1.45	1	1.45	5.41*
Error	89.99	336	0.27	

*$p < .05$, ***$p < .001$

为了验证 H2 和 H3，研究使用了 SPSS 宏 PROCESS 插件（Hayes，2013）。基于该插件中的模型 8，设定 Bootstrap 抽样的次数为 5000 次，置信区间为 95%，将信源可信度、报道平衡性及其交互项作为影响因素，将风险认知作为中介变量，检验其对行动意愿这一因变量的作用。结果显示，在该中介模型中，$F(4, 335) = 22.65$，$p < .001$，$R^2 = 0.21$，风险认知的中介指数具有显著性（index = 0.123，Boot SE = 0.056，Boot LLCI = 0.0189，Boot ULCI = 0.2392）。具体来说，低报道平衡性（$\beta = -0.653$，$SE = 0.180$，$p < 0.001$）及其与高信源可信度的交互项（$\beta = -0.262$，$SE = 0.112$，$p < 0.05$）会显著增强人们的气候变化风险认知，从而进一步增强人们采取行动应对气候变化的意愿（$\beta = 0.470$，$SE = 0.058$，$p < 0.001$）；但信源可信度通过风险认知对行动意愿的影响不显著（$\beta = 0.297$，$SE = 0.178$，$p > 0.05$）（见表 2-4）。故 H2、H3b 和 H3c 成立，但 H3a 不成立。研究还发现，虽然信源可信度通过风险认知对行动意愿的间接影响不显著，但信源可信度对行动意愿存在显著的直接影响（$\beta = 0.570$，$SE = 0.189$，$p < 0.01$），且信源可信度与报道平衡性的交互项对行动意愿也存在显著的直接影响（$\beta = -0.255$，$SE = 0.120$，$p < 0.05$）。图 2-5 为根据 PROCESS 的分析结果画出的信源可信度与报道平衡性对气候变化风险认知和行动意愿的影响模型。

表 2-4 气候变化风险认知作为中介变量的影响模型分析

	风险认知		行动意愿	
	β	SE	β	SE
信源可信度	.297	.178	.570**	.189
报道平衡性	−.653***	.180	.340	.193
信源可信度 × 报道平衡性	−.262*	.112	−.255*	.120
风险认知	—		.470***	.058
常量	4.350***	.283	1.375***	.389
R^2	0.08		0.21	
F	$F(3, 336) = 9.57^{***}$		$F(4, 335) = 22.65^{***}$	

*$p < .05$, **$p < .01$, ***$p < .001$

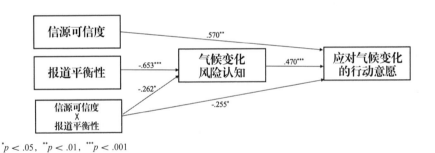

*$p < .05$, **$p < .01$, ***$p < .001$

图 2-5 信源可信度与报道平衡性对气候变化风险认知和行动意愿的影响模型

　　本实验证实了在网络环境下气候变化报道的信源可信度和报道平衡性对人们的气候变化风险认知及其采取行动应对气候变化的意愿存在影响。研究的主要发现包括:(1)越是在新闻报道中强调气候变化的事实及人类活动对气候变化的影响,而非为了新闻报道的平衡原则而在气候变化报道中平衡地呈现支持和反对"全球变暖说"的两方观点,受众对气候变化风险的认知程度越高,其应对气候变化的行动意愿也越高;(2)越是当受众从高可信度信源(如官方媒体)接触到气候变化信息时,其应对气候变化的行动意愿越强；（3）越是当信源可信度高且报道平衡性低时，例如从官方媒体获取到强调气候变化事实的信息时，受众对气候变化的风险认知程度越高，其应对气候变化的行动意愿也越高。

本实验表明，在气候变化这样的风险议题上，报道平衡性能显著影响人们的风险认知，并进而影响其采取行动应对气候变化的意愿。事实上，"全球变暖说"，即"地球正在变暖，而人类活动是变暖的主要原因"，是目前科学界的主流观点，已经被越来越多科学家所接受和承认（Leiserowitz，2007）。高平衡性的气候变化报道，即所谓"虚假平衡报道"，指的是在报道中呈现的关于气候变化问题的争议或对立观点比实际证据所支持的更多，或者说记者为平衡而平衡，在报道中机械地将支持和反对"全球变暖说"的两方观点和论据以与实际不相称的形式呈现出来，甚至忽略或隐瞒可能使"反全球变暖说"观点变得没有根据的信息（严俊，2010）。本研究通过实验发现，气候变化报道的平衡性越高，即当支持和反对"全球变暖说"的正反方观点越"平衡"地呈现在新闻报道中时，人们对气候变化的风险认知就越低，其采取行动应对气候变化的意愿也越低。这一发现与前人的研究结果相符，即"虚假平衡报道"实际上会破坏真正的客观性，尤其是在风险传播中（Lichtenberg，2000）。虽然在新闻报道中平衡地展现支持者和怀疑者的观点并提供来自正反双方的观点和证据是记者在新闻报道中常用的做法（Boykoff，Boykoff，2004），有利于记者保持表面的中立，但这么做可能会为公众描绘出不正确的科学图景，进而引发信息偏见，使得受众错误地以为科学界在气候变化是否真实存在且正在发生、人为因素是否导致了气候变化等主要原因等问题上争论不休。平衡报道原则的目的本是将事实客观全面地呈现给受众，而采用虚假平衡的气候变化报道则借用了平衡报道的"壳"（如在报道中给对立双方相同的篇幅或发言时长，或设置一些根本无需争论的问题甚至伪命题），使得原本简单清晰的科学问题变得复杂化、模糊化，导致科学偏见被放大，这对普通受众来说更具欺骗性，且此种欺骗十分隐蔽。可以说，虚假平衡报道既没有为受众提供真实确切的有关气候变化的知识和信息，也无法帮助受众正确理解当前科学界在气候变化研究上的特定情境和科学进展。经常接触此类信息容易让人们怀疑有理有据的主流科学观点，在错误地将高可信度赋予科学界的边缘意见的同时，也弱化了自身对气候变化的风险认知。

媒体报道气候变化本就意在传播风险信息、提示风险危机，从而提高人们的风险认知、促使人们行动起来应对风险。当媒体"失衡"地呈现气候变化风险信息时，即肯定"全球变暖说"，表面看来似乎有悖于平衡报道这一原则，但通过传达并强调气候变化的发生及人类活动对其的影响是毋庸置疑的这一基本科学事实，更能降低人们对气候变化风险的不确定性认知，加深人们对气候变化风险的了解，促使人们针对气候变化采取行动。在风险社会中，公众往往会通过批判性视角来评估科学相关的风险（乌尔里希·贝克，2004）。媒体作为科学的社会意义建构者之一，有责任为非专业人士解释科学发展的风险，帮助人们评估气候变化相关科学发现的确定性，理解主流科学界对气候变化的看法，从而准确地认知气候变化风险，并采取相应的行动应对风险。

本实验还发现，在气候变化这样的风险议题上，不论是来自官方媒体的新闻报道还是自媒体的信息传播，都能够显著影响人们的风险认知和行动意愿。一方面，当人们从高可信度信源（如官方媒体上）接触到气候变化报道时，其针对气候变化采取行动的意愿更强；另一方面，人们从官方媒体接触到的气候变化报道越是强调气候变化，受众的气候变化风险认知程度越高，其应对气候变化的行动意愿也越高。因此，在气候变化这样的风险议题报道中，官方媒体尤其需要发挥自身的影响力优势，实时跟进气候变化的最新科学进展，利用好互联网这一新兴的信息平台进行宣传。既有研究发现，我国官方新闻媒体的气候变化报道较为客观，较少出现"气候变化怀疑论"（Xie，2015），这一点值得肯定。在气候变化风险的传播中，媒体不能为了追求平衡报道原则而罔顾科学事实，最终导致公众在气候变化问题上的不确定性增加，产生错误的风险判断。因此，媒体需要审慎地采用平衡报道原则，专注真实性和客观性，还原有关气候变化的事实原貌，撰写符合科学事实的气候报道。

在当下的网络传播环境中，自媒体往往另辟蹊径，为了吸引受众、获取流量，利用社会影响力高的科学争议事件策划、生产、传播在严谨度和科学性上有所欠缺的科普内容，导致"伪科学"和"伪科普"大量涌现（王大鹏，贾鹤鹏，吴欧，等，2018）。在气候风险议题的建构和传播上，自媒体需要注意，不应为了吸引眼球而夸大"气候变化怀疑论"或采用"虚假平衡"的方式呈现有关气候变化的信息，刻意创造冲突性，错误地赋予科学中的边缘意见高可信度（Dearing，1995）。如果想要更好地回应气候变化风险，让人们都了解气候变化并参与到应对气候变化的行动中来，需要在当下的传播环境中广泛动员各种宣传力量共同加入有关气候变化的客观报道，强调气候变化及人类对其的影响这一科学事实，提升媒体的科学可信度，从而在全社会范围内提高人们有关气候变化的风险认知和行动意愿。

面对气候变化风险，我国政府展现了较高的责任担当与治理决心，但是在社会范围内依然存在对有关气候变化的风险沟通不足、公众关注有限等问题。媒体作为风险传播的渠道和风险化解的有力武器，在应对气候变化风险中发挥着重要的作用。因此，了解气候变化报道如何影响我国公众有关气候变化的风险认知及其采取行动应对气候变化的意愿十分重要。这一方面有利于我们理解媒体在气候变化风险沟通中发挥作用的机制，另一方面也能够帮助国家从传播的角度纾解气候变化风险的治理困境。本研究通过实验提供的经验证据证明，气候报道中的信源可信度和报道平衡性能够作用于人们对气候变化的风险认知和应对气候变化的行动意愿。这些发现不仅为风险传播研究提供了经验材料，也为环境传播和科学传播者们提供了实践依据。

四、气候变化受难者形象与空间距离感对公众气候变化风险认知的影响

风险感知是影响个体风险决策行为的重要变量。斯洛维克（Slovic，1999）等学者将风险感知定义为人们面对各类现实中的风险事件或各种潜在风险时个体的主观情绪与直觉判断，其中既包括了对风险发生概率的计算，也包括了对风险严重程度的评估。国内学者认为风险感知是个人对于外界存在的各种客观风险的认知，强调个体的直觉判断、主观认知和个体经验对个人风险认知的影响（谢晓非，徐联仓，2002；谢晓非，2003）。学者们结合对气候变化风险感知的测量和普遍意义上的风险认知心理测量范式（Psychometric Paradigm）（Slovic, Fischhoff, Lichtenstein, 1981；Slovic，1999），从个人层面（personal risk perception）和人类层面（human risk perception）上对受众的气候变化风险认知进行测量（Kortenkamp, Basten, 2015；Han, Zhang, Chu, et al., 2014；Morton, Duck, 2001；Tyler, Cook, 1984）。研究者们对风险感知的重视主要是因为风险感知与风险应对行为直接相关。由于气候变化问题的严重性、复杂性、不确定性和专业性，普通公众对气候变化的看法和可能采取的行动在很大程度上取决于他们对气候变化的科学认知和风险感知。高风险感知的个体往往会采取行动减少风险的不确定性（如采取预防行为等）或改变原有行为来避免预期的失败或风险后果（廖中举，2015）。自我效能感（self-efficacy）是美国心理学家班杜拉（Bandura）在1977年提出的，指的是"人们对自身能够利用所拥有的技能去完成某项工作行为的自信程度"。换言之，这不是一种客观的能力或技能，而是个体对自身能力的主观感受，这种主观感受会影响人们的决策、努力程度以及面对困难时的坚持程度（Schwarzer, Warner, 2013）。高自我效能感的个体会比低自我效能感的个体有更积极的态度、动机和行为。学者们发现，无论是对公共风险还是个体风险的感知都与自我效能感之间存在显著的正相关关系（Kallmen, 2000；Reser, Bradley, Glendon, et al., 2012）。此外，研究发现气候变化

相关知识的掌握程度、是否曾经亲身经历气候变化灾难及遭受气候变化风险的负面影响（廖中举，2015）及性别（van der Linden，2016）都有可能影响人们的气候变化风险感知和自我效能感。

　　既有研究发现，有关气候变化的新闻报道文本和图像都有可能影响公众对气候变化问题的风险感知和自我效能感，如展示针对气候变化进行行动的图片会引发受众更高的自我效能感，而展示气候变化带来的负面影响会引发受众更高的风险感知及更低的自我效能感（Metag，Schäfer，Füchslin，et al.，2016）。本研究之所以关注风险感知和自我效能感这两个变量，是因为虽然我国的大多数公众都已经意识到了气候变化的存在，但是应对气候变化的行动却较为有限（王彬彬，2014）。针对气候变化或者说全球变暖这个日益严重的环境问题，如何让公众行动起来以有效地减缓全球变暖速度是科学传播的当务之急。如果公众通过日常的新闻接触能够逐渐重视气候变化及其可能带来的风险问题，并觉得能够为缓解气候变化做出贡献，就可能激发出公众更多参与感和应对气候变化的行动。本研究试图通过实验确定在日常的新闻报道中何种图片报道能够有效提高受众的风险感知和自我效能感，从而提高人们的环保意识，促进环保行动。

　　新闻媒体在呈现气候变化所引发的灾难事件时，可以通过采用不同的视觉元素对气候事件本身、气候事件对人的影响及气候事件导致的社会后果进行报道。国外学者分析了美国、英国和澳大利亚 13 家报纸的 1600 多张气候新闻图片后发现，新闻图片中呈现的气候变化是一个充满政治性、有一定争议性且在地理上对大多数人存在距离感的问题（O'Neill，2013；Lester，Cottle，2009）。国外不少有关气候变化新闻图片的研究关注了气候变化灾难中新闻图片呈现的人物形象，如政府官员、急救人员、科学家、普通人和受害 / 遇难者等。其中，关注较多的包括政治人物（Lester，Cottle，2009）、遇害者 / 幸存者、官方救援者、非政府或民间救援者（Mortensen，Hull，Boling，2017）。总体而言，普通人的故事在新闻媒体的气候变化图像传播中出现较为有限（O'Neil，2013）。

　　国内学者分析中国新闻奖新闻摄影获奖作品发现，国内的灾难报道"重救灾，轻灾难"；在人物呈现上，侧重展示国家领导人和救援人员，从而更好地表现政府的救援行为，实现"社会安定团结与经济稳定发展"的宣传目的；其中的救援者包括官方的政府救援者和来自社会各阶层的救援者（郑梦雨，2017）。还有学者们对国内灾难事故的文字报道进行分析发现，受难者形象包括：（1）儿童、老年人等弱势群体为代表的"理想受难者"形象，呈现出弱小且不幸的特点；（2）事故中因为救人或自救而体现出英雄主义色彩的成年男性；（3）受难后等待救援但凭借日常生活中的高社会地位而成为了代表性的受难者，如高收入阶层、高学历阶层；（4）受难者形象和故事的高度同质化造成的可替换的受难者（闫岩，邹文雪，2018）。这几类不同的受难者共同的特点就是被动地等待救援。当然，在今天媒体呈现的受难者中也不乏一些典型的虽身陷困境但努力自救或者救人的形象。因此，可以把气候变化受难者的形象再细分为自救的气候变化受难者和被救的气候变化受难者。

　　既有研究发现，新闻图片所呈现出的不同视觉形象可能影响受众的感知和行为，如梅塔（Metag）等学者认为气候变化灾难的图像会让人们认为个体对气候变化是无能为力的，自己无法做任何事情来阻止气候变化灾难的发生（Metag，Schäfer，Füchslin，et al.，2016）。也就是说，新闻图片所呈现的形象可能影响受众对气候变化的风险感知和自我效能感。本研究试图在中国的社会背景下探讨气候灾害的报道，探究气候变化报道图片所呈现的不同救援者形象（如政府救援者）及气候变化受难者形象（如等待救援而非自救者）是否会让人们觉得只有依靠别人才能解决气候变化带来的问题，而自己没有能力应对气候变化问题。据此，本研究提出以下研究假设：

　　H1：在救援者层面，在气候变化新闻报道中呈现政府救援者形象会更容易降低人们对气候变化的风险感知。

　　H2：在救援者层面，在气候变化新闻报道中呈现政府救援者形象会

更容易降低人们对气候变化的自我效能感。

　　H3：在受难者层面，在气候变化新闻报道中呈现自救的受难者形象会比被救的受难者形象更容易提高人们对气候变化的风险感知。

　　H4：在受难者层面，在气候变化新闻报道中呈现自救的受难者形象会比被救的受难者形象更容易提高人们对气候变化的自我效能感。

　　除了人物形象外，研究者们还发现在气候变化媒体报道中让民众对减少温室气体排放等议题产生"情感性参与"或缩短"心理距离"，能够增强人们对气候变化问题的关注和行动意愿（黄铃媚，刘大华，邓安纯，2012）。所谓心理距离是指个体以自己为中心，以此地此时自我的直接经验为参照点，对所描述的现象或行为在时空上的远近、关系上的亲疏及发生概率的大小的感知。如果以自身的直接经验为参照点，那么个体在该点就会感知到较近的心理距离；而如果沿着该参照点往外扩展，个体则会感知到较远的心理距离。国内外研究者们都发现，人们普遍将气候变化看作是影响不确定、距离自己很遥远、欠缺个人相关性的议题（Lorenzoni，Nicholson-Cole，Whitmarsh，2007；Vlek，2000；Duan，Takahashi，Zwickle，2019）。换句话说，气候变化对公众来说存在较大的"心理距离"，包括时间维度、空间维度及社会维度上的心理距离。公众对气候变化的心理距离越远（由于气候变化作为一个科学议题往往超越了人们的直接经验和知识储备），人们对其认知就越模糊（Liberman，Trope，Stephan，2007）。有些学者将这种现象称为"风险判断贴现"，即若未出现气候变化对本地造成实际影响的信息，人们更有可能会认为气候变化风险远在未来，离自己非常遥远（Gifford，2011）。莱瑟洛维茨（Leiserowitz，2005）发现68%的美国人最关心的是气候变化风险对世界范围内的人和物的影响，只有13%的人最关心其对自己和家人的影响。这种认为气候变化影响离自己很遥远所以对自己影响不大的想法，会降低人们对气候变化问题的关注和风险感知。学者们通过实证研究发现缩短气候变化与个体在空间维度上的心理距离能够提升人们对于气候变化与自身相关性的认知，从而引发人们采取环境友好行为的意愿（Ledgerwood，Trope，Chaiken，2010）。现有的气候变化新闻图片往往强调其在距离上的遥远性（Lester，Cottle，2009），这在某种程度上可能进一步加深公众对气候变化的心理距离。国外学者研究发现，如果想要在气候变化议题上促进社会大众改变，就需要媒体在报道这一议题时，将之描述为一个在地性与区域性的冲击，且是一个立即、当下的问题而非遥远的威胁，必须强调气候对个人健康的威胁（Leiserowitz，2007）。本实验试图讨论的是如果在新闻中将气候变化在空间上呈现为一个近距离发生的环境事件，是否会直接影响人们对气候变化的风险感知和自我效能感，以及距离感和人物形象对人们的气候变化的风险感知和自我效能感是否存在交叉效应。据此提出以下研究假设和研究问题：

H5：在空间距离层面，当新闻图片中所展示的气候变化发生在离自己较近的地区时，人们对气候变化的风险感知会更高。

H6：在空间距离层面，当新闻图片中所展示的气候变化发生在离自己较近的地区时，人们对气候变化的自我效能感会更高。

R1：新闻图片中的空间距离感和受难者形象、救援者形象对气候变化自我效能感和风险感知是否存在交互作用？存在何种交互效应？

根据上述研究假设和研究问题，列出如图2-6所示的研究模型图。

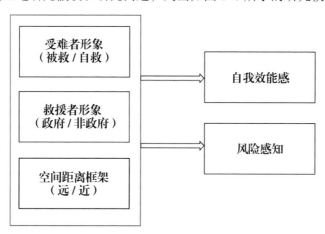

图2-6　新闻图片中的气候变化受难者形象、救援者形象和空间距离感对受众风险感知和自我效能感的影响

本实验旨在验证气候变化新闻图片中的受难者形象、救援者形象和空间距离感对人们气候变化自我效能感和风险感知的影响，采用 2（受难者形象：被救者/自救者）×2（救援者形象：政府救援者/非政府救援者）×2（空间距离感：远/近）的组间设计，将受试者平均分配到 8 个不同的实验组中。实验过程中，被试者被要求阅读实验刺激材料，阅读完毕后回答实验问卷，并得到 1 元人民币作为感谢。整个实验过程控制在 5 分钟左右。参与本次实验的对象为浙江某大学学生，从校内论坛招募而来自愿参加，共 304 人。最后通过控制检验的为 240 人。为了避免实验对象刻意迎合实验用意，他们被告知是在进行一项气候变化新闻文本阅读能力研究。最终研究共包括 240 名被试，其中男性占 40%（$N = 96$），女性占 60%（$N = 144$）。由于使用的是大学生这一方便样本，所以被试者的年龄较为集中在 17 到 25 岁年龄段（$M = 21.35$）。

实验刺激材料为 8 组图片。为了选择合适的实验图片，研究者们首先通过搜索引擎获得大批有关气候变化的新闻图片，然后利用 Photoshop 软件处理图片，将不同的受难者（被救者/自救者）、救援者（政府/非政府）和空间距离（远/近）分别合成到同样洪水背景的气候变化新闻图片中，最终形成 8 份实验材料，包括"空间距离感远 × 被救受难者 × 政府救援者""空间距离感远 × 被救受难者 × 非政府救援者""空间距离感远 × 自救受难者 × 政府救援者""空间距离感远 × 自救受难者 × 非政府救援者""空间距离感近 × 被救受难者 × 政府救援者""空间距离感近 × 被救受难者 × 非政府救援者""空间距离感近 × 自救受难者 × 政府救援者""空间距离感近 × 自救受难者 × 非政府救援者" 8 种情况。在满足排版和篇幅要求并确保内容科学合理的前提下，针对以上 8 种情况，分别设置了 760 ~ 780 字的新闻文本作为对图片的补充说明。8 张图片分别配发的新闻文本，其原始内容来源于新华网等专业网站。8 篇文字篇幅相似，结构相同，区别在于替换了针对不同实验条件的文字说明。

在空间距离感的处理上，通过在新闻图片中合成进浙江省地名并在新闻文本中点明气候变化引发的极端天气和洪水发生在浙江省以代表空间距离近的实验情况；通过在新闻图片中合成进马来西亚地名并在新闻文本中点明气候变化引发的极端天气和洪水发生在马来西亚某村庄来代表空间距离远的实验情况。在气候变化受难者形象的处理上，通过在实验图片中突出被困群众的自救行为（如利用木桶、木板、塑料桶等物品展开自救），并在新闻文本中加入"受灾群众利用木桶、木板、塑料桶等物品展开了自救"来凸显气候变化受难者的主动性，代表自救受难者形象；通过突出实验图片中被困者等待他人救援的形象，并在新闻图片配发的新闻文本中加入"被洪水围困的受灾群众等待着救援"的文字来体现受难者的被动性，突出被救受难者形象。在救援者的形象处理上，通过在实验图片中置入身穿消防官兵制服或其他官方制服的人物形象来突出政府救援者，并在配发的新闻文本中加入"当地消防部门展开大规模救援行动，动员超过 600 名消防官兵，协助受灾群众撤离"来体现政府救援者这一实验情况；通过在图片中置入穿着民间救援组织制服的人物形象来突出非政府救援者，并在文字中配发"当地民间救援组织展开大规模救援行动，动员超过 600 名民间救援组织队员，协助受灾群众撤离"来体现非政府救援者形象。

　　实验测量的具体变量包括气候变化风险感知、自我效能感、气候变化关注度、心理距离感及基本的人口统计学变量。其中，气候变化风险感知基于前人的研究（Kortenkamp, Basten, 2015; Han, Zhang, Chu, et al., 2014; Van der Linden, 2015）被操作化为感知到的针对个人的气候变化风险和感知到的针对世界的气候变化风险。之所以要从个人层面和人类整体两个层面来测量人们对风险影响的认知，是因为既有研究发现人们更倾向于认为气候变化风险离自己非常遥远，存在所谓风险判断折扣（Gifford, 2011）。针对个人的气候变化风险包括 4 个问题：（1）你个人对气候变化有多担心；（2）根据你的判断，在你一生中的某个时候，因气候变化而使你的健康或整体福祉受到严重威胁的可能性有多大；（3）你认为气候变化对你个人的威胁有多严重；（4）你有多么担心气候变化潜在的对你个人的负面影响。采用李克特量表从 1 到 7（1＝非常不同意，7＝非常同意）进行回答（Cronbach's α＝0.844）。针对人类整体层面的气候变化风险也包括 4 个问题：（1）根据你的判断，你认为气候变化对我们整个人类社会产生非常有害的长期影响的可能性有多大；（2）你认为气候变化对自然环境的威胁有多严重；（3）你认为目前气候变化对全人类的影响有多严重；（4）你认为气候变化对社会安全的影响有多严重。采用李克特量表从 1 到 7（1＝非常不同意，7＝非常同意）进行回答（Cronbach's α＝0.867）。针对个人的气候变化风险和针对人类整体层面的气候变化风险的这 8 个问题被共同作为对气候变化风险感知的测量（Cronbach's α＝0.892）

对自我效能感的测量采用风险行为诊断量表（Risk Behavior Diagnosis Scale，RBD）（Witte，Cameron，McKeon，et al.，1996），包括 4 个问题：（1）如果我在生活中落实低碳行动，就可能会减弱由气候变化引发的威胁健康生活的影响；（2）我能够采取行动减弱气候变化对我的生活和健康造成的影响；（3）开展低碳行动来减少气候变化的威胁是很方便的；（4）为减弱气候变化带来的健康威胁或生活影响，低碳的生活方式对我来说不是困难的事。同样采用李克特量表从 1 到 7（1＝非常不同意，7＝非常同意）进行回答（Cronbach's α＝0.817），信度良好。

实验用于控制检验的问题包括："新闻图片中所呈现的被困者是否展开自救？"（是/否）；"新闻图片中所呈现的救援者是来自政府/民间的？"（是/否）；"新闻图片中所呈现的气候变化灾难是否发生在我附近？"（是/否）。研究的控制变量包括：（1）心理距离感：使用两个问题"我所在的地区可能会受到气候变化的影响"和"气候变化对我国的影响远比对其他国家的影响要大"，采用李克特量表从 1 到 7（1＝非常不同意，7＝非常同意）进行回答（Cronbach's α＝0.821）。在最终的实验结果分析中，发现当气候变化新闻图片显示的受灾地区是和自己距离较近的地区时，被试者的心理距离感显著提高，这也从侧面证实本研究的准确性；（2）对气候变化的关注度，使用的问题是"您对气候变化、全球变暖有多关注？"，同样采用李克特量表从 1 到 7 进行回答（1＝完全不关注，7＝非常关注）；（3）气候变化的亲历性，使用的问题是"您是否曾经亲身经历过气候变化所导致的灾难"，回答是或否；（4）基本的人口统计学变量，如年龄、性别、学历、收入等。

为了回答研究假设和研究问题，在数据分析中采用了方差分析，结果发现新闻图片中的救援者形象（政府/非政府）与自我效能感（$F=2.511$，$p=.114$）、个人层面的风险感知（$F=2.108$，$p=.148$）、人类层面的风险感知（$F=0.778$，$p=.379$）和整体的风险感知（$F=0.122$，$p=.727$）均不存在显著相关，故 H1 和 H2 不成立。

针对 H3 和 H4，研究发现气候变化受难者形象（自救/被救）对个人层面的风险感知（$F=9.098$，$p<.01$）和整体风险感知（$F=5.399$，$p<.05$）影响显著，对自我效能感（$F=2.299$，$p=.131$）和人类层面的风险感知（$F=1.589$，$p=.209$）影响不显著，故 H3 部分成立，而 H4 不成立。更进一步的分析显示，接触到的新闻图片显示的气候变化受难者采取自救行为的实验组（$M=4.76$，$SD=1.05$），会比看到图片展示的是被动等待救援（$M=4.45$，$SD=1.20$）的受难者形象更容易提高人们对气候变化的整体风险感知，其中对个人层面的风险感知影响最为明显。看到新闻图片显示气候变化受难者开展自救的实验组（$M=3.84$，$SD=1.30$）会比看到受难者被动等待救援的实验组（$M=4.30$，$SD=1.20$）有更高的个人风险感知。

针对 H5 和 H6，研究发现空间距离感对自我效能感影响显著（$F=5.538$，$p<.05$），而对整体风险感知（$F=0.399$，$p=.528$）、人类层面的风险感知（$F=0.444$，$p=.506$）和个人层面的风险感知（$F=0.267$，$p=.606$）影响都不显著，故 H5 不成立，而 H6 成立。进一步的研究发现，新闻图片呈现的气候变化灾难与被试距离远的实验组（$M=4.65$，$SD=1.30$），比呈现气候变化灾难距离近的实验组（$M=4.25$，$SD=1.43$）表现出更高的自我效能感。

为了检验救援者形象、受难者形象和空间距离感对气候变化自我效能感和风险感知的影响上是否存在交互作用，研究通过方差分析发现，救援者形象和受难者形象的交互项对整体层面的风险感知（$F=0.364$，$p=.547$）、人类层面的风险感知（$F=1.292$，$p=.257$）、个人层面的风险感知（$F=0.001$，$p=.974$）和自我效能感（$F=1.778$，$p=.184$）影响都不显著；救援者形象和空间距离感的交互项对整体层面的风险感知（$F=1.220$，$p=.271$）、人类层面的风险感知（$F=0.866$，$p=.353$）、个人层面的风险感知（$F=1.271$，$p=.260$）和自我效能感（$F=0.907$，$p=.342$）影响也都不显著。空间距离感和受难者形象的交互项虽然对自我效能感（$F=1.676$，$p=.197$）和人类层面的风险感知（$F=2.808$，$p=.095$）影响不显著，但对整体层面的风险感知（$F=4.076$，$p<.05$）和个人层面的风险感知（$F=4.313$，$p<.05$）影响显著。更进一步的分析显示，在整体风险感知上，当新闻图片所呈现的气候变化灾难的空间距离远时，气候变化受难者自救（$M=4.66$，$SD=1.11$）和被救（$M=4.62$，$SD=1.17$）对整体风险感知的影响差距不大；但新闻图片所呈现的气候变化灾难的空间距离近时，受难者自救（$M=4.86$，$SD=0.98$）会显著地比被救（$M=4.23$，$SD=1.22$）更容易提高受众的整体风险感知；在个人层面的风险感知上，当新闻图片所呈现的气候变化灾难的空间距离远时，受难者自救（$M=4.17$，$SD=1.301$）和被救（$M=4.02$，$SD=1.24$）对个人层面风险感知的影响差距不大；但当新闻图片所呈现的气候变化灾难的空间距离近且受难者主动自救（$M=4.42$，$SD=1.08$）会显著地比等待救援（$M=3.61$，$SD=1.34$）更容易提高受众的个人层面风险感知。

总结来说，本实验的主要发现包括：（1）有关气候变化的新闻图片如果在展示气候变化受难者形象时，突出其自救行为，能够显著提升受众对气候变化整体上的风险感知以及个人层面的风险感知；（2）在空间距离上将气候变化灾难呈现得离受众较远能够显著提升其针对气候变化的自我效能感；（3）当新闻图片将气候变化灾难呈现为一场在地化的事件，且图片中的气候变化受难者主动自救会显著地提升受众对气候变化整体上的风险感知以及个人层面的风险感知。

具体来说，首先，研究没有发现新闻图片中救援者形象对受众气候变化风险感知和自我效能感的影响，但气候变化受难者形象，尤其是那些自救的受难者形象能够显著提升受众在整体和个人层面上的风险感知。前人的研究发现，新闻中真实的围绕人物的图片呈现能够给受众提供共情的机会（Corner，Webster，Teriete，2015）。当人们通过新闻图片看到灾难的影响，特别是灾难对人的影响时，往往会带来直观的冲击，引发人们在情绪和认知上的变化（Mortensen，Hull，Boling，2017）。因此，科纳（Corner）等（2015）建议在气候变化新闻图片中置入真实而非摆拍的人物。本实验的发现回应了前人的研究，并在人物形象的研究上进行了拓展，将气候受难者的形象更进一步细分为被动等待救援的气候变化受难者和主动进行自救的气候变化受难者。自救的受难者形象呈现能够显著提高受众对气候变化在整体和个人层面上的风险感知。这可能是此类新闻图片中呈现自救的气候变化受难者形象符合人们"英雄受难"的审美——人们在旁观他人的不幸时，拯救弱者、抵抗灾难以及自救等颇具英雄主义色彩的行为会被人们津津乐道，并唤起受众头脑中既有的诸如责任感、守望互助等品质（闫岩，邹文雪，2018；Cerutti，2010）。受众容易同情图片中人物的悲惨遭遇并将自身代入其受难的命运中而觉得感同身受，认为自己也可能陷入同样的危机中，从而提高了对气候变化的风险感知。强调个体自主性的自救形象既说明了气候变化对人造成的负面影响，又暗示了个人在面对气候变化灾难时，是有能力改变或至少能避免/减缓其负面后果的。那为什么呈现自救的气候变化受难者形象只显著提升了受众整体与个人层面的风险感知，而对人类层面的风险感知没有影响呢？既往的研究者们发现，当媒体把气候变化作为一个普遍的社会问题进行报道时，受众往往无法从中得出关于个体的风险判断，故媒体报道将主要对社会层面而非个人层面的风险感知施加作用，也即非个人影响假设（Impersonal impact hypothesis）（Tyler，Cook，1984）。在本实验中，当媒体通过图片报道侧重呈现了气候变化受难者的个体形象，特别是受困而不得不自救的形象时，气候变化和社会公众的个体风险就被直接联系了起来，受众们更倾向于认为气候变化的影响就发生在当下，会影响到每个人的日常生活，因而更有可能从个人层面理解气候变化问题并显著提升个人层面而非人类层面的风险感知。

其次，本实验发现在空间距离上将气候变化灾难呈现得离受众较远能够显著提升受众针对气候变化的自我效能感，也就是说当人们看到新闻图片中的气候变化灾难发生在远离自己的地方时，人们更有可能相信自己能够应对气候变化带来的影响。只有通过锁定空间距离，让受众在接触气候变化报道时感觉到个人相关性，才能让受众表现出较高的应对气候变化行动参与的意愿（Scannell，Gifford，2011）。针对英国和澳大利亚两地民众的调查显示，当自己生活所在地暴露在气候变化影响下时，人们对气候变化的关注度、风险感知、自我效能感和针对气候变化展开行动的参与意愿会更高（Reser，Bradley，Glendon，et al.，2012）。本实验的研究发现看似与前人的研究结论相悖，存在两种可能的解释：一种解释与恐惧呼吁（fear appeal）有关，当人们感知到气候变化作为潜在的危险离自己很近时，往往容易引发强烈的恐惧心理，导致对气候变化存在主观行动上的逃避和自我效能上的无力感；另一种解释是心理距离感区分多种维度，包括时间维度、地理维度、社会维度和不确定性维度，国外学者们在研究中发现，较低的心理距离感通常与针对气候变化的高关注度相关，但气候变化对其他国家的影响作为一个地理维度上的高心理距离感也与人们的气候变化行动准备呈现正相关（Spence，Poortinga，Pidgeon，2012），这一点与本实验的发现相似。本实验的发现也许能够给新闻实践带来新的启示——当新闻媒体习惯于将气候变化呈现为一个远距离的环境或科学事件时，如果能将抽象思维和具体目标结合起来（Rabinovich，Morton，Postmes，et al.，2009），即在将气候变化作为一个远距离事件呈现的过程中强调个体在应对气候变化方面能采取的行动，也能够在一定程度上提高公众的自我效能感，让人们为气候变化做好准备。

此外，虽然实验并没有发现空间距离感对受众气候变化风险感知的影响，但实验证明空间距离感与气候变化受难者形象对受众的气候变化风险感知有显著影响。在空间距离感近时，自救的气候变化受难者形象的呈现会显著提高受众在整体和个人层面的气候变化风险感知。也就是说空间距离感近并非不会对公众的气候变化风险感知产生影响，只是其影响的实现需要满足一定的条件。除了在新闻报道中将气候变化风险描述为一个近距离危机外，还需要突出人们自身的应对能力，受众才有可能认为气候变化带来的风险会对自身造成影响。

在理论上，本实验拓展了前人对气候变化图片报道的传播效果研究，通过实验确定了自救的气候变化受难者形象和空间距离感在气候图片中的呈现能够影响受众对气候变化的风险感知和自我效能感。由此可见，在气候报道的图片中强调真实的人物形象，特别是自救的气候受难者形象，与此同时将气候变化问题描述为一个当下发生的近距离事件，能够有效提高公众的风险感知。如果想要在气候变化议题上促进社会大众的改变，就需要媒体在报道这一议题时，将之描述为一个在地性与区域性的冲击，是一个立即、当下的问题而非遥远的威胁，且必须强调气候对个人的威胁。该结论有助于指导气候变化新闻报道的展开，能够帮助媒体、政府和环保NGO等组织在报道气候变化问题时更好地通过图像叙事来强化公众的气候变化风险感知和自我效能感，推动社会层面的环保意识觉醒和环境问题解决。

第三章
基于网络的转基因话语呈现与公众认知

转基因是目前科学传播研究中的热门议题之一。我国当前对转基因问题的传播学研究多从媒介呈现、网络舆情、风险沟通等角度进行。在媒介呈现上，国内学者多通过对国内主流报纸，如《人民日报》《南方周末》等的转基因报道进行框架分析，揭示媒体如何对转基因这一争议性议题进行建构（陈刚，2014；钱振华，杨甲璞，刘文霞，2016）。随着新媒体的迅速发展，网站、论坛、微博、微信等网络媒体上的转基因文章也为此类研究增添了新的探讨维度（曹逸凡，倪安婷，黄燕萍，2015；褚建勋，纪娇娇，黄晟鹏，2016）。同时，互联网的发展为转基因争论开辟了新的空间，网络信息传播快、受众广、影响大的特点使得有关转基因议题的网络舆论成为又一研究重点。学者围绕热点网络议题，如"黄金大米""方崔转基因之争""湖北转基因水稻"等事件，从网络舆情的发展阶段、传播路径、舆论主体、叙事策略等角度进行分析，反思我国权威部门、科学家和官方媒体在舆论引导上面临的困境，进而对如何营造良性的转基因舆情环境提出针对性建议（芮必峰，董晨晨，2014；纪娇娇，申帆，黄晟鹏，等，2015）。其中，围绕转基因网络谣言生命周期、内容特征、叙事策略、传播路径等方面展开的研究也是众多学者关注的焦点（王宇琦，曾繁旭，2015；康亚杰，彭光芒，2016）。此外，学者们还围绕转基因这一争议性议题从民众风险感知及影响因素（崔波，马志浩，2013；贾鹤鹏，范敬群，闫隽，2015）、媒体报道方式及所处困境（戴佳，曾繁旭，郭倩，2015）等方面展开了探讨。这些研究文章为国内的转基因议题传播提供了重要的研究基础。

除了传统的媒体报道，随着网络的发展，基于网络的转基因话语已经成为日常公共话语中人们较常接触到的转基因信息。随着网络上针对转基因的各类话语不断涌现，在我国的社会情境下，在转基因作物问题上持反对意见的人士是如何对转基因风险进行建构的？主要通过何种话语策略？其具体话语策略与内在逻辑是什么？这将是本章第一节的主要内容。接下来的第二节将基于风险的文化认知理论从媒介使用和内在观念入手，试图探讨网民对转基因食品的态度是否会受他们的新闻获取行为的影响？其影响路径如何？最后，第三节将借助道德心理学的理论视角，通过三个彼此关联的实验，考察转基因厌恶这一道德直觉判断过程如何受到场景特征、个体差异和情绪的影响，从而回应当前的理论争议，为转基因领域的科学传播提供实践建议。

第一节　科学不确定与信任危机下的反转基因话语策略分析

一、转基因的传播困境

自 1983 年首例转基因生物（Genetically Modified Organism，GMO）问世以来，转基因技术在世界范围内引起广泛争议，政府、专家、公众与媒体围绕转基因技术的潜在风险莫衷一是，展开了旷日持久的激烈论争（Cook，Pieri，Robbins，2004；Augoustinos，Crabb，Shepherd，2010）。尽管长期以来主流科学界普遍认为没有证据表明通过安全性评估合法上市的转基因食品会对人类健康产生影响，且基于其良好的抗旱、抗虫和抗病性能，转基因作物被视为保障全球粮食安全稳定的可行办法（Hanjra，Qureshi，2010；Qaim，Kouser，2013），普通民众却往往"谈转色变"，对转基因食品持消极态度。究竟是何种原因使得主流科学界普遍认同的转基因技术遭到公众的长期质疑和排斥？围绕这一复杂议题，学者们从宏观的社会政治文化环境（Bonny，2003）、科学传播体制（Fan，2015）、媒体报道及微观的公众风险利益感知、科学信任（Gupta，Fischer，Frewer，2012）等诸多方面展开了研究。

长久以来，受"缺失模型"的影响，转基因科学家们普遍认为公众对转基因作物的反对是由于公众的"科学无知"（ignorance of the science）以及不切实际地要求绝对"零风险"（zero risk）造成的（Cook，Pieri，Robbins，2004；McInerney，Bird，Nucci，2004），指出是科学素养的缺乏和对科学事实的无知造成了公众对转基因技术的误解和恐慌，滋生了公众的反对情绪（Ahteensuu，2012）。基于"缺失模型"，我国的转基因支持者和主流话语常将"科学无知"视为公众在转基因问题上与科学共同体之间存在巨大分歧的重要原因（李正伟，刘兵，2003；曹昱，2004）。因此，政府部门和转基因支持者们致力于普及科学知识，提高公众的科学素养，以期让公众对转基因问题形成更为清晰客观的认识并进而接受转基因食品。但即使在强大的科普推广之下，围绕转基因问题的争论仍甚嚣尘上，社会中针对转基因的反对声也不绝于耳。

随着研究的不断深入，传统的"缺失模型"因将公众简单问题化，缺乏对科学本身问题的自省，以及其中科学共同体与公众之间自上而下的单向传播而备受诟病（Wynne，1991；Ziman，1991）。学者们开始重新思考民众对于转基因作物的普遍拒绝是否能够简单地归咎于"缺失模型"理论视角下民众的科学知识缺失和科学素养不足。马里斯（Marris）等人的研究指出，在转基因问题上，"无知的公众"（ignorant public）是众多科学家和政策活动者头脑中根深蒂固的错误观点（Marris，Wynne，Simmons，et al.，2001）。在此背景下，强调公众与科学共同体平等交流、双向互动的

"公众参与科学模型"逐渐兴起（Gregory，Lock，2008）。不同于"缺失模型"下科学共同体与公众之间的单向传播，公众参与科学模型强调科学传播是一系列促进公众参与科技决策的活动，认为在科学发展问题上公众与科学家具有同等资历参与决策，科学的发展需要通过与公众的对话来取得公众的支持。因此，真正的公众参与科学，应抛弃科学的优越甚至中心地位，使其与对公众有意义的各种知识平等对话（Wynne，2006）。公众的参与、公众与科学的对话及公众对转基因作物的态度成为平息转基因争议的关键所在。在我国的社会情境下，除了政府和科学共同体外，在转基因问题上持反对意见的人士（即反转人士）对于转基因作物的风险建构往往也会对公众的转基因态度产生重要的影响（王大鹏，2016）。有科学家（Jauho，2016）通过对芬兰国内支持低碳水化合物高脂肪饮食人群线上言论的分析，认为这一群体不同于科学家眼中对科学知之甚少、抵触反对的形象，往往将自己的观点立场建立在科学之上，用科学知识来反驳主流科学家的观点，进行"能力的社会建构"（social construction of competence）。这一思路为本节接下来的研究提供了有益的借鉴：在我国的转基因争论中，反转人士是如何建构自己的观点，凸显转基因的风险，从而与科学界的主流观点展开竞争的？

总体来说，我国当前对转基因问题的传播学研究多从媒体角色、网络舆情、风险沟通等角度进行探讨，从公众参与科学角度理解转基因问题的研究较少。学者们以"崔卢之争""崔方之争"为契机探讨了公众参与科学模型在我国语境下的适用，反思了科学对话面临的形式挑战、体制性障碍，为如何完善公众参与科学、营造良好的对话环境提出了相应建议（王大鹏，钟琦，贾鹤鹏，2015）。贾鹤鹏、范敬群、彭光芒（2014）和王大鹏（2016）分别从微博所代表的社交媒体对公众参与科学的影响和公众对争议性科学议题认知方式的角度，探讨了公众如何参与转基因相关的科学争论以及形成自己的态度立场，反思科学共同体在与公众对话方面存在的不足。然而，现有的研究鲜少系统考察微观层面的民众转基因话语，尤其是反转人士如何在网络争议中建构转基因的风险，而后者有助于深入认识当前的转基因科普困境，并提出有效的针对性建议。因此，接下来本书试图归纳反转人士如何在网络上对转基因作物风险进行建构，通过对其话语策略的分析进一步理解这些话语内容背后所承载的意涵，从而进一步从宏观的社会层面探讨此种风险建构缘何成为可能，因何被民众所接受，以期为旷日持久的转基因争论和当前面临的转基因科普困境提供新的理解视角和有效建议。具体而言，研究问题如下：（1）在中国的社会情境下，反转人士主要通过何种话语策略对转基因风险进行建构？其具体话语策略与内在逻辑是什么？（2）在何种社会因素的影响下，反转人士的此种风险建构话语策略得以在中国社会广泛流行，引起民众的普遍共鸣？

二、基于网络的反转基因话语分析

由于此前鲜有研究就中国转基因争论中反转人士的风险建构话语策略进行具体分析，因此本书研究试图通过对反转人士所发布文章和帖子的内容进行梳理、归纳主题，从而进行分析。主题式分析（thematic analysis）为本研究提供了可供参考借鉴的方法。在研究方法上，布劳恩和克拉克（Braun，Clarke，2006）将主题式分析方法归纳为以下6个步骤：（1）反复阅读，熟悉研究材料；（2）从材料中找出有意义的信息；（3）归纳潜在主题；（4）对研究主题进行检查修改，再次确认；（5）定义主题；（6）撰写研究分析。本研究参考上述建议，选取"人民食物主权"这一主要由来自大陆、香港、台湾多所高校的师生、NGO工作者、媒体人和民间实践者等人士发起的在转基因问题上持坚定反对立场的网站中"转基因"栏目下的从2013年12月至2017年6月共384篇帖子，并对"天涯论坛"这一包括众多网民声音的综合论坛上的反转基因帖子进行梳理，以"转基因"为关键词进行检索，按"相关性"进行排序共得到750条内容，对前 20% 的帖子（N＝150）进行阅读找出在转基因问题上持反对意见的帖子纳入资料集（dataset），进而归纳在转基因问题上持反对意见的人士常用的话语策略。限于时间和精力关系，"天涯论坛"相关帖子下面的回帖不包括在本次分析之内。此外，考虑到在线论坛口语化的语言风格，一些非常简短且不包含任何有效信息的帖子（如广告帖），以及重复的帖子也被排除在分析样本之外。

通过对反转人士所发布的网络文章和帖子内容进行主题式分析，研究发现，我国反转人士的转基因风险建构话语策略主要包括：

（一）科学视角下的转基因作物风险建构

在反转人士的转基因作物风险建构中，利用科学不确定性从科学角度突出转基因作物可能带来的巨大风险与严重后果成为反转人士典型的话语策略。反转人士通过援引相关的科学研究结论，表明转基因作物会对人体健康或生态环境造成严重危害，为自己的反转立场提供科学依据。在消息来源上，此类话语往往通过指出科学研究的发表期刊，指明相关科学家的学术头衔，以及说明相关的科研机构名称，以"科学头衔＋转基因风险论"的结构借用信源的科学权威性（Collins，Nerlich，2016）。例如，"人民食物主权"网站和"天涯论坛"上的文章帖子在建构转基因风险时，首先就指出以下科学观点与科学发现是来自《自然》杂志旗下，或强调科学家所在的科研机构，如"美国农业部微生物学家、密苏里大学土壤微生物学的教授克莱默博士"，点名科学结论的发布机构，如"美国环境医学科学研究院""美国国家科学院"等，从而增强此类转基因作物有害观点的说服力与可信度。此外，反转人士还通过强调转基因作物安全性的科学不确定性，进一步强化转基因的风险性。事实上，风险不确定性使得人们与预期中能从科学中直接获得指导生活、规避风险实用信息的希望渐行渐远，从而导致人们可能感知到比实际更高的不确定性（Powell，Dunwoody，Griffin，et al.，2007）。因此，反转人士通过对科学界在转基因问题上固有的不确定性意涵的有意突出，使其在普通公众心中成为"风险"的代名词，进一步突出转基因技术的科学风险。

在反转人士的话语策略中，除了利用科学不确定性突出转基因作物的风险以外，针对挺转人士（转基因支持者）所主张的转基因作物优势，通过援引相关科研机构、政府部门的调查报告或学者的学术研究，质疑转基因作物在提高粮食产量、抵抗病虫毒害、减少农药使用、提高营养含量等方面的优势成为又一话语面向。反转人士通过引用"美国农业部"和"美国国家科学院"等权威机构的统计资料和科学报告来说明转基因作物不仅不会增加产量，甚至还会带来产量的不断降低；此外与传统作物相比，转基因作物也未能减少农药的使用。通过对转基因作物优势的批驳，转基因作物的风险得以进一步突出。例如：

> "在挺转派看来，转基因技术的主要优势是增产和抗病虫害，但是，美国农业部的统计资料却表明，中国搞转基因棉花商业化以来，棉花单产逐年降低，原本棉花大体自给的格局已经消失，越来越依赖进口外国棉花。同时，转基因作物也并没减少农药用量。"
>
> ——人民食物主权网站（2017 年 1 月 20 日）：转基因棉花
> 给咱中国带来大麻烦了

此外，反转人士还进一步强调当前科学界在转基因作物安全性问题上缺乏共识，尚且存在种种争议。例如，再三提到"科学界对转基因及其影响没有共识"一类的话语。在一般公众囿于自身科学素养的不足而难以对科学不确定性建立清晰认识，从而对科学界的意见分歧产生多种理解的背景下，反转人士通过突出科学界当前对转基因作物的褒贬不一暗示转基因作物安全性堪疑，从而对其风险进一步建构。此外在建构转基因作物风险时，反转人士还从不同学科范式的角度入手，认为挺转人士给出的种种证明转基因作物安全性的科学论据由于受到学科局限，并不能从根本上

证明转基因作物的安全性，故而对挺转人士的科学立场进行更为本质的
驳斥。

（二）阴谋论视角下对挺转人士的广泛质疑

面对日益复杂的社会情境与愈加精细的知识分工，公众在应对风险时
往往缺乏完整的具体信息，这使得由象征符号和专家系统所构成的抽象系
统被视为现代社会的风险规避机制；信任成为保障这一抽象系统正常运转
的前提（安东尼·吉登斯，2001）。就争议性科学议题而言，众多研究表
明公众对科学家的信任程度越高，越可能对新兴科技持积极态度，公众对
转基因作物的态度亦是如此（Marques，Critchley，Walshe，2015）。然而
近些年来，一股对专家不信任的质疑情绪在中国社会中弥漫开来。究其原
因，一方面，由于科学本身的高度不确定性和现代科学的复杂性、不可控
制性和不可计算性，专家对于风险的预测判断存在认知本质上的模糊性和
社会行动层面的不安全性双重意涵（周桂田，2005）。另一方面，随着专
家系统逐渐渗透到现代社会的方方面面，专家系统的垄断支配地位使其在
科学争议事件中往往忽视民主层面的社会沟通，日趋单一独断的科学理性
与民众基于日常生活经验与个人直觉生发的社会理性产生冲突，两者在转
基因问题上就风险定义权展开了争夺（龙强，吴飞，2016）。

在科学权威日渐消解的背景下，本书发现，对在转基因问题上持积极
态度的专家学者的学术能力进行质疑，尤其是通过与外国科学家的对比
以凸显中国科学家的水平低下和能力不足成为反转人士风险建构的策略
之一。除了对支持转基因的专家学者的知识水平和学术能力进行质疑以
外，反转人士还进一步从职业操守和道德水平的层面对挺转专家进行质
疑。挺转专家被视为受到以孟山都为代表的转基因公司的利益收买和以科
技部门为代表的政府机构的研究资金驱动，从而在转基因问题上进行证据
造假以混淆视听，有意隐瞒转基因作物的危害，因此其观点和立场都不可
信。例如：

"如此，诺奖联名信及其推崇者们（包括财经网和澎湃新闻抬出的院士朱作言）不就是在重复对伽利略审判的那些"愚昧"吗？哈！挺转帮是在搬起"科学""科普"的石头砸他们自己的脑袋呢。难怪不少学人说，许多中科院院士水平尤其是其中搞转基因作物的院士的水平，还不及美国的实验室蓝领技工。"

——人民食物主权网站（2016 年 7 月 15 日）：直言了：院士也会犯低级错误，转基因推手不要扮上帝！

"Laurie Cohen Peters（美国名为 Farm Food Freedom Coalition 的创始人之一）则说转基因上市之初，很多科学家都有过担忧，他们向美国食品和药物管理局以及农业部提出要求，结果不是被解雇或噤声，就是受到威胁恐吓。很多科学家想说实话，但考虑到自身的工作或安全，他们只能保持沉默。而其他一些科学家则被企业收买了。"

——人民食物主权网站（2017 年 2 月 21 日）：转基因专家：崔永元专题片"实话实说"很可怕

既有研究发现公众对公共机构（public institutions）的信任程度越高，越可能对转基因作物持积极态度，从而更容易接受这一争议性技术（Gutteling，Hanssen，Der Veer，et al.，2006）。其中，公共机构除了上文提及的专家系统，与转基因技术研发和管理密切相关的政府部门同样也影响着公众对转基因作物的态度（Marques，Critchley，Walshe，2015）。本研究发现，我国反转人士通过质疑政府部门在转基因问题上的监管不力和不负责任，忽视民众的知情权，怀疑政府官员和政府机构与利益集团相互勾结进行暗箱操作，有意包庇转基因利益集团，忽视转基因作物的潜在风险，弃公共利益于不顾等阴谋论视角建构了转基因风险。我国政府在一系列食品安全事件上的管理不到位、处理不及时、经验不成熟以及部分地方政府的不作为，使得民众对政府的信任程度有所下降（王海明，2013）。此外，政府在转基因问题上与公众之间缺乏有效沟通，在这一与公众切身利益紧密相关的重大科学议题决策上，公众参与的缺失使得本就薄弱的公众信任雪上加霜。伴随着市场经济的冲击，政府"公共人"特性的不断衰减，"经济人"特性的日趋明显与政府在转基因作物商业化审批过程中的信息不透明相互交织（姜萍，2012），为反转人士的阴谋论建构提供了广阔的操作空间。

　　除了专家系统和政府部门，新闻媒体也在转基因的风险沟通中扮演着重要角色。在我国反转人士的转基因作物风险建构话语策略中，新闻媒体被认为在转基因问题上有所隐瞒，与挺转人士立场相一致且受到利益影响而对转基因作物的危害选择性忽视，故意不进行报道。事实上近些年来，随着我国媒体市场化转型的日益成熟，全国范围内的市场化媒介竞争态势日渐激烈，在经济利益的驱动、对新闻时效性的盲目追求以及部分新闻从业者职业道德缺失等因素的共同影响下，各类虚假、失实新闻层出不穷，新闻反转事件时有发生，对真实、客观、公正等新闻原则的屡次违背使得媒体公信力备受质疑（刘华，2016）。在此种背景下，公众对新闻媒体的不信任态度为反转人士的转基因风险建构提供了广阔的操纵空间。例如：

　　　　"中国和世界有很多反对质疑转基因的科学家，中国的这些媒体人从来不提不报道，似乎是不敢提，害怕提……我是不好揭穿这些人真实的内心世界：因为支持转基因在中国被官商学媒制造的强大话语权裹挟着，反对转基因已经打上反科学的标签，他们害怕自己戴上一顶没有科学素养的帽子，所以他们主动与国内所谓主流科学家主流精英'站齐'。"

　　　　——人民食物主权网站（2015年12月2日）：崔永元反转基因后，中国媒体人落井下石称"小崔是一种恶"

通过对专家、政府部门和新闻媒体的三重质疑，我国反转人士建构起了一条专家不说实话、政府有意包庇、媒体有所隐瞒的转基因风险逻辑。在阴谋论的视角下，转基因产业被视作以孟山都公司、洛克菲勒基金会为代表的跨国利益集团通过操纵发展中国家农业进而达到控制发展中国家目的工具。在我国的转基因争论中，反转人士往往借助阴谋论的逻辑对挺转人士进行驳斥，对转基因作物持积极态度的专家学者、政府部门和大众媒体都被视作阴谋论利益链条中的一环，成为包括跨国利益集团和邪恶国际组织在内的转基因作物背后推手的帮凶，其立场受到背后利益集团的策划操纵因而不能信任。于是，转基因争论这一衍生自科学不确定性的科学争论由此进入了更为广阔的社会政治层面，这也使得围绕转基因作物的风险论述更为模糊复杂，而恰恰又是这种模糊性为反转人士风险建构的话语策略提供了进一步的操纵空间。

（三）转基因受害者形象的建构

继科学视角下的转基因风险建构和阴谋论视角下对专家学者、政府机构、新闻媒体的三重质疑，转基因作物受害者的形象建构成为反转人士风险建构的又一指向，主要包括阶层视角下的平民受害者形象建构和民族主义视角下的中华民族受害者形象建构。

具体而言，在反转人士的风险建构话语策略中，转基因作物被看作是专门给中国普通老百姓尤其是穷人吃的。更进一步，在阴谋论视角下，普通民众被建构成受到利益操纵的政府官员和研究人员进行转基因试验的小白鼠，沦为特权阶级攫取利益的风险承担。此外，随着民族主义情绪的弥漫，民族主义视角下的中华民族受害者形象建构成为反转人士风险建构的又一话语策略。面对以孟山都为代表的转基因跨国公司借助全球化浪潮在世界范围内推广转基因作物，反转人士将以孟山都为代表的跨国公司和以美国政府为代表的西方资本主义势力的转基因推广视作对中国发动的粮食战争，且与近代史上列强对中华民族的侵略欺辱相联系，认为转基因作物成为他们对中国实施控制的工具。例如：

　　"美国政府之所以这样做，是因为转基因的危害越来越显
现，大量的美国人民也在反对转基因食品。虽然该法案不是要
求禁止转基因食材，但这意味着美国政府承认转基因安全性不
能保障，之所以没有禁止就是为了方便把转基因产品销往中国
等国，以实现控制他国粮食安全的目的。我们一定要认识到美
帝国主义亡我之心不死，团结起来坚决反对转基因农业，反对
掏空掠夺破坏式的发展模式，中国才能可持续发展下去。"

　　——人民食物主权网站（2016 年 7 月 16 日）：美国国会通
过转基因食品必须标识法案

　　通过上述分析可以发现，我国反转人士的转基因风险建构话语策略
主要包括：（1）科学视角下的转基因作物风险建构，即从科学角度强调
转基因作物的科学风险，弱化转基因作物的科学优势，突出科学共同体
在转基因问题上的内部争论；（2）阴谋论视角下对在转基因作物问题上
持积极态度的相关方的广泛质疑，即对挺转专家学术水平和学术道德的
双重质疑，对政府部门监管能力和有意包庇转基因利益集团的质疑，以
及将矛头指向新闻媒体的选择性报道，认为新闻媒体因与转基因利益集
团立场一致从而对转基因作物危害有意隐瞒；（3）从阶层视角下的平民
受害者形象和民族主义视角下的中华民族受害者形象两个角度对转基因
作物的受害者形象进行建构。之所以反转人士的此种话语策略对转基因
作物的风险建构成为可能，是因为科学本身的"不确定性"意涵与现代
化转型过程中所面临的"信任危机"和"能动性恐慌"相互交织，为转
基因作物风险的建构提供了一套逻辑自洽的话语体系。基于科学不确定
性所衍生的转基因技术风险本就难以消解，又在反转人士强化风险和弱
化优势的话语策略下愈发突出，科学共同体内部基于不同学科范式而产
生的对于转基因作物安全性的分歧更使得民众不敢轻易认同转基因作物
的安全性。尽管源于人类认知局限性和科学本身的不确定性，学界对转

基因作物的安全性存在争议本身是常规科学进程的一部分，但在信任危机的影响下，围绕转基因作物的争论开始超出原有的科学范畴，走向更为广阔的政治层面与社会层面的争论。

通过对我国反转人士的话语策略分析可以看到，公众对于专家系统所产生的信任危机使得反转人士得以一方面抨击对转基因作物安全性给予肯定的专家的学术能力，前述的科学不确定性又在一定程度上为此种质疑提供了论据；另一方面对挺转专家的道德品质进行质疑，导致专家被利益收买的阴谋论观点开始浮现。政府部门被建构为在转基因问题上监管不力，进一步被反转人士塑造成与转基因利益集团相互勾连的包庇形象。同样地，在新闻媒体遭遇信任危机的背景下，其被建构为在报道转基因问题时有意隐瞒其危害，与利益集团立场相一致。至此，现代化转型过程中现代性与传统性断裂所引发的这场信任危机为反转人士的风险建构提供了巨大的操作空间，反转人士或对转基因支持者的能力进行质疑，或从阴谋论的角度认为其被利益收买，而信任危机之下此种话语恰巧迎合了民众心理，为阴谋论的滋生提供了温床，使得转基因风险话语得以广泛流行。此外，能动性恐慌使得阴谋论受害者的形象建构更容易激起民众的共鸣。当普通民众被建构为转基因作物的受害者，阶层差异与民族主义的情绪鼓动将反转浪潮推向了新的高度。当自己被迫成为风险承担者和整个中华民族都面临着亡族灭种危机的局面时，反转情绪在社会中弥漫开来。

在我国当前的社会情境及科学不确定性与现代化的多重影响下，反转人士的此种风险建构话语策略与系列复杂的社会因素相结合，使得转基因"有害论"得以在中国社会流传开来，引起民众反转情绪的普遍共鸣。在此背景下，单纯应用"缺失模型"理论视角下的公众对于转基因技术的科学无知来阐述公众对于转基因作物的普遍反对似乎显然过于单薄和缺乏解释力，因此一味地科普教育未必是化解当下中国转基因传播困境的最佳出路。要破解中国当下面临的困境，决策者和学者们需要从社会层面进一步思考，关注转基因风险建构之所以成为可能，其背后的科学本身的不确定性意涵，以及现代社会所面临的信任危机和所遭遇的能动性恐慌。

第二节　网民对转基因食品的态度及其影响因素研究

在中国，转基因已成为一个重要的公共议题和社会事件，在网络上掀起多次热议，媒体、科学家及公众等多方共同参与了这场高强度争论。长期以来，尽管主流科学界普遍认为没有证据表明转基因食品会影响人类健康（Qaim，Kouser，2013），普通民众却往往"谈转色变"，对转基因食品持消极态度（胥琳佳，刘佳莹，2018）。超过一半的中国消费者对转基因食品不置可否（Huang，Peng，2015），可见我国公众在转基因问题上存在着严重的困惑及矛盾的心态。

转基因问题不仅是科学问题，也是社会问题。国外学者通过考察从1970年到1999年这30年间有关生物技术的媒介报道发现，转基因早已不再是单纯的科学问题，还掺杂着政治、历史、国际关系等诸多因素（Nisbet，Lewenstein，2002）。美国学者发现社会心理学因素能显著影响公众对新技术的接受度（Gupta，Fischer，Frewer，2012）。大多数公众在科技议题上缺乏专业知识，因而对媒介信息显得尤为依赖，这就导致媒介对公众的转基因态度影响巨大（李子甜，2017）。尼斯贝特（Nisbet）等（2002）发现，人们对新闻媒体、科学杂志、科学类电视节目的使用与其对科学事实和科学过程的理解呈显著正相关。2014年中国网络社会心态调查发现，在人们对转基因食品问题存在较大不确定性时，媒体营造了一种倾向反对转基因的拟态环境，这一拟态环境更易引导人们倾向于"反转"立场（余慧，刘合潇，2014）。

然而，正如我国学者指出的那样，在发现人口因素、认知因素、心理因素、体验因素和社会文化因素等多重因素都能影响公众的转基因态度之后，很少有研究直接考察转基因态度形成的文化解释路径（程萧潇，金兼斌，2019），更遑论检视媒介信息接触如何通过个体的文化价值偏向来差异化地作用于其转基因态度的形成，本节内容即寄希望于弥补这一缺憾。在解释个体对风险感知的差异时，得益于人类学研究的启示，"格 – 群"文化理论强调风险感知在日常环境中能够得到最好的理解（Masuda，Garvin，2006），而文化和政治价值是考察日常环境中人类行为的沃土，但几乎没有研究将该理论运用于对中国公众转基因态度的考察中，本书希望在此方面能够有所拓展。因此，以下试图将媒介接触和文化观念共同引入对公众转基因态度的解释机制中，从"格 – 群"文化理论出发，探讨人们缘何会对转基因这一为主流科学界普遍认同的技术存在质疑和排斥：究竟是信息接触还是政治价值观，或者说究竟是由于接触到的信息内容，还是既有的政治价值观导致了人们对转基因的矛盾心理和困惑心态？信息接触又是否会经由政治价值观进一步影响公众的转基因态度？

一、"格 – 群"文化理论下社会文化因素对转基因风险感知的影响

社会文化因素，包括宏观的文化价值观、中观的社会层面（如媒体和社会网络）及微观的人格特质对转基因态度的作用已被学界认可（程萧潇，金兼斌，2019）。近年来，风险感知研究领域出现了"文化转向"，认为公众对技术风险的感知不仅来自于个体的认知和态度过程，还在很大程度上取决于其所处的社会文化（Pidgeon，Beattie，1998）。其中，前者的典型研究结论包括事实性知识和感知熟悉度这两个科学知识的不同维度，在媒介注意和食品知识的中介作用下对公众有关转基因食品的负面态度影响显著（Rose，Howel，Su，et al.，2019）；而后者则强调文化价值观的作用。例如，国外学者比较了美德两国民众的转基因态度及其影响因素，

发现美国人对转基因食品的态度比德国人更正面，且机构信任仅在美国的样本中显著影响民众对转基因正面态度的形成；此种差异可归因于文化的影响——美国文化比德国文化更强调普遍主义和个人主义，因此更依赖于通过信任机制去消除或减少技术的不确定性（Peters，Lang，Sawicka，et al.，2007）。在我国开展的研究也发现，科学知识在公众形成转基因态度方面发挥的作用有限，信任与价值构成了影响受众接受科学信息更重要的认知通道（贾鹤鹏，范敬群，2016）。

可见，文化价值观是人们在一定的文化环境中对事物价值所进行的衡量、判断和取舍，是人对某种价值取向的信仰和追求，对科学发展有着复杂的影响（戴宏，徐治立，2010）。科学传播研究者认为，对公众科学态度的研究亟需加入基于文化的解释路径，考察文化环境及个体价值观的作用（Guenther，Weingart，2018）。其中，风险的文化理论（the cultural theory of risk）认为，人们的风险感知会经由文化价值观的筛选和过滤而被塑造，这种风险感知还会反过来加强人们对特定文化价值观下生活文化方式的遵循（Kahan，2015；van der Linden，2016）。进一步地，脱胎于人类学家玛丽·道格拉斯论著的"格－群"文化理论（grid-group cultural theory，简称GGCT）认为，人们对危险的态度因若干文化偏向存在系统性差异（Douglas，1985；Wouters，Maesschalck，2005）。人们对风险的有选择关注是"格－群"文化理论的核心变量，亦被称为世界观（worldview）（Lima，Castro，2005；Palmer，1996）、综合世界观框架（integrative worldview framework，IWF）（Witt，Osseweijer，Pierce，2017），是一种诉诸特定生活方式、可免于价值判断的"文化偏向"。目前，"格－群"文化理论已开始被运用到科学传播和风险传播研究中。它不仅能够解释公众对科学共识的反对（Dixon，Hubner，2018），还对气候变化、枪支管控、反恐、核武器、移民（Kahan，Jamieson，Landrum，et al.，2017）和食品农业生物技术（Yang，Hobbs，2020）等风险议题产生了预测力。政治价值观与文化偏向的内在关联及其对转基因等议题社会舆论形成的影响在中国本土亦得到经验证据支持，个体的意识形态、爱国主义、民族主义和传统主义倾向等价值基础不仅密不可分（马得勇，王丽娜，2015），而且会共同影响舆论的形成（马得勇，张志原，2017）。

　　"格"与"群"作为区分社会世界的两个重要方面，同时与社会的文化传统（Witt, Osseweijer, Pierce, 2017）、群体中心主义程度（Douglas, Wildavsky, 1982）以及基于个人自由的风险自担（Verweij, Alexandrova, Jacobsen, et al., 2020）等政治价值观密切相关。政治价值观是指个体对于政治和社会领域中特定事件的态度（Hurwitz, Peffley, 1987; Schwartz, Caprara, Vecchione, et al., 2013），是一种相对稳定的、个人层面的接受或拒绝特定类型论点的立场和能够整合政治态度的逻辑框架和信念体系（Zaler, 1991）。如图 3-1 所示，结合"格－群"文化理论（Kahan, Braman, Cohen, et al., 2010; Rippl, 2002），"格"（grid）所表示的等级主义（hierarchism）观念反映了人们认为特定行为应受到社会规则约束的程度。低等级主义即平等主义者主张平均分配、平权和缩小贫富差距，反映在网民政治价值层面将表现为民主的政治倾向、传统的文化态度、较低的民族中心主义程度和偏左的意识形态自评，而听从安排、服从权威、禁止越轨的高等级主义者则与之相反。"群"（group）即社群主义（communitarianism），衡量人们在群体中感受到社会团结的程度。较低的社群主义意味着个人主义，强调个体通过市场开展自由竞争，反对扶助弱者或社会干预，呈现出民主的政治倾向、开放的文化态度、较低的民族主义和偏右的意识形态自评等政治价值观，而支持政府限制部分个人权利和自由、主张通过社会协调个人间利益的社群主义或联立主义（solidarist）则反之。"格"与"群"两个维度的高低组合构成了人类社会四种主要的文化偏向（Brenot, Bonnefous, Marris, 1998; Marris, Langford, O'Riordan, 1998; Sjöberg, 1997），四个象限中的典型政治价值观如图 3-1 所示。其中，坐标轴四个顶点括号中的内容代表了"格－群"高低组合的理论极限取值，以纵轴正区间为例，"保守＋开放＋高民族主义＋右"指等级主义在个体政治倾向、文化态度、民族主义和意识形态四个具体政治价值观变量上的投影产生的最可能取值组合；每个象限对横轴与纵轴相吻合的价值观进行了标示（如第一象限中的保守政治倾向和高民族主义），横轴与纵轴相冲突的价值观则标记为"不确定"（如第一象限中的文化态度和意识形态）。

　　具体来说，"格－群"文化理论视角下的个人主义/等级主义文化偏向如何与当前中国网民的文化价值体系相联系呢？首先，综合世界观框架区分了传统、现代和后现代的价值偏向（Witt，Osseweijer，Pierce，2017），也就是说，人们在文化态度上的传统同时与"格"和"群"密切相关。一方面，中国传统文化强调对社会等级秩序的遵守，越轨行为被认为是"大逆不道"的；另一方面，基于农业社会的生产模式又催生了以社会团结为最高道德理想的文化。因此，这种高权力距离、高集体主义的中国传统文化（Hofstede，Hofstede，Minkov，2010），可以被视为图3-1中第一象限即"等级－社群主义"文化偏向的典型模式。对中国传统文化的保守态度既可能因为其对等级存在的容忍而使个体更易于接受包括转基因

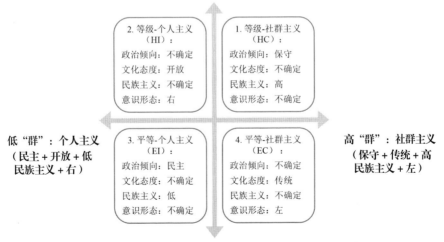

图3-1 "格－群"文化理论视角下的中国网民政治价值观分野

技术在内的风险所放大的社会不平等，也有可能因其缺少必要的个人主义取向而限制人们对科技发展和市场竞争的追求，从而阻碍其对争议性技术产品的接受。可以推断，个体对中国传统文化越保守，越可能对转基因食品持反对态度。

其次，"格－群"文化理论在近年来的进一步发展已经开始重新回归到文化理论对"局内人"（insider）和"局外人"（outsider）的区分，也就是说，风险感知的差异会因人们对于"内部"和"外部"的想象而异。这一"内外有别"的文化解释与"格－群"文化理论中的"群"一脉相承，亦即为了维持个人和群体间的秩序，人们在观念上需要在自己和世界之间建立起"外部边界"（outside boundary）的概念（Douglas，Wildavsky，1982；Lima，Castro，2005）。这种观念会导致人们将内部社区的自豪感与感知的外部敌意或污名化对立起来，并将"外来者"等同于风险本身，且随着人们对议题关心程度的加深，对"局外人"一举一动的密切关注将愈演愈烈（Baxter，2009；Baxter，Lee，2004）。由此推断，具体到中国的日常社会生活情境当中，转基因消极态度的形成可能会与个体民族中心主义程度的高涨密切相关（余慧，刘合潇，2014）。

再次，文化偏向与当代的政治文化逐渐汇流。政治文化被政治学家定义为"由来自经验的信念、表意符号和价值观组成并规定了政治行为发生环境的体系"（Almond，Verba，1963）。这就意味着，对于风险感知产生影响的文化偏向同样会反映在人们对于现实政治的态度和理念上，而政治信仰也会作用于个体在自由和安全之间的偏好上（Jenkins-Smith，Herron，2009）。研究表明，在"群"的维度上，社群主义者推崇的自治团体、风险管理和个人主义者主张的个人自由、风险放任形成对比；而在"格"的维度上，等级主义者偏好自上而下的国家规划、贤能政治和风险自担，平等主义者则欣赏国家消极干预、参与式民主和风险均摊（Verweij，Alexandrova，Jacobsen，et al.，2020）。如图 3–1 第四象限的平等－社群主义者支持强制转基因食品标签的可能性比其对应的第二象限的等级－个人主义者高 79%，愿意多支付约 67% 的费用来购买带有非转基因标签的产品（Kemper，Popp，Nayga，et al.，2018）。中国公众文化价值观中的宿命论观念和对生物进化论的支持度也被发现能促进"挺转"态度的形成（胥琳佳，刘佳莹，2018）。这表明，无论是在西方还是东方世界，相比于对社会团结和平等价值的推崇，强调个人价值和社会分层的文化价值观更能促进公众对于作物基因修改技术的接受程度。个人主义和等级主义的文化偏向也将与当前中国网民的政治价值体系相联结，沿着"格 – 群"文化理论的预测方向影响其转基因态度的形成。具体而言，具有保守文化态度的中国网民可能将传统文化奉为权威（汪凯，凌子敏，2020），从而阻碍对新生的争议性技术产品的接受；此外，转基因消极态度的形成可能会与个体民族中心主义程度的高涨密切相关（余慧，刘合潇，2014）。最后，中国网民的客观政治偏好越趋近平等个人主义，越可能将风险视为个体可以且应当抓住的机遇，从而对转基因食品持积极态度，而在主观意识形态自评上，中国意义上的"左"往往意味着与革命传统保持一致的平等主义（Dirlik，1996；裴宜理，2006），因而可能比鼓励自由竞争、敢于拥抱风险的"右"更排斥转基因技术。

综上，对传统文化的态度、民族中心主义、客观政治倾向和主观意识形态自评等政治价值观可能会影响人们对转基因食品的态度。人们的风险感知会经由文化价值观的筛选和过滤而被塑造，此种风险感知还会反过来加强对特定文化价值观下的生活方式的遵循。然而，少有学者通过文化价值观来解释公众的转基因态度，本书希望能在这方面有所拓展，从"格 – 群"文化理论出发对当前中国网民特定政治价值观影响转基因态度的方向做出了推断，并提出以下第一部分研究假设：

H1：网民的政治价值观能够直接影响其对转基因食品的态度。

H1a：网民在文化态度上越反传统，对转基因食品的态度越正面；

H1b：网民的民族中心主义越低，对转基因食品的态度越正面；

H1c：网民的客观政治倾向越民主，对转基因食品的态度越正面；

H1d：网民在主观意识形态自评上越偏右，对转基因食品的态度越正面。

二、媒介使用对公众转基因态度的直接和间接影响

考察公众科技态度形成和改变的机制是当前科学传播研究中的一个重要主题（贾鹤鹏，闫隽，2017）。既有研究发现，不同人群对转基因食品的态度存在明显差异（Costa-Font，Gil，Trail，2008；Legge，Durant，2010；牛草草，单怡凡，王亚，等，2019）。中国消费者认为转基因食品不安全的比例在 2002 年到 2012 年间上升了超过 30%，其中的一个重要原因是媒体对转基因技术的负面报道在消费者中形成了巨大的影响（Huang，Peng，2015）。大量研究表明，人们的媒介使用不仅影响其科学素养水平，也可能影响其对特定科学议题的看法（金兼斌，楚亚杰，2015）。由于转基因技术背后包含了诸多在科学上具有风险和不确定性的专业技术细节，人们对转基因食品的认知也相应存在着疑惑和矛盾心理，在此背景下媒体成了影响公众科学认知的重要因素。大众媒介作为公众获取科学信息的重要渠道，是他们了解科学发现、科学争议、科学事件等信息的主要来源（余慧，刘合潇，2014）。

社会信任、系统信任、信息发布主体可信度（Costa-Font，Gil，Trail，2009）、记者的新闻生产（陈刚，2014）、媒介信息内容及框架（吴文汐，王卿，2017）等都可能影响公众对转基因食品的态度。学者们认为，虽然新闻媒体、社交媒体和网络论坛均未能就转基因的风险为受众提供充分的信息，但我国媒体在转基因话题上倾向"反转"的拟态环境更有可能引导人们倾向"反转"立场（余慧，刘合潇，2014）。既有研究发现，我国有关转基因食品安全问题的新闻报道整体呈现负面趋势，而新闻报道中的负面态度在网民身上进一步放大，导致网民在自身缺乏科学素养，而新闻对转基因食品的报道又可能有所偏颇时，习惯性地表现出对转基因食品的负

面态度（吴林海，吕煜昕，吴治海，2015）。前人的研究多关注了从特定媒体渠道获取转基因相关信息对人们转基因态度的影响，较少关注普遍意义上的时政新闻接触可能存在的作用。本节试图从"格－群"文化理论出发，将网民的转基因态度与整体的舆论环境及日常新闻接触联系起来，把转基因态度看作是信息传播与新闻舆论的社会后果，故提出以下第二部分研究假设：

H2：时政新闻接触对网民的转基因食品态度存在直接的负向影响，即时政新闻接触越频繁，网民对转基因食品的态度越负面。

近年来，网民对转基因食品问题的讨论逐渐远离了科学知识及食品安全的范畴，政府信任、社会不安全感等社会情绪夹杂进了有关转基因食品的争论中（余慧，刘合潇，2014）。虽然转基因是一个传统意义上的科学议题，但公众的转基因态度却不只受到科学知识及科学信息获取的影响，包含各种社会议题的时政新闻也能够通过影响人们的文化价值观来进一步左右其转基因态度。前人在时政新闻接触对人们文化价值观的影响上已经积累的大量研究发现，当代中国大众媒介中的官方新闻信息在引入文化变迁的同时，又使传统文化经受住改革开放和市场化的冲击而驻留于个体的日常生活，从而成为保护其不受创新和变革思想影响的屏障（Chu，Ju，1993；Pan，Chaffee，Chu，et al.，1994），以确保制度的连续性（Zhu，1997）。一项针对基于1949年以来国务院政府工作报告的内容分析显示，2013年后，中国特色社会主义文化体制改革的主要目标是传承和发扬中国传统文化，建立中华民族的文化自信，为人类文化的文明发展提供中国智慧（王超，郭娜，肖小虹，2020）。在这一文化工作导向下，中国新闻界也在继续贯彻和落实对于传统文化的宣传报道。以河南省为例，主流媒体的传统文化报道达到日均3.68篇左右，主要集中在要闻和文体新闻领域（王佳，2016）。在网络空间和人际沟通中，道德文化传统理念也作为一种精神追求被推崇（周强，董海军，2010）。如在微信公众号平台上，传统文化中的养生、健康、中医乃至民间化的"国学"等中国传统文化大行其道，并被接入转基因等话题的讨论中（汪凯，凌子敏，2020）。基于此类平台的时政新闻接触会在特定议题上激发公众的传统道德观，促进青年传承传统文化的行动力（简臻锐，2020）。传统文化也使我国的转基因报道陷入缺乏实证思维的文化传统，进而诱导公众对转基因风险做出二元对立、非此即彼的简单经验判断（张思璇，2020）。

进入 21 世纪以来，中国民族主义媒介话语进入加速转型期，一方面表现为从反对西方发达国家到反对日本等亚洲邻国情绪对媒介话语的渗透，另一方面则表现为使中国加速融入全球化体系的媒介事件对媒介与公众国家认同的增强和自我肯定（熊慧，2014）。中国的民族主义媒介话语表现为强调民族自豪感的肯定型（affirmative）、突出本族成就的同时与敌意"他者"竞争的武断型（assertive）、视"他者"为严重威胁且必须还击的好斗型（aggressive）三类（Whiting，1995）。以社交媒体为代表的新媒体则消解并重组了民族主义的行为情境，为新一代民族主义运动的动员、组织和实施提供了平台，促进了民族主义本身的变化与转型，实现了民族主义从大众媒体到新媒体的延伸。浸淫在这样的媒介和舆论环境之中，人们的新闻接触越多，也就越容易因为民族主义宣传增加其对政治制度的支持（Denemark，Chubb，2016；Wang，Kobayashi，2020），其日常化的、在象征意义中不可挑战的隐性民族主义影响力就越大（Guo，Cheong，Chen，2007）。总体来看，就民众的民族主义认同而言，互联网要比传统媒介的影响更显著（陆晔，2010）。民族主义的文化价值观与对转基因的"阴谋论"和"常识论"的理解以及激进的反转基因态度也有所关联（方益昉，江晓原，2014；付宇，桂勇，黄荣贵，2018）。

转基因议题在全球范围内被长期视作一个与政治态度密切相关的政治化科学议题。既有研究表明，转基因技术的风险建构话语离不开左翼进步主义（progressive-left）、新自由主义（neo-liberal）等文化世界观的话语资源（Veltri，Suerdem，2011）。十一届三中全会以来，以《新闻联播》为代表的官方新闻媒体长期努力代表、维护、调整和传播着既定的意识形态框架。电视媒体对于中国公众中存在的自由主义、新左派和文化保守主义三种不同社会思潮均有影响（陆晔，2012）。而基于社交媒体的网络政治空间也呈现出政治行为主流化的特点，网民借助主流政治叙事对自己的价值主张进行政治正确式表达，突出或强化主流政治的核心价值元素，以彰显自身价值优势（张爱军，孙玉寻，2020）。研究发现，不论是基于官方或非官方媒体的信息接触以及互联网的使用都能够影响到中国网民的政治价值观和意识形态（边晓慧，苏振华，2020；马得勇，陆屹洲，2019）。若如前所述，时政新闻建构的传统文化态度、民族中心主义程度和政治观念等社会文化价值的确与"反转"态度有关，那么，时政新闻接触除了能直接影响公众对转基因食品的态度外，应当还能够通过政治价值观对转基因食品态度产生间接影响。为了探讨政治价值观是否在时政新闻接触和转基因食品态度之间起到中介作用，本书提出以下第三部分研究假设：

H3：政治价值观在时政新闻接触频率和转基因食品态度之间起中介作用。

H3a：时政新闻接触越少，网民在文化态度上越反传统，对转基因食品的态度越正面；

H3b：时政新闻接触越少，网民的民族中心主义越低，对转基因食品的态度越正面；

H3c：时政新闻接触越少，网民的客观政治倾向越民主，其对转基因食品的态度越正面；

H3d：时政新闻接触越少，网民的主观意识形态自评越偏右，对转基因食品的态度越正面。

基于以上所有的研究假设，本书提出了如图 3-2 所示的时政新闻接触和政治价值观对网民转基因食品态度影响的研究模型，接下来将通过调查数据对其进行验证。

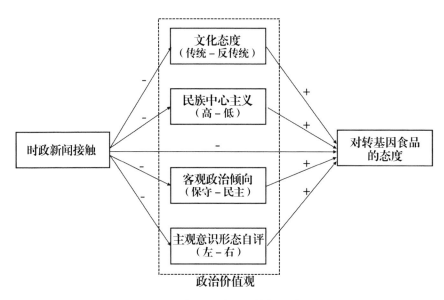

图 3–2　时政新闻接触和政治价值观对网民转基因食品态度影响的理论模型

三、时政新闻接触对网民转基因食品态度的影响：以政治价值观为中介

本研究使用的数据来源于马德勇主持的"网民社会意识调查（2017年版）"数据库，调查时间为2017年4月至5月。调查针对中国网民展开，调查样本中大部分来自"问卷网"，也有来自微博、微信等其他来源的网民。为保证网络问卷的可靠性，在网络调查中设定了每个IP地址只能回答一次问卷，并在后期通过对答题时间的监测和人工浏览的方式剔除了明显不认真答题的问卷。在模型检测时，经软件自动过滤缺失值后，得出本研究所使用的2376份有效问卷。

研究的因变量为网民对转基因食品的态度，采用的是"2017网民社会意识调查"中的问题："转基因食品问题上，有人认为转基因食品不安全，应该禁止；有人则认为转基因食品是安全的，无需禁止。您是否支持？"选项1到3代表了对转基因食品从不支持到支持的不同程度（$M =$

1.71，$SD=0.63$ ）。

　　研究的自变量为时政新闻接触，主要考察网民接触时政新闻的频率，采用的是问题"请问您主要通过哪些渠道来获取时政类消息和评论？频率如何？"具体包括：（1）凤凰网、新浪网、腾讯等商业门户网站的时政新闻；（2）微信朋友圈、QQ 群等熟人朋友分享的时政新闻；（3）Twitter、Facebook、BBC、多维等翻墙所得信息或外媒渠道；（4）购买报纸阅读时政新闻；（5）观看各地方电视台的时政新闻节目；（6）阅读专业杂志的时政、社会问题报道和分析（如《南风窗》等）；（7）央视、新华社、人民日报的时政分析报道（含微博及微信公众号）；（8）天涯社区、凯迪社区、铁血社区等专业论坛或网站的时政帖子；（9）今日头条、一点资讯等新闻聚合客户端的时政新闻；（10）新浪微博、非官方的微信公众号、荔枝电台等自媒体平台新闻；（11）通过小道消息或朋友聊天获得的政治内幕、消息；（12）政务类门户网站、微博或微信公众号发的新闻（如中纪委网站）。网民基于"几乎不使用""不常使用""经常使用""几乎每天都使用"四个选项进行选择。研究者将所有时政新闻接触渠道的使用频率求均值作为时政新闻接触这一变量的测量（Cronbach's $\alpha=0.835$，$M=2.39$，$SD=0.53$）。

　　研究的中介变量共有四个，分别是网民对传统文化的态度、民族中心主义、客观政治倾向以及主观意识形态自评。其中，对传统文化态度的测量主要通过考察网民对下列两个方面中 7 种观点所持的态度（"非常同意""同意""中立""反对""强烈反对"）实现。首先是对社会地位较高者的态度：（1）即使父母的要求不合理，子女也应该照办；（2）服从自己的上司或地位比自己高的人是理所当然的；（3）服从和尊重权威是孩子们应该学习的最重要的美德。其次是对于传统的态度：（4）尊崇我们的儒家传统文化和习俗很重要；（5）中医对健康和养生的观念比西医更高明；（6）算卦、看手相、风水能解释很多事情，我相信它们；（7）只要有机会，我觉得利用关系和走后门办点事没什么大不了（Zeng, Greenfield,

2015）（Cronbach's α = 0.714，M = 3.09，SD = 0.61）。

对民族中心主义的测量主要考察网民对下列 9 种观点的态度（"非常同意""同意""中立""反对""强烈反对"）：（1）当个人利益和国家利益冲突时，个人利益必须无条件服从国家利益；（2）中国的领土和贸易纠纷等外交问题都是其他国家首先挑衅而引起的；（3）条件允许的话，应该通过武力统一台湾；（4）如果爱国的话就必须抵制日货；（5）国外敌对势力亡我之心不死，中国的很多问题都是他们在背后搞鬼；（6）中国在领土、贸易争端上表现太软弱了，必须更强硬；（7）目前我们的国家虽有问题但总体上还是秩序井然，欣欣向荣；（8）我为中国拥有悠久的历史和璀璨的文化而骄傲；（9）每当升国旗奏国歌时我总是觉得这一刻很庄严（郑素侠，2017；Guo，Cheong，Chen，2007）（Cronbach's α = 0.858，M = 2.44，SD = 0.69）。

需要指出的是，鉴于我国公民的政治参与意识尚处在形成和成熟过程中，因此，在考察作为文化偏向的政治偏好时，需要将个体可测的客观政治偏好与主观的感知政治立场同时纳入分析，因为二者之间常常并不一致（Lin，Sun，Yang，2015；Wei，2019），前者指的是个体所持政治立场在政治光谱中的绝对位置，如保守抑或是激进（Crawford，Mallinas，Furman，2015），而后者则强调个体自身对于其政治立场的判断（Wei，2019）。对客观政治倾向的测量主要通过考察网民下列 7 种观点持有的态度（"非常同意""同意""中立""反对""强烈反对"）：（1）民主国家天天争吵，耽误了很多发展机会，这一点不如我们这样一党长期执政好；（2）政府对电视等媒体播发的新闻进行事先的审查是完全必要的；（3）我们绝不能允许教师在课堂上发表批评党和政府的言论；（4）对那些挑战政府权威和现有社会秩序的群体和闹事者必须予以严惩；（5）选举式的民主其实是假民主，因此中国不能搞选举式民主；（6）政府领导就像大家庭的家长，任何人都应该服从他们；（7）解决当前社会问题的最好办法就是回归毛主席时期的体制（边晓慧，苏振华，2020；马得勇，陆屹洲，2019）

（Cronbach's $\alpha=0.847$，$M=3.05$，$SD=0.77$）。主观意识形态自评主要通过网民对"就政治立场而言，人们经常谈到'左'派或'右'派，您觉得自己属于哪一派？"这一问题的回答（"左""中间偏左""中间""中间偏右""右"）来测量（马得勇，陆屹洲，2019；马得勇，王丽娜，2015）（$M=2.91$，$SD=0.79$）。

研究的控制变量涵盖了网络使用频率、信息渠道数量及人口统计学变量。对网络使用频率的测量通过统计网民参与以下 7 项网络活动的频率实现，包括：（1）跟朋友聊天；（2）查阅和下载学习工作资料；（3）上网购物；（4）整理自己的博客、相册、处理邮件；（5）看娱乐体育新闻、电影、电视剧；（6）了解时事政治经济社会类消息；（7）看微信朋友圈消息、微信群消息或聊天。网民需要对参与以上各项网络活动的频率基于"几乎没有""偶尔有（每月 1—2 次）""经常如此（每周 2～3 次）""几乎每天如此"这四个选项进行回答（Cronbach's $\alpha=0.667$，$M=2.85$，$SD=0.47$）。对信息渠道数量的测量主要考察的是网民日常使用信息渠道的多寡，对应的问题是"请问您主要通过哪些渠道来获取各类信息？"具体包括：（1）看报纸；（2）看电视；（3）收听广播；（4）阅读专业杂志；（5）课堂信息；（6）与朋友、同学、老师等面对面聊天；（7）新浪网、腾讯网等商业门户网站；（8）非官方的微信公众号、新浪微博等自媒体平台；（9）微信朋友圈、QQ 群等熟人圈子；（10）天涯社区、凯迪社区等专业论坛或网站；（11）Twitter、Facebook、BBC 等翻墙所得信息或外媒渠道。网民需要逐一回答是否将上述各个渠道作为主要的信息渠道（0＝否，1＝是），最后加总作为对信息渠道数量的测量（$M=3.65$，$SD=1.81$）。人口统计学变量包括性别、年龄段（18～24 岁、25～34 岁、35～44 岁、45～54 岁、55 岁及以上）、教育程度（高中及以下、本专科、硕博士）、家庭年收入、生活所在地（特大城市、大城市、省会城市、中等城市、小城市、镇子、村庄、国外境外）、职业（党政事业机关工作者、工人农民、中产知识分子、学生、其他）。既有研究发现人口统计学变量如年龄、职业（Costa-Font，Gil，Trail，2008；Legge，Durant，2010）以及新媒体使用等（王玲宁，2018）会对公众的转基因食品态度造成影响。为了排除这些因素的影响，使分析结果更加科学，研究在分析中将人口统计学变量、网络使用频率和信息渠道数量作为控制变量进行处理，从而更准确地评估核心变量之间的真实关系。

在研究样本中，48.8% 为女性（$N = 1160$），51.2% 为男性（$N = 1216$）。24.2% 的样本为 18～24 岁，34.4% 的样本为 25～34 岁，26.1% 的样本为 35～44 岁，15.3% 的样本为 45 岁以上。此外，大部分样本（70.5%）为专科 / 本科学历，20.4% 的样本拥有硕博研究生学历，9.1% 的样本为高中及以下学历。52.4% 的样本来自特大城市、大城市和省会城市，22.7% 来自中等城市，17.9% 来自小城市，6.4% 的来自镇子和村庄，还有 0.6% 来自国外境外。样本的平均家庭年收入为 12.69 万元（$SD = 16.06$）。

时政新闻接触、文化态度、民族中心主义、客观政治倾向和主观意识形态自评等主要变量的零阶相关系数如表 3–1 所示。由表 3–1 可知，时政新闻接触与转基因食品态度（$r = -0.161$，$p < .001$）、文化态度（$r = -0.309$，$p < .001$）、民族中心主义（$r = -0.248$，$p < .001$）、客观政治倾向（$r = -0.309$，$p < .001$）、主观意识形态自评（$r = -0.137$，$p < .001$）呈显著负相关，而文化态度（$r = 0.222$，$p < .001$）、民族中心主义（$r = 0.241$，$p < .001$）、客观政治倾向（$r = 0.208$，$p < .001$）、主观意识形态自评（$r = 0.131$，$p < .001$）与转基因食品态度呈显著正相关。这些相关性与理论预期的关系相一致，为验证研究假设提供了初步证据。

表 3-1 主要变量的零阶相关矩阵（$N = 2376$）

	1	2	3	4	5	6
1. 转基因食品态度	1					
2. 时政新闻接触	$-.161^{***}$	1				
3. 文化态度	$.222^{***}$	$-.309^{***}$	1			
4. 民族中心主义	$.241^{***}$	$-.248^{***}$	$.457^{***}$	1		
5. 客观政治倾向	$.208^{***}$	$-.309^{***}$	$.626^{***}$	$.650^{***}$	1	
6. 主观意识形态自评	$.131^{***}$	$-.137^{***}$	$.230^{***}$	$.272^{***}$	$.295^{***}$	1

$^{***}p < .001$

为了验证 H1 和 H2，首先通过分层回归分析检验时政新闻接触和政治价值观对网民转基因食品态度的直接影响。如表 3-2 所示，首先，作为控制变量的年龄段（$\beta = -0.168$，$t = -8.06$，$p < .001$）和职业（$\beta = 0.049$，$t = 2.31$，$p < .05$）能显著影响网民的转基因食品态度。更进一步的分析显示，年龄越大对转基因食品的态度越负面；在所有职业中，学生群体对转基因食品的正面态度显著高于其他任一职业群体。政治价值观解释转基因食品态度 4.3% 的变异。模型 2 的回归结果表明，网民的文化观念越反传统（$\beta = 0.110$，$t = 4.36$，$p < .001$）、民族中心主义越低（$\beta = 0.167$，$t = 6.30$，$p < .001$）、主观意识形态自评越偏右（$\beta = 0.055$，$t = 2.68$，$p < .01$），对转基因食品的态度越正面；但客观政治倾向对网民转基因食品态度的影响不显著（$\beta = -0.045$，$t = -1.50$，$p = .135$）。所以，H1a、H1b 和 H1d 成立，H1c 不成立。时政信息接触能够直接负向影响网民的转基因食品态度（$\beta = -0.087$，$t = -3.71$，$p < .001$），故 H2 成立。

表 3-2　时政新闻接触和政治价值观对网民转基因态度影响的分层回归分析

	模型 1 时政新闻接触		模型 2 政治价值观	
	β	t	β	t
控制变量				
性别（0＝女）	.042	2.09*	.032	1.61
年龄段	−.179	−8.43***	−.168	−8.06***
教育程度	.062	3.01**	.023	1.14
家庭年收入	.008	.40	−.001	−.055
职业	.066	3.05**	.049	2.31*
生活所在地	.030	1.42	.340	1.67
网络使用频率	.046	2.07*	.048	2.15*
信息渠道数量	−.014	−.640	.005	.240
自变量：时政新闻接触				
时政新闻接触	−.146	−6.36***	−.087	−3.71***
中介变量：政治价值观				
文化态度（0＝传统）			.110	4.36***
民族中心主义（0＝高）			.167	6.30***
客观政治倾向（0＝保守）			−.045	−1.50
主观意识形态自评（0＝左）			.055	2.68**
R^2	.077		.122	
调整后 R^2	.074		.117	
F	22.06***		25.29***	

*$p < .05$, **$p < .01$, ***$p < .001$

为了进一步验证政治价值观（包括对传统文化的态度、民族中心主义、客观政治倾向、主观意识形态自评）在时政新闻接触和网民转基因食品态度之间的中介作用，本研究使用 Hayes（2012）编制的 SPSS 宏 PROCESS 插件（Version 3.3），采用 Bootstrap 对政治价值观的中介效应进行显著性检验（选定的 Bootstrap 取样量为 5000）。基于 PROCESS 插件中的模型 4，在控制性别、年龄段、教育程度、家庭年收入、职业、生活所在地、信息渠道数量和网络使用频率这些变量的条件下进行分析发现，文化态度（effect = –.041，Boot SE = .010，Boot LLCI = –.0614，Boot ULCI = –.022）、民族中心主义（effect = –.034，Boot SE = .008，Boot LLCI = –.050，Boot ULCI = –.021）、主观意识形态自评（effect = –.010，Boot SE = .005，Boot LLCI = –.020，Boot ULCI = –.002）在时政新闻接触和网民转基因食品态度之间的中介作用显著，但客观政治倾向的中介效应不显著（effect = .016，Boot SE = .011，Boot LLCI = –.006，Boot ULCI = .039）。对中介变量"文化态度""民族中心主义""客观政治倾向""主观意识形态自评"进行共线性检验，四者的 VIF 取值范围是 $1 < VIF < 2.4$，说明不存在多重共线性的可能。

根据 PROCESS 的分析结果画出时政新闻接触和政治价值观对转基因态度的影响模型可知（见图 3–3），时政新闻接触越频繁，文化态度越传统、民族中心主义越高、主观意识形态自评越偏左，进而加强了对转基因食品的负面态度。时政新闻接触越频繁，网民的客观政治倾向就越保守，但客观政治倾向对转基因食品态度的影响不显著。

基于该模型，主要有两个研究发现：（1）时政新闻接触和政治价值观（对传统文化的态度、民族中心主义和主观意识形态自评）能直接影响网民对转基因食品的态度；（2）除了直接影响外，政治信息接触还能通过作为中介变量的文化态度、民族中心主义和主观意识形态自评间接影响转基因食品态度。需要特别指出的是，尽管在本研究中，表 2 的回归模型也同样验证了文化态度、民族中心主义和主观意识形态自评三个政治价值观变量在网络使用频率和转基因食品态度之间的中介效应，但考虑到本研究的数据来源为网民样本，且在研究开展的时段即 2017 年 4 至 5 月，人均周

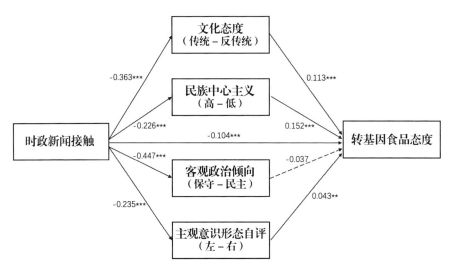

图 3-3 时政新闻接触和政治价值观对网民转基因态度的影响模型

上网时长为 26.5 小时，可以随时随地使用手机上网的网民比例达到 96.3%（中国互联网络信息中心，2017），网民总体的平均网络使用时间较长且差异不大，相反，在互联网和社交媒体的冲击下，时政新闻这一内容类型的信息接触在不同个体之间的变异空间更大且更加值得关注，故本研究依然将时政新闻接触而非网络使用频率视为影响网民政治价值观及其转基因食品态度的核心解释变量。

本书发现，年龄越大的网民对转基因食品的态度越负面，这与前人的研究结果一致（Costa-Font，Gil，Trail，2008；Legge，Durant，2010）。而在不同职业群体的横向比较中，学生群体对转基因食品的正面态度显著高于其他任一职业群体，这可能是因为学生群体较能接受与转基因食品相关的科学劝服（牛草草，单怡凡，王亚，等，2019）。在研究的核心自变量和中介变量上，一方面，本书发现时政新闻接触能显著降低网民对转基因食品的支持度；另一方面，研究结果表明包括对传统文化的态度、民族中心主义和主观意识形态自评在内的政治价值观能够显著正向影响网民对转基因食品的态度——文化态度越反传统、民族中心主义越低、主观意识形态自评越偏右的网民，越容易对转基因食品持正面态度。基于风险的文化认知理论，文化对公众转基因食品态度的影响机制在于，它提供了个体理解、解读转基因这一争议性科学问题并对其进行意义建构的基模。文化将转基因与特定的符号、价值、事件等进行了关联，筛选出转基因所带有的诸如风险和收益等价值评价的特征，从而影响着公众对转基因食品的态度（Peters，Lang，Sawicka，et al.，2007；程萧潇，金兼斌，2019）。

本书发现，时政新闻接触除了能直接负向影响转基因食品态度外，还能通过传统文化态度、民族中心主义和主观意识形态自评这些政治价值观作为中介变量对转基因食品态度实现间接影响。具体来说，时政新闻接触越频繁，文化态度越传统、民族中心主义越强、主观意识形态自评越偏左，对转基因食品的态度越负面。也就是说，时政新闻接触降低了本可以促进转基因食品接受度的重要文化价值观，即开放的文化观念、包容的世界主义和进取的市场精神。这可能是因为，时政新闻本身所包含的内容及其营造的舆论环境影响了网民的政治价值观，使人们变得更保守、更传统、更民族中心主义，并进而影响到了其对转基因食品的态度。另外，网民越频繁地接触时政新闻，就会在客观政治倾向上越保守。虽然时政新闻接触能够影响网民的客观政治倾向，但无法通过客观政治倾向进一步影响网民的转基因食品态度。这是因为，"格"与"群"的类型学坐标暗含了一种从"等级－个人主义"（HI）所在的第二象限到"平等－社群主义"（EC）的第四象限之间的共变关系，这也是既有研究多将其合并为 HI-EC 指数的原因之所在（如 Kahan，Jenkins-Smith，Braman，2011；Zanocco，Jones，2018），将坐标轴合并的考虑是基于现代国家个体自由与社会平等难以兼顾的政治科学基本判断，意味着人们的文化价值偏向必须在自由和平等之间有所取舍，而以上研究的客观政治倾向测量反映的恰恰是既追求个人自由又希望社会平等这一"不现实"的政治理想，因而在一定程度上损失了其现实预测力。

在实践层面上，以上研究的结果表明，改善我国转基因食品舆论环境任重而道远。转基因作为一个风险议题，新闻在向公众介绍与说明该议题的过程中需要重视观点的平衡性及科学信息的伦理与标准。除了关照科学知识本身外，也需要重视文化价值观的潜在影响。如果想要提升人们对转基因食品的正面态度，需要创造更民主包容的舆论环境，才能提升人们的反传统意识，降低他们的民族中心主义倾向，在潜移默化中型塑人们对转基因食品的看法。然而，正如心理学家施瓦茨指出的那样，"每一种生活方式都会破坏自己。如果说个人主义意味着混乱，没有等级权威来执行契约和击退敌人。为了完成工作和解决争端，平等主义秩序也需要等级制度。反过来，如果没有个人主义的创造力，等级制度就会停滞不前；如果没有平等的约束力，等级制度就会变得迟钝；如果没有宿命论的被动和默许，等级制度就会变得不稳定。因此，联盟中存在着主导和从属的生活方式，但这种关系是脆弱的，不断变化，不断创造有利于变革的社会环境"（Schwartz，1991）。那么，为了特定技术的发展和社会采纳而对文化做出价值判断和取舍，并藉此干预文化的走向，很可能是不义且徒劳的。相反，探究媒介建构了何种文化，这种文化又如何作为土壤孳生了个体对于技术和风险的抵抗，将是一个社会为了自我理解和修复而迈出的重要而坚实的第一步。

以上研究的理论贡献在于：第一，基于"格－群"文化理论，明确了时政新闻接触和政治价值观能共同作用于网民的转基因食品态度，进而构建了新闻接触—政治价值观—转基因食品态度这一影响路径。既有研究大部分强调了媒介中的科学信息获取对公众科学态度的影响，但本文试图从风险的文化认知观角度说明新闻舆论环境和报道倾向以及个体的文化价值观也会影响公众的转基因食品态度。第二，研究基于实证明确了政治价值观的多层次和多面向，未来对文化价值观的建构需要建立在理解其复杂性和多元性的基础上。第三，研究验证了时政新闻接触对转基因食品态度的负面影响，这对于当前背景下深入理解我国公众对转基因食品的态度及媒介影响有着重要的意义。在当前应用"格－群"文化理论开展的研究中，文化认知对个体风险感知的具体作用机制被总结为五种类型，包括认同保护认知、偏见同化与群体极化、文化易得性、文化可信性和文化认同确认（Kahan，Braman，Gastil，et al.，2007；汪新建，张慧娟，武迪，等，2017）。本书的研究结论主要支持了其中的文化易得性（cultural availability）机制和文化认同确认（cultural identity affirmation）机制。也就是说，媒体及其受众都高度依赖其"文化原点"附近的易于理解的文化资源；与此同时，个体也会忽视与自己价值观不一致的信息。两种机制同时作用，共同促成了本书所验证的"媒介—文化价值观—态度"影响路径的成立。

第三节　科学传播中的转基因厌恶：从认知领域到道德解释

科学传播领域通常聚焦于转基因反对者的认知层面，希望通过增进科学素养和知识，帮助公众了解转基因的风险和收益，促进转基因技术态度的积极转变。然而，转基因技术能否被感知为安全，是一个同时关乎认知和道德的问题。尽管科学界的共识是基因改良作物并不比传统育种作物更具威胁环境或人体健康的风险（Nicolia，Manzo，Veronesi，et al.，2014），但仍然有许多转基因反对者不在意事实性证据，亦不受风险／收益争论的影响，这类转基因技术反对的"绝对主义者"（absolutist）占反转人士的大多数，其理念与"结果主义者"（consequentialist）相反，秉承一种认为"无论风险多小、收益多大，技术都具有潜在风险，因而应当绝对禁止"的技术观（Scott，Inbar，Rozin，2016）。研究表明，即便是在化学成分相同的情况下，人们也会更偏好"天然"产品（Rozin，2005；Rozin，Spranca，Krieger，et al.，2004）；转基因作物感知自然性（perception of naturalness）的低下预示着公众长期对其抱有强烈的负面态度（Tenbült， de Vries, Dreezens, et al., 2005）。研究者呼吁，应当重视人类直觉与情绪在转基因厌恶中的作用，将转基因食品厌恶视为一个道德化过程（moralization process）展开研究（Rozin, 1999; Rozin, Markwith, Stoess, 1997）。

道德判断的社会直觉模式（social intuitionist model of moral judgment）为上述情况提供了解释，这种理论视角强调情绪与直觉在道德判断中的正当性（Haidt, 2001）。在反转基因话语中，对受众具有直觉吸引力的诉求主要有建立在心理本质主义（psychological essentialism）上、相信有机体的不可变核心而非资源竞争或繁殖过程决定生物身份的"民间生物学"（folk biology）（Gelman, 2004），以及认为世界是基于特定目的而创造、基因工程是超越了物种边界和社会秩序的"违背自然""自奉为神"（playing god）行为的目的／意图直觉（teleological/intentional intuition）自然观（Järnefelt, Canfield, Kelemen, 2015）。此外，厌恶情绪在转基因风险评估中也发挥着重要作用（Savadori, Savio, Nicotra, et al., 2004）。对转基因食品的厌恶感可能由心理本质主义产生，人们凭直觉将基因修饰理解为对生物体本质的无根据污染，使生物体不纯净，因此不愿购买，特别是当引入的 DNA 来自不同物种或来自被认为"肮脏"的物种时。相比起需要付出更多认知努力的科学话语，上述信息符合人们普遍共享的直觉期望，更易捕获人们的注意力，进而被理解、记忆、加工和传播，成为更接近人们假设原点的"文化引力场"（cultural attractors）（Blancke, Van Breusegem, De Jaeger, et al., 2015）。

有鉴于此，本节希望借助道德心理学的理论视角，通过两个彼此关联的实验，考察转基因厌恶这一道德直觉判断过程如何受到场景特征、个体差异和情绪的影响，从而回应当前的理论争议，为转基因领域的科学传播提供实践建议。

一、在转基因问题上的道德判断与厌恶情绪

道德判断是对道德价值的评价，如对或错、好或坏（Chapman，Anderson，2013），往往在启发式（heuristic）过程后依赖情感快速做出，不涉及需要认知努力或深思熟虑的系统（Sinnott-Armstrong，Young，Cushman，2010）。在道德直觉过程中，情感效价（valence）会在意识中突然出现，个体觉察不到自己经历过寻找、权衡证据或推断结论的步骤（Haidt，2001）。因此，自动的道德直觉是道德判断的核心，而道德推理（moral reasoning）只是人们在依靠直觉做出判断后进行自我合理化、与他人分享或解决直觉矛盾的工具。在道德判断过程中，厌恶（disgust）情绪比理性认知更具预测力。根据道德基础理论（moral foundations theory，简称 MFT），厌恶起源于人类五大道德基础之一的"纯净／神圣"（purity/sanctity）维度（Horberg，Oveis，Keltner，et al.，2009），是人类为了避免致病和中毒的适应问题而进化得来的（Tybur，Lieberman，Kurzban，et al.，2013），这种关于厌恶情绪的进化论观点被称为"致病回避论"（pathogen avoidance perspective），公众的转基因食品厌恶态度正体现了对纯净的追求。

厌恶在狭义上是一种"与食物有关的情绪"（food-related emotion），是人们想到将要服下令人不快的东西时的嫌恶或惊恐感受（Rozin，Fallon，1987）；广义的厌恶则是行为性免疫系统（behavioral immune system）的一部分，能保护身体、灵魂和社会秩序免受污染物的侵害，驱使人们远离可能导致污染的食物、性和人际接触（Haidt，McCauley，Rozin，1994），避免与病人身体接触或刺穿皮肤（Schaller，Park，2011），排出体内潜在毒素（Toronchuk，Ellis，2007）。食品领域的厌恶情绪较为多发，完全无毒的食物也会引起厌恶。人们对转基因作物的本能回避和高估风险可以被视作一种"宁可信其有，不可信其无"的疾病避免（disease avoidance）机制，使个体更易收到错误预警（false alarm）。即便对危险的

担心是多余的，人们也将放大对厌恶的担心（Oaten，Stevenson，Case，2009）。由于超越和推翻污染线索十分困难，疾病与污染的情绪性线索对态度和行为的影响无法从认知上被取代，人们很难真正地彻底克服厌恶（Rozin，Millman，Nemeroff，1986）。

厌恶情绪会使人们认为转基因产品本身及其生产和开发商都是不道德的（Blancke，Van Breuse gem，De Jaeger，et al.，2015）。然而，情绪并非由刺激本身直接引起，而是个体根据自身目标和资源评估特定刺激时产生的。尽管厌恶、恐惧（fear）、愤怒（anger）和轻蔑（contempt）高度相关且都会触发更严格的道德谴责（Royzman，Atanasov，Landy，et al.，2014），但厌恶并不是唯一与道德有关的情绪，负面情绪之间亦有区别。例如生理厌恶关乎退缩（Rozin，Haidt，McCauley，1999），愤怒关乎接近（Fischer，Roseman，2007），恐惧则由对新生事物感到焦虑的"恐新症"（neophobia）导致（Sjöberg，2000）。负面情绪可能同时发生，因而有必要将其共同纳入考察，了解何种情绪真正对反转基因起作用，在不同情绪和转基因道德判断之间建立更准确的映射关系。

人们对转基因食品的绝对主义反对态度与个人的厌恶敏感性特征有关（Scott，Inbar，Rozin，2016），表明转基因厌恶状态（state disgust）是厌恶诱因（disgust elicitor）和厌恶特征（trait disgust）共同作用的结果。其中，厌恶状态是一种短暂的情绪状态，厌恶特征差异则是一种个体情绪特质，反映对同等强度的潜在厌恶诱因做出反应的容易程度和强烈程度，以及在这种体验倾向上的个体特征差异（Clifford，Wendell，2016）。厌恶特征不等于厌恶状态，而是调节着人们如何选择和体验特定的环境，需要与厌恶诱因共同影响情绪状态和态度形成。

厌恶特征和厌恶状态的激发诱因都拥有生理和社会道德的多重面向。厌恶不仅与食物相关，也包含对道德越轨（moral transgression）等不公正行为的社会排斥（social rejection），如虚伪、奉承、背叛、偷窃、撒谎和欺诈等（Tybur，Lieberman，Griskevicius，2009）。不同文化都会使用相似的词语（"恶心""厌恶""令人作呕"等）和面部表情来拒绝令人不适的生理感受或社会上不适当的人和行为。社会道德和规范违背引起的厌恶称为道德厌恶（moral disgust），可以不包含任何涉及生理厌恶的身体侵犯，而仅表现为道德僭越（moral transgression）或"纯粹僭越"（pure transgression）（Chapman，Anderson，2013），主要表现为个体未能承担其社群或等级责任、与轻蔑相关的社群侵犯（community violation）或个体侵犯他人权利、引起愤怒的自主性侵犯（autonomy violation）（Rozin，Lowery，Imada，et al.，1999）。转基因技术一方面激发了人们对物种纯净程度的怀疑和生理厌恶；另一方面，阴谋论的盛行也使人们日益相信转基因技术会对公众知情权等自主领域产生破坏。因此，转基因道德厌恶接近于一种混杂着食物排斥评价（distaste appraisal）和生理厌恶评价的"交叠评价模式"（intersecting-appraisal model，简称IAM）（Chapman，Anderson，2013），需要研究者进一步区分转基因厌恶状态与厌恶特征的生理性与社会性。

　　厌恶诱发事件可分为非社会（nonsocial）和社会两类，前者主要指生理厌恶（physical disgust）事件（Nabi，2002），又叫核心厌恶（core disgust），而社会道德（sociomoral）厌恶则涉及对社会规范的违背和污染（Rubenking，Lang，2014）。既有研究关注生理厌恶激发对道德判断严格性的作用（Wheatley，Haidt，2005），较少考虑生理厌恶与社会道德厌恶诱因在影响道德判断过程中可能存在的不同路径。厌恶敏感性也是多维度构念（construct），包括了作为行为免疫系统防止接触和摄入病原体第一道防线的致病厌恶（pathogen disgust）和避免违反社会规范的道德厌恶等方面（Tybur，Lieberman，Griskevicius，2009）。既有研究在运用个体厌恶特征差异解释转基因态度时，常常对此不加区分。实际上，由于过于刺激的内容会导致认知偏离信息编码和记忆降低（Bradley，Codispoti，Cuthbert，et al.，2001），而社会道德厌恶在情绪唤起水平上低于核心厌恶（Rubenking，Lang，2014），因此，社会道德厌恶可能具有一定的认知增进功能，促使人们对转基因做出更为公允的道德评价。据此，本节提出第一个研究问题：

RQ1：致病厌恶敏感性和道德厌恶敏感性的个体差异分别如何作用于人们被不同厌恶类型（无厌恶、核心厌恶或社会道德厌恶）激发的消极情绪状态（厌恶、恐惧和愤怒）及其对转基因的道德判断？

二、转基因直觉判断的条件性

人们的一些道德判断是直觉性的，不一定需要有意识的思考或高层次的处理（Lazarus，1991），但另一些判断则动用了对规范性和认知能力要求很高的道德理论，是反直觉性的（counter-intuitive）（Kahane，Wiech，Shackel，et al.，2012）。研究发现，被诱导产生积极情感的人随后更不容易做出基于直觉的道德判断（Valdesolo，DeSteno，2006），这引发了对直觉和慎思过程（deliberative process）作用的争论。有学者提出了道德判断的双重加工模型（dual-process models of moral judgment）（Feinberg，Willer，Antonenko，et al.，2012），认为在一定条件下，情绪驱动的道德直觉判断可以被深思熟虑的道德推理取代。情绪调节视角（emotion-regulation perspective）认为，个人通过影响他们感受到的情绪及其强烈程度进行自控（Gross，John，2003）。除表达抑制（expressive suppression）、注意力部署（attentional deployment）等策略外（Gross，2007），情绪重新评价（emotion reappraisal，简称 ER）也是一种构造情绪激发条件或事件来降低情绪体验强度的方式（Gross，2002）。当人们面对潜在的不道德行为时，情绪评价会带来情绪强度的降低，限制直觉的影响，使人产生更为慎重的道德判断。

道德直觉被情绪评估抑制的效果可能因人而异。由于道德判断具有灵活性，作为道德基础理论的补充，有学者提出了道德判断的"行动者—行为—结果"（Agent-Deed-Consequence，简称 ADC）模式，认为尽管大多数未经训练的人没有明确的哲学伦理知识，但他们的道德直觉仍可能符合某些道德戒律（moral precept）（Dewey，2009）。例如，根据行动者的特质来判断行为的道德性与美德伦理学（virtue ethics）关注个人意图和性格以评价道德的理念一致；从行为本身衡量是否道德近似于义务论（deontology）中认为行为需要被作为义务来承担的观点；而关注结果本身同样是结果主义（consequentialism），道德理论强调损益平衡（the balance of harms and gains）即为道德的直观表达（Dubljevic，Racine，2014）。ADC 模式的整合路径（integrative approach）指出，当三种道德直觉不一致时，人们会产生道德理论中的隐含戒律偏好（preferences for precepts implied in moral theories，简称 PPIMT），这种偏好通过社会化学习而得来，是一种随时间推移保持相对稳定的个性特征（Railton，2017）。作为一种"伦理框架"，道德观偏好通过调节关键信息的可达性（accessibility）、焦点（focus）或意识（awareness），以及影响人们对场景、道德戒律焦点等线索的感知来产生框架效应（framing effect），调整道德判断过程中的注意力分配，使人不考虑甚至忽略其他信息，最终影响道德判断（Tanner，Medin，Iliev，2008）。绝对主义反转是一种不考虑结果主义戒律的绝对道德价值（absolute moral values），这种观念的普遍化会引发更多情绪，导致错误判断（Baron，Spranca，1997），而道德判断慎思过程中的结果主义推理可能超越直觉（Greene，Nystrom，Engell，et al.，2004）。综上，本节提出第二个研究问题：

RQ2：不同类型的厌恶激发影响转基因道德判断和最终立场时，如何被情绪评估过程和人们的道德观偏好调节？

接下来，本书将通过两则实验来回答前文提出的研究问题，在实验结果的基础上进行总结，对既有理论展开细化和补充性对话。

三、外部性厌恶激发与转基因道德判断

实验一首先通过一项单因素被试间（between-subject）实验，考察不同厌恶激发类型（无 vs 核心厌恶激发 vs 社会道德厌恶激发）能否使人们产生不同程度的厌恶、恐惧和愤怒情绪，继而影响其对转基因作物的道德判断。研究控制了人们原有的绝对主义反转基因立场（absolute opposition to GMOs），并将致病厌恶敏感性和道德厌恶敏感性视为调节变量一同纳入分析范畴。

参与者构成。来自中国东南部（$N=161$, 77%）和西北部（$N=48$, 23%）两所大学的 209 名在校学生参与了实验，平均年龄 20.73 岁（$SD=1.482$）；大多数参与者为中国籍（$N=202$, 96.7%），7 名国际学生（3.3%）；男性 58 人（27.8%），女性 151 人（72.2%）；人文社科专业学生 177 人（84.7%），理工农医类 32 人（15.3%）；本科生 190 人（90.9%），研究生 19 人（9.1%）。

实验过程与变量测量。实验采用课堂发放的在线中文问卷形式进行，参与者将获得课程额外绩点作为激励。在问卷中出现该词的中文表述时，均使用"厌恶/恶心"并列的形式来避免跨文化争议（Barger, Nabi, Hong, 2010）。在厌恶特征上，参与者首先填写了基于 7 点李克特量表的厌恶领域量表（Disgust Domain Scale，简称 DSS）中致病厌恶敏感性和道德厌恶敏感性的部分（Tybur, Lieberman, Griskevicius, 2009），前者包括"踩到狗屎"等 7 题（$M=4.612$, $SD=1.112$），测量信度较好（Cronbach' $\alpha=0.804$）；后者（$M=5.807$, $SD=0.843$）则以"欺骗朋友"等 7 题测量，信度同样可接受（Cronbach' $\alpha=0.769$）。参与者对转基因的既有绝对主义反对立场由"无论允许转基因的好处有多大，风险有多小，都应该禁止转基因"等 4 题测量（Baron, Spranca, 1997），参与者在 7 点量表中的平均得分为 2.88（$SD=1.18$），量表信度良好（Cronbach' $\alpha=0.767$）。

接下来，实验通过一项自传式写作任务（autobiographical writing task）进行厌恶激发（disgust elicitation）（Schnall，Haidt，Clore，et al.，2008）。参与者被随机分配到控制组（$N=70$）、核心厌恶激发组（$N=69$）或社会道德厌恶激发组（$N=70$）中的任意一类，被要求用至少 4 句话来详细描述最近亲历的一个事件。控制组被要求描述"一个典型或日常行为的事件"，核心厌恶组要写下"让人感到身体不适、恶心、口腔或胃部不适，在生理上令人厌恶/恶心的事件"（Clifford，Wendell，2016），道德厌恶组则是"有人违反了社会规范，在道德上令人厌恶/恶心的事件"（Rubenking，Lang，2014）。三组在性别（$p=.188$）、年龄（$p=.424$）、专业（$p=.374$）、培养类别（$p=.459$）、国籍（$p=.345$）、地区（$p=.563$）、年级（$p=.773$）上均无显著差异。

在情绪状态上，要求参与者在 7 点量表上选择现在体会到厌恶（$M=4.22$，$SD=2.08$）、恐惧（$M=2.60$，$SD=1.76$）和愤怒（$M=3.68$，$SD=2.05$）的程度（Scott，Inbar，Rozin，2016）。转基因道德判断在道德可接受性（moral acceptability）量表的基础上进行了情境化修订（Tannenbaum，Uhlmann，Diermeier，2011），以 2 题构成的 7 点量表向参与者询问"考虑到所有情况，对我个人/全社会来说，转基因在道德上是可接受的"，信度尚可（Cronbach' $\alpha=0.648$）。参与者对转基因技术道德性判断的均值为 4.36（$SD=1.24$），其个人接受度为 4.86（$SD=1.48$），社会接受度为 3.86（$SD=1.41$）。

研究使用 SPSS 内嵌的 PROCESS 插件（Hayes，2013），设定 Bootstrap 抽样次数为 5000，置信区间为 95%，建立的条件过程模型（conditional process model）如表 3–3 所示。在控制了原有的绝对主义转基因反对程度后，参与者的厌恶状态（$b=8.97$，$p<.001$）和愤怒状态（$b=6.60$，$p<.01$）受到不同类型厌恶激发条件的显著影响，转基因道德判断同样受不同厌恶激发类型的显著影响（$b=-3.42$，$p<.01$）。与既有发现一致，个体的致病厌恶敏感性越高，其厌恶状态（$b=3.65$，$p<.001$）和愤怒状态（$b=$

3.10，$p < .05$）越强烈，越倾向于认为转基因在道德上不可接受（$b = -2.30$，$p < .01$）；道德厌恶敏感性对厌恶状态（$b = 3.49$，$p < .001$）、愤怒状态（$b = 3.48$，$p < .001$）的增进和对转基因道德判断（$b = -1.19$，$p < .05$）的降低与致病厌恶特征的作用方向大致相同。

厌恶激发条件和个体的两类厌恶特征在影响厌恶状态、愤怒状态和转基因道德判断时，呈现出显著的二阶和三阶交互效应。如图 3-4 所示，在无厌恶条件下，一种厌恶特征可能加强另一厌恶特征较低者的厌恶状态；当核心厌恶被激发时，两种厌恶特征独立增加个体的厌恶状态；在社会道德厌恶条件下，道德厌恶敏感性越低的个体，其转基因道德接受度随致病厌恶特征的上升而增加的速度越容易减缓；当致病厌恶特征较高的个体拥有中度以上的道德厌恶特征时，他们对转基因的道德接受度将随道德厌恶敏感性而上升。图 3-5 显示了转基因道德判断的直接效应随厌恶激发类型和厌恶特征变化的趋势。与图 3-4 不同的是，无厌恶激发出现时，致病厌恶特征使人们对转基因的道德判断更严苛，而道德厌恶特征增加了人们对转基因道德性的宽容度；核心厌恶激发使人们的转基因道德判断较少受厌恶特征调节；在社会道德厌恶被激发时，致病与道德厌恶特征共同发挥作用；如果个体的两类厌恶敏感性同时较高，那么他们对转基因的道德性评价将随厌恶特征的上升而出现更快的下降。

将作为中介变量的三类情绪状态和控制变量、调节变量一并纳入预测转基因道德判断的回归模型，仅有厌恶状态对道德判断产生了显著的中介作用（$b = 0.12$，$p < .001$）；愤怒状态不受到厌恶特征、厌恶激发任务及其类型的影响，这种情绪也与转基因道德判断无关；恐惧状态尽管与厌恶敏感性存在关联，且能被不同类型的厌恶激发，但这种情绪状态本身未必与转基因道德判断有关。可见，厌恶激发类任务尽管可能同时产生其他情绪，但道德判断只受厌恶类型、厌恶特征和厌恶状态的影响，这一结论证实了厌恶状态在转基因道德判断中的间接作用，支持了道德厌恶直觉判断的单一情绪论。

表 3-3 厌恶激发类型和厌恶特征对转基因情绪状态及道德判断的影响（N = 209）

	厌恶状态		恐惧状态		愤怒状态		转基因道德判断	
	Coeff（se）		Coeff（se）		Coeff（se）		Coeff（se）	
Constant	-18.15(5.44)	**	-4.80(4.86)		-15.90(5.49)	**	13.08(2.93)	***
绝对反转立场	.19 (.06)	**	.13 (.05)	*	.17 (.06)	**	-.54 (.03)	***
厌恶激发类型	8.97 (2.39)	***	3.41 (2.14)		6.60 (2.41)	**	-3.42(1.29)	**
厌恶特征：致病	3.65 (1.31)	***	1.19 (1.17)		3.10 (1.32)	*	-2.30(0.70)	**
厌恶特征：社会道德	3.49 (.94)	***	1.1 (.84)		3.48 (.94)	***	-1.19 (.50)	*
厌恶激发类型*致病	-1.55 (.57)	**	-.52 (.51)		-1.04 (.58)		1.04 (.31)	**
厌恶激发类型*社会道德	-1.54 (.41)	***	-.64 (.37)		-1.30 (.42)	**	.54 (.22)	*
致病*社会道德	-.61 (.22)	**	-.18 (.20)		-.60 (.22)	**	.37 (.12)	**
厌恶激发类型*致病*社会道德	.29 (.10)	**	.10 (.09)		.23 (.10)	*	-.17 (.05)	**
厌恶状态							.12 (.03)	***
恐惧状态							-.02 (.02)	
愤怒状态							-.01 (.03)	
F	17.23	***	4.09	**	11.81	***	34.73	***
R^2	14.29%		3.81%		10.25%		31.67%	

$*p < .05, **p < .01, ***p < .001$

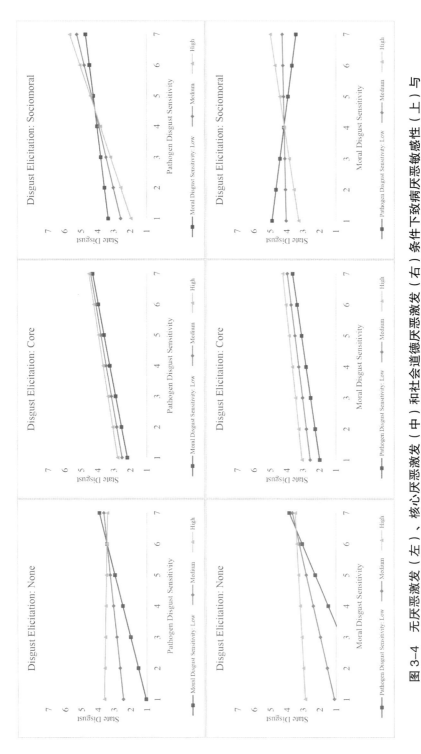

图 3-4 无厌恶激发（左）、核心厌恶激发（中）和社会道德厌恶激发（右）条件下致病厌恶敏感性（上）与道德厌恶敏感性（下）对厌恶状态的调节作用

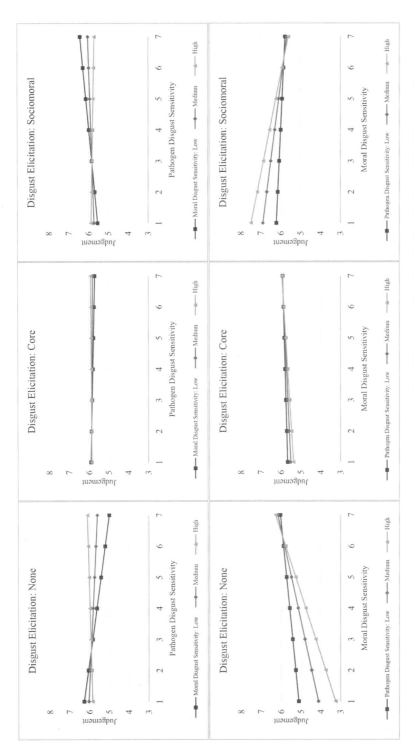

图 3-5　无厌恶激发（左）、核心厌恶激发（中）和社会道德厌恶激发（右）条件下致病厌恶敏感性（上）与道德厌恶敏感性（下）对转基因道德判断直接效应的调节作用

四、通过道德观念和情绪评估走出转基因直觉判断

实验二采用 3（厌恶类型：无 vs 核心厌恶 vs 社会道德厌恶）* 2（情绪评估：无 vs 有）的二因素被试间设计，将个体道德观偏好作为调节变量，考察厌恶类型和情绪评价对转基因道德判断和最终立场的影响是否因人而异。

实验二样本与实验一一致。在实验过程与变量测量上，在厌恶激发前的控制变量部分，除致病厌恶敏感性、道德厌恶敏感性以及既有绝对主义转基因反对立场外，还借鉴既有研究对个体道德观的测量工具，测量了参与者个体在道德理论中的规范偏好，采用 7 点量表，询问一系列因素影响参与者判断一件事道德性的重要程度如何（Dubljevic，Sattler，Racine，2018）。因子分析显示，美德伦理学包括"这样做的意图是好还是坏"等 4 题（Cronbach' α =.884，M =5.71，SD =1.03）；道义主义包含"这样做是否遵守特定义务"等 5 题（Cronbach' α = .896，M =5.48，SD = 0.98）；结果主义包括"这样做会带来幸福还是痛苦"等 6 题（Cronbach' α = .820，M =5.62，SD =0.87），信效度较高。随后将参与者在三类道德观念得分中最高的一项作为道德观偏好，如有两项及以上道德观得分相同则编码为"其他"。参与者中道德观偏好为美德伦理学者 70 人（33.5%），道义主义者 37 人（17.7%），结果主义者 56 人（26.8%），其他无法明确归类者 46 人（22.0%）。

在厌恶类型的操纵上，每位参与者以随机顺序阅读了四个产品购买和使用场景，分别是木瓜、金枪鱼、棉质衬衫和实验小鼠。阅读内容的厌恶类型与实验一的随机分配结果一致，无厌恶组为普通产品（如"小张购买并食用了一个木瓜"），核心厌恶组为知情同意下购买使用转基因产品（如"小李在知情同意的情况下购买并食用了一个转基因金枪鱼三明治，这种转基因技术能使金枪鱼生长更快"），社会道德厌恶组则为非知情同意情况下购买使用的转基因产品（如"医学生小赵在并不知情同意的情况下购买了一批转基因小鼠用于实验，这种转基因技术能使小鼠拥有更适用于遗传

学研究的特性")（Scott，Inbar，Rozin，2016）。

情绪评价部分，参与者被随机分配到有无这一环节的任意一组中，情绪评估组需用至少 4 句话来描述其在填写问卷过程中经历的主要思考过程（Feinberg，Willer，Antonenko，et al.，2012）。3 类厌恶类型和 2 种情绪评价条件构成的 6 个实验组在性别（$p=.346$）、年龄（$p=.603$）、专业（$p=.701$）、培养类别（$p=.329$）、国籍（$p=.547$）、地区（$p=.330$）、年级（$p=.331$）上无显著差异。此后，无论是否经历情绪评价，参与者都对绝对反转立场的 4 项 7 点量表再次作答（Cronbach' $\alpha=0.815$，$M=2.93$，$SD=1.22$）。作为中介变量的转基因道德判断测量与实验一相同。

参与者原有绝对反转立场越强，越可能认为转基因不道德（$b=-.54$，$p<.001$），并在情绪评价后依然有较强的反转立场（$b=.72$，$p<.001$）。反转立场受致病厌恶敏感性的增进（$b=.09$，$p<.001$）和道德厌恶敏感性的抑制（$b=-.08$，$p<.01$），而转基因道德判断在实验二中不受厌恶特征影响。不同道德观偏好者的转基因道德判断（$b=-.65$，$p<.05$）和后续绝对反转立场（$b=.71$，$p<.001$）有显著差异。道德观偏好还调节了厌恶类型、情绪评价及其交互作用对转基因道德判断和后续反转立场的影响。道德判断能显著降低反转立场（$b=-.16$，$p<.001$），部分中介了自变量和调节变量对因变量的影响（见表 3–4）。

表 3–4　厌恶类型和情绪评估对道德观偏好影响转基因判断及
立场的调节作用（$N=209$）

	转基因道德判断		绝对反转立场（后）	
	Coeff（se）		Coeff（se）	
Constant	6.20（.55）	***	1.10（.40）	**
绝对反转立场（前）	–.54（.03）	***	.72（.02）	***
致病厌恶敏感性	.01（.04）		.09（.02）	***
道德厌恶敏感性	.07（.05）		–.08（.03）	**

（续表）

	转基因道德判断		绝对反转立场（后）	
	Coeff（se）		Coeff（se）	
厌恶类型	–.46（.24）		.12（.16）	
道德观偏好	–.65（.28）	*	.71（.19）	***
情绪评价	–.48（.32）		.43（.22）	
厌恶类型 * 道德观偏好	.31（.13）	*	–.29（.09）	**
厌恶类型 * 情绪评价	.28（.15）		–.10（.10）	
道德观偏好 * 情绪评价	.37（.17）	*	–.50（.12）	***
厌恶类型 * 道德观偏好 * 情绪评价	–.16（.08）	*	.19（.06）	**
转基因道德判断			–.16（.02）	***
F	32.51	***	144.12	***
R^2	28.27%		65.80%	

$*p < .05$，$**p < .01$，$***p < .001$

如图 3–6 所示，在非转基因产品的无厌恶场景下，结果主义者最易受情绪评价的调节而对转基因道德性产生积极评价，降低绝对反转立场，其次为道义主义者，持有美德伦理观者在转基因立场和道德判断上相对稳定；知情购买转基因产品即核心厌恶场景下的情绪评估对道义主义者和结果主义者增加转基因道德性评价、降低反转立场有不同程度的促进作用，只有美德伦理观的持有者会出现反转程度的上升；而在不知情购买转基因产品的场景下，人们对转基因的道德判断会因情绪评价的出现而呈现从结果主义者、道义主义者到美德伦理观持有者递减的积极转变，但由于社会道德厌恶的激发，反转立场依然相应增加，反映出反转立场比一般道德判断更加稳定，且形成过程需调动一定的道德慎思和认知推理资源。

直觉和情感在帮助人类形成对世界的期望和新技术风险评估时，既可能使其做出理性判断，也可能瓦解理性（Finucane，Alhakami，Slovic，et

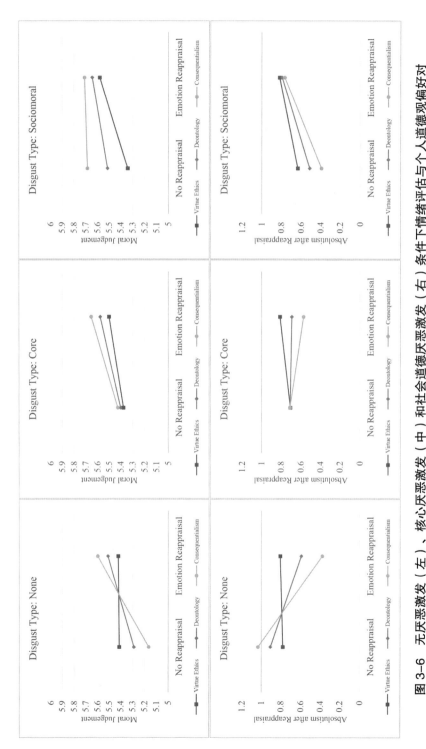

图 3-6 无厌恶激发（左）、核心厌恶激发（中）和社会道德厌恶激发（右）条件下情绪评估与个人道德观偏好对转基因道德评价（上）和绝对主义转基因反对立场直接效应（下）的调节作用

al.，2000）。人们的一部分决定是在快速而无意识的情况下做出的，特别是面对复杂和抽象情况时，直觉会使人走向理性的反面。由于缺乏对转基因技术等复杂问题的兴趣、思考时间及精力，外行人士（lay people）评估转基因风险时会依赖其直觉思维（intuitive mind），选择符合其自身期望的表达来帮助理解和记忆。直觉并不直接破坏理性。绝对主义反转基因立场是在其他直觉制约因素都缺席的情况下产生的，特别是当科学话语从数量和意义上都缺少文化吸引力时，因此，科学话语不应因转基因厌恶具有致命吸引力（fatal attraction）而放弃表达权（Blancke，Van Breusegem，De Jaeger，et al.，2015）。本节通过两则关联实验，探讨了厌恶影响转基因道德判断的机制，考察了厌恶激发类型、情绪评价等场景要素以及厌恶特征和道德观偏好等个体差异的作用。实验主要发现如图 3-7 所示。

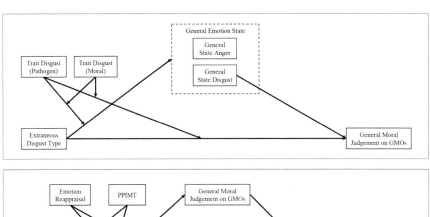

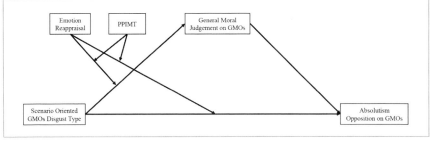

图 3-7　本节系列实验的主要结论示意图：实验一（上）和实验二（下）

厌恶状态与厌恶特征互为条件或过程。厌恶、愤怒和恐惧情绪的激发机制和对道德判断的中介作用有所不同，外在厌恶激发类型只作用于厌恶和愤怒，这种愤怒与社会道德因素有关。研究区分了社会道德厌恶与生理厌恶作用于转基因道德判断时的差异路径。当社会道德厌恶激发类型与个体更高的道德厌恶敏感性相匹配时，厌恶特征对厌恶状态的调节作用与其他条件不同。感知的转基因道德性与厌恶状态正相关，人们越清楚地体验到厌恶，道德判断就越直接地受到厌恶的影响；场景性消极情绪同样受道德厌恶敏感性的抑制。上述发现为情绪状态在特定场景下不能等同于道德判断提供了证据，也表明社会道德厌恶激发具有比核心厌恶更低的情绪唤起潜能和更高的认知属性；情绪意识（emotion awareness）在一定意义上可以发挥情绪评估的作用（Gross，John，2003），道德厌恶亦能促进道德认知，降低道德评价的严苛性。转基因科学传播实践可以在报道页面互动设计中引入相应的设计，促进个体对自身情绪的意识，使直觉思维向理性道德归因转化。

道德观可能使人们结合自身伦理理念期待而作用于道德判断，也可能激活戒律偏好（Dubljević，Sattler，Racine，2018）。转基因科学传播者可以诉诸受众道德化过程（moralization process），通过启动（prime）受众的道德命令来促使其进入道德慎思（Horberg，Oveis，Keltner，et al.，2009）。科学传播应涵盖打破功利主义/结果主义、甚至伦理利己主义理念在中国日常话语中被庸俗化为"不道德"这一固有偏见的努力，因为结果主义有助于通过损益权衡来克服道德直觉，义务论者同样会在转基因技术的风险–收益评估中考虑结果（Tanner，Medin，Iliev，2008）。只有通过教育和锻炼受众的反思能力，才能有效避免直觉对思维方式的破坏。转基因科学传播应综合考虑场景要素和个体差异，在形式上结合启发受众情绪意识和情绪反思的形式载体；在信息设计上，尽量避免激发社会道德厌恶的转基因内容，同时识别并结合个体的道德观和厌恶敏感程度差异来调适传播内容。

第四章
新兴健康技术的风险、争议与社会认知

　　基因编辑技术（如人类胚胎基因编辑技术等）、生物医药（如疫苗科技）、智慧医疗（如在线问诊等）都是技术发展大势下出现的新兴健康技术，也是医疗行业的潜在颠覆者。围绕这些新兴健康技术，衍生出一系列新的问题。例如，如何确保新兴健康技术的安全使用？如何正确看待相关的伦理和道德问题？怎样适当监管以引导它们负责而积极地发展？新技术的发展对于人类来说究竟是福是祸？面对这些人们普遍关心且在新技术发展过程中必然需要面对的问题，全球科学界、政策制定者和普通公众共同加入到有关其风险和收益的大讨论中来。基于理解风险的传统视角，风险被看作是不确定性和风险后果之间的某种客观函数，主流概念将风险看作是"受伤害、毁坏或损失的可能性"，并将之运用到风险评估与风险管理中来（Slovic，1999）。本章将围绕基因编辑技术、疫苗及在线问诊这些新兴健康技术展开讨论，考察其相关的社会争议和风险认知。

　　以基因编辑技术为例，医学的发展经历了直觉医疗、经验医疗、精准医疗等多个阶段。其中，直觉医疗多凭症状诊断，高度依赖医生经验；经验医疗基于直觉医疗产生的数据，可以预测治愈概率；而精准医疗基于疾病的精确诊断，采用标准化的治疗方法，容易达到预期疗效。基因编辑技术是精准医疗发展的重要推动力，有利于疾病诊断和治疗的精准化和标准化。但当基因编辑技术被运用于人类胚胎基因编辑时，引发了较大的伦理争议。人类胚胎基因编辑是否应当被允许？如果被允许，那么如何认定基因编辑有利于人类繁衍和健康？什么样的基因编辑行为可以被允许，什么样的不可以被允许，其道德边界在哪里？此外，正如乌尔里希·贝克（2004）所说，在"被认知的风险"分配上，富人、有权势者占据优势，因为风险意识和行动主义更容易出现在那些生存的直接压力得到缓解和消失的地方，即那些更富裕、更受保护的群体。如果人类胚胎基因编辑的大门被打开，进而导致马太效应，富者通过基因编辑变得越来越优秀也越来越富有，而穷者则相反，这就会涉及公平与效率的永恒争议。究竟应该如何保证科技发展对人的安全与尊严，以及对人类共同体的福祉所应承担的道德义务？在 2018 年贺建奎公开宣布世界首例免疫艾滋病的基因编辑婴儿在中国诞生后，全球范围内出现了大规模的抗议和争议。我国公众对人类胚胎基因编辑技术是怎么看的，尤其我国公众是如何看待该技术可能带来的风险的？此种风险认知又可能受到哪些因素的影响？这是本章第一节内容希望回答的主要问题。

1796 年英国人爱德华·詹纳（Edward Jenner）发明了牛痘疫苗预防天花，这也是人类历史上第一种安全有效的疫苗。从那时开始，疫苗被广泛使用于根除天花，控制包括白喉、百日咳、麻疹和脊髓灰质炎等传染性疾病的流行。整体而言，疫苗可预防多种疾病，通过接种疫苗能有效减少传染性疾病的发病率和死亡率，对保护人类健康和发展公共卫生起到了重要的作用。但疫苗和其他所有药品一样也会出现不良反应，包括常见的局部反应或罕见的甚至严重不可逆的异常反应等（黄仕和，封多佳，2012）。因为这些不良反应的存在，所以人们对疫苗的看法不一，整体的疫苗接种意愿和自愿接种率也会相应受到影响。新冠疫情的肆虐及新冠疫苗的研发和成功上市让疫苗一夜之间成为社会的热门话题。接种新冠疫苗被视为限制病毒传播的有效手段之一。然而，我国学者通过对医疗卫生人员的在线问卷调查发现，拥有专业知识的医务工作者们接种新冠疫苗的意愿较低，这一面临高风险、亟需保护的群体对接种新冠疫苗的犹豫甚至排斥态度与人们的预期相悖（张杭杰，丁林玲，潘雪娇，等，2021）。对于不愿意接种的调查对象来说，"担心新冠疫苗的副作用"（57.69%）是首要原因，其他原因包括"怀疑新冠疫苗的有效性"（34.14%）、"当地已无新冠病例，不需接种疫苗"（29.81%）、"社区健康服务中心接种疫苗不方便"（8.66%）等（张杭杰，丁林玲，潘雪娇，等，2021）。究竟人们是如何看待疫苗的？又是如何认知疫苗相关风险的？媒体如何呈现疫苗相关信息？人们的疫苗接种意愿和接种行为又是否受到包括媒介信息等因素的影响？这是本章第二节试图考察的主要问题。

随着人们生活水平的提高，公众的健康意识不断加强。但和发达国家相比，我国的医疗资源分布不平衡，以及看病贵、看病难现象较为普遍，患者往往需要在挂号、看病、取药上浪费大量时间。互联网的飞速发展为解决医疗服务困境开辟了一种新思路，《关于积极推进"互联网＋"行动的指导意见》和《关于促进"互联网＋医疗健康"发展的意见》等政策的颁布也推动了互联网医疗的发展。作为"互联网＋医疗"领域应用最广、模式最成熟的服务之一，在线问诊的出现和普及在一定程度上缓解了医疗供需，同时能够高效调动医疗资源和时间资源，方便患者特别是轻症和慢性病患者随时就诊、即时买药。但这种医疗服务模式也存在一些问题和隐忧，如用户个人信息安全、用户信任度不够（程潇，刘与齐，2017）、医生互联网职业合法性（杨小丽，封欣蔚，2016）等。特别是在"魏则西事件"后，人们对莆田系医院和中国最大的搜索引擎百度存在严重质疑，这也多少影响到人们对在线医疗的看法。本章的第三节将聚焦网民眼中的在线问诊，基于对微博舆论的计算传播分析考察网民是如何看待在线问诊的。对该问题的回答能够帮助我们更好地了解公众对在线医疗及在线问诊的看法，以用户为中心探讨我国目前的在线问诊在发展中面临哪些争议、该如何解决。

第一节 基因编辑技术及其社会认知

基因编辑技术是一种能够对生物体的基因组及其转录产物进行定点修饰或者修改的技术，早期的基因编辑技术包括归巢内切酶、锌指核酸内切酶和类转录激活因子效应物（陈一欧，宝颖，马华峥，等，2018）。2013年以来，以 CRISPR/Cas9 系统为代表的新型技术使基因编辑的研究和应用领域得以迅速拓展。CRISPR-Cas9 的全名是 "clustered regularly interspaced short palindromic repeats and CRISPR-associated protein 9"，该技术是目前最简单、精确、成本相对低的基因编辑技术。CRISPR/Cas9 技术可以在 DNA 序列中的特定位置对基因进行插入、移除、修饰或取代。该技术高效精准、简单易用且成本低廉，使人类基因编辑变得更有效便捷；但可遗传的人类基因编辑存在巨大的潜在风险，其显著的双刃剑效应在世界范围内引发了激烈的争论（张新庆，2016）。

在其科学性上，部分科学家对基于 CRISPR/Cas9 的人类胚胎基因编辑能够根治遗传疾病的说法提出了质疑，认为相关技术还存在不确定性风险（Evitt，Mascharak，Altman，2015）。这种不确定性主要存在于安全性和有效性两个层面。从安全性来看，目前人类胚胎基因编辑所依赖的 CRISPR/Cas9 系统还存在脱靶效应和镶嵌现象两方面的问题（张晓宇，唐蔚，李劲松，2018）。从有效性来看，目前对基因之间的交互作用及交互机制的认识还很有限，在致病基因的判别上存在模糊性和不确定性（梁普平，黄军就，2016）。除此之外，人类胚胎基因编辑的伦理风险也引起了广泛的争议，主要集中在以下四个方面：第一，认为基因编辑这一科技操控不能把人作为手段（邱仁宗，2009）；第二，基因编辑干预了胚胎的权利，违背了人类后代的自决权；第三，作为一种优生的手段，它可能造成社会不平等的进一步扩大；第四，基因编辑违背人类长期以来的进化规律，可能导致人的定义发生根本性变化（Kaiser，Normile，2015）。

近年来，我国科学家在基因编辑领域取得了令人鼓舞的进展，在基因编辑系统发展、机制研究、构建基因编辑动植物模型和基因治疗等方面都取得了突出的成绩（陈一欧，宝颖，马华峥，等，2018）。2018年11月26日，贺建奎公开宣布世界首例免疫艾滋病的基因编辑婴儿在中国诞生，随即在全球引起广泛关注和争议。当天上午，122名中国学者联合署名发表声明，谴责这项所谓研究的生物医学伦理审查形同虚设，只能用"疯狂"来形容。这一事件引发了国内媒体和社会公众对人类基因编辑技术的广泛关注，在社会中掀起了一波有关人类基因编辑潜在风险的讨论。

作为一项新兴技术，人类胚胎基因编辑在社会化的过程中往往容易因为新兴技术的不确定性、歧义性和转化潜能造成公众的非理性恐慌，从而形成风险认知上的偏差。所谓不确定性是指对可能造成的后果及其概率不明确；歧义性即对其后果的意义和重要性缺乏一致的意见；转化潜能是新兴技术在社会化的过程中会创造先前不存在的，甚至无法想象的全新范式（邱仁宗，2015）。目前，科学界对于人类胚胎基因编辑及其相关风险已经开展了大量的研究和讨论，但针对公众对其风险认知的研究还较为有限。在美国公众有关基因编辑技术接受度的调查中发现，即使其在科学上是可行的，也可能因为一些道德原因而被公众拒绝，导致在现实中无法应用（Bates，Lynch，Bevan，et al.，2005）。随着生物科学的不断发展，未来人类胚胎基因编辑可能制造更多更复杂的风险事件。公众对这一新兴科技的风险认知会极大地影响公众理性和社会情绪，并作用于个体对该事物的态度与行为（谢晓非，郑蕊，2003）。因此，要合理应对这一新兴技术可能带来的社会性风险，了解公众对其的风险认知及其影响因素是必要的。本书接下来将通过调查问卷，围绕公众对人类胚胎基因编辑风险的认知现状及其影响因素展开讨论。

一、公众对人类基因编辑的风险认知

风险认知受个体直观判断和主观感受的影响（谢晓非，徐联仓，2002）。当面对新兴的技术风险事件时，高度的不确定性和可能存在的严重后果会引发公众强烈的心理冲击，从而造成公众在信息选择和技术认知上的偏差，而这种偏差可能导致风险的社会放大（刘婧，2007）。公众对技术的风险认知是技术社会化过程中不可忽视的因素（徐旭，2018）。个体心理、政治制度和社会文化等因素都可能导致公众对新兴技术的风险认知在信息传播过程中不断放大，其后果可能比技术对人类造成的直接伤害还要严重（谢晓非，2003）。人类基因编辑作为典型的技术风险事件，未来可能引发更多更复杂的风险，要合理应对这一新兴技术带来的风险，实现社会范围内的可持续发展，了解公众对其的风险认知及其影响因素是必要的。

随着现代技术的发展和全球化的扩张，人类社会在高速发展的同时也面临着高度的不确定性风险，成为所谓"风险社会"（乌尔里希·贝克，2004）。技术风险是风险社会的主要形式和重要特征。新兴的高科技所附带的技术不确定性和可能导致的危害常常引发社会争议，对公众形成强烈的心理冲击。公众的风险认知也在此过程中逐步形成，此种风险认知受个体的主观感受和直观判断影响，是个体对外界环境中的各种客观风险的感受和认识（谢晓非，徐联仓，2002）。风险社会学家认为公众通过对与技术相关的潜在危害和风险信息进行处理，并对该技术的严重性、可行性和可接受性做出判断，从而形成对技术的风险认知（Renn，Benighaus，2013）。

基于人类基因编辑本身的复杂性和特殊性，学者陶应时等（2018）将其潜在风险分为生物学风险与社会伦理风险两方面。学者王康（2017）则从风险的法律规制层面出发，将人类基因编辑技术风险分为不确定性风险、伦理性风险、公平性风险以及合法性风险四个维度。美国学者发现，随着人们开始逐渐了解基因编辑，认为该技术可能带来的危害比收益更大的人数比例越来越高，人们对其风险认知也不断上升（Singer，Corning，Lamias，1998）。陈梁和张志安（2018）通过公众调查发现，我国公众对基因编辑技术了解较少，相关的知识素养水平较低，也较少与亲友讨论基因编辑等新兴技术，对基因编辑方面的信息有极大的需求；我国公众对基因编辑技术的研究开发和应用均持支持态度，特别支持基因编辑技术在防止疾病方面的应用合法化；公众认为基因编辑技术的运用最应该由政府决定。但我国公众是如何看待基因编辑可能的风险的，前人的研究中少有涉及。有学者通过网络爬虫技术爬取了果壳网、央视新闻等 7 个微博账号上有关"基因编辑婴儿"的微博原文和评论并对其进行分析，结果发现在有关"基因编辑婴儿"的微博文本中存在个人问责、外部问责等框架，且评论框架与原文框架存在较强一致性，如微博文本和微博评论中的个人问责、外部问责和科普框架能够一一对应；在个人问责、外部问责和受害者权益框架的微博下的评论呈现更显著的负面情绪，而在宿命论和科普框架的微博下的评论则显得更为愉悦（张迪，童桐，施真，2021）。那么，我国公众对人类基因编辑的风险认知究竟如何？

目前，人类基因编辑技术根据其应用的目的和指向，主要可以分为基因治疗和基因增强两种。基于对从事人类遗传学研究的美国人类遗传学科学家协会工作人员的调查发现，人们高度支持使用体细胞基因疗法治疗严重疾病，但绝大多数人不支持利用基因编辑技术来实现基因增强（Rabino，2003）。针对美国和加拿大公众的调查也有相同的发现（Singer，Corning，Lamias，1998；Robillard，Roskams-Edris，Kuzeljevic，et al.，2014）。还有学者调查了香港公众对基因编辑技术应用的态度，发现针对技术的不同应用香港公众的态度差异较大——公众普遍认同利用基因编辑技术来治疗疾病，但对非治疗性的基因增强总体持温和的反对意见（Hui，Chow，Wu，et al.，2009）。公众对基因编辑技术的接受度是否会基于不同的应用场景和使用目的而存在差异也是本书试图讨论的问题。

二、基因编辑风险认知的影响因素

风险的社会放大框架（social amplification of risk framework，简称 SARF）认为风险事件与个体心理、社会制度和文化状态等相互作用，会加强或减弱公众对风险的感知并引导其风险行为（Pidgeon，Kasperson，Slovic，2003）。既有研究已经证实，公众对争议性技术的风险认知，包括直观判断和主观感受，除了受技术本身的客观影响外，还受到其他因素如公众的个体特征、知识结构、媒介使用及环境因素的影响。所以，到底哪些因素会对公众的风险认知产生影响呢？

学者们发现对争议性技术的风险认知与公众自身积累的相关知识和过往经验有关（谢晓非，徐联仓，2002）。研究表明公众有关争议性技术的知识水平越高，对其风险认知程度就越低，因为公众对争议性技术了解越全面，就越能相对辨证地评价和看待其风险，也更倾向于接受多个而非单一的信息，从而合理地认识这一风险对自己及对社会的影响，并对相关的风险事件做出适当的行为反应（刘金平，周广亚，黄宏强，2006）。此外，公众对风险事件的关注程度越高，与媒体接触越频繁，其风险认知也相对越高（王甫勤，2010）。由此，本文提出研究假设一：

H1：公众对人类基因编辑的了解和关注程度能显著影响公众对该技术的风险认知。

信任与公众对争议性技术的风险认知也存在着一定的联系。在调查公众对生物技术应用风险认知的研究中，吕澜和马丹（2012）发现对法律法规的信任会降低公众对基因治疗的风险认知程度。刘婧（2007）发现机构信任能够对公众的风险认知产生强有力的影响，越不信任政府及相关机构，风险认知越高。国外学者发现信任因素，包括对技术本身的信任和对科学家的信任，能有效地影响人们对新兴技术的风险认知（Berube，Faber，Scheufele，et al.，2010；Critchley，2008）。学者张新庆（2016）认为科学家和临床医生的道德自律对于人类胚胎基因编辑的风险规避相当重要，而公众对科学家和临床医生的信任会影响他们对人类胚胎基因编辑的风险认知。综上，提出研究假设二：

H2：公众对法律法规、政府机构、科学共同体、媒体的信任程度会影响其对人类基因编辑的风险认知。

媒体在风险的传播过程中扮演着重要的角色，影响着公众的风险认知。对于在经验范围之外的事件，媒体是公众重要的信息来源。研究发现，大众媒体在公众对风险的解释中起着重要的作用，尤其是当人们对这些风险缺乏直接经验和相关知识时（Pidgeon，Kasperson，Slovic，2003）。可以说，媒体不仅是风险事件的传播者，也在无形中成为风险的建构者，参与了风险认知图景的建构。近年来，蓬勃发展的新媒体除了带来了科学传播模式的转变（如互动性的增强和受众参与感的提升）外，也对公众的风险认知有一定的作用。研究发现，大学生对自媒体科学传播的关注和使用对其有关转基因的风险感知和利益感知有显著的正向影响，对其接受度有显著的负向影响（王玲宁，2018）。因此，提出研究假设三：

H3：媒介使用会影响公众对人类基因编辑的风险认知。

相比科学家专注于知识层面的客观风险，公众更加关注科技在政治、经济、文化等社会层面的主观风险（孙秋芬，周理乾，2018）。在探析影响技术风险认知的因素时，研究发现社会因素包括机构信任、价值观和文化三大因素影响着公众对风险的认知（刘婧，2007）。如果说科技工作者的风险认知强调的是高技术风险发生的概率与可能的损失，那么社会公众对新兴争议性技术的风险认知则更受其周围文化因素，如社会争议和伦理恐慌的影响。目前，针对人类基因编辑的社会争议主要集中在技术的不确定风险和伦理危机上，如人类胚胎基因编辑会干预胚胎的权利和后代的自决权，作为优生手段可能造成社会不平等的进一步扩大，违背人类长期以来的进化规律，导致人的定义发生根本性变化（马小川，王建光，2017）。在面对人类基因编辑这样存在较强争议性和伦理危机的新技术时，东方文化中特有的敏感和谨慎可能导致普通公众规避风险的心理更严重。此外，人口特征如年龄、性别、教育程度、收入水平等的不同也可能导致公众对人类基因编辑的风险认知存在差异。由此，提出研究假设四和五：

　　H4：社会文化因素能够影响公众对人类基因编辑的风险认知。

　　H5：性别、年龄、教育程度和收入水平会影响人们在人类基因编辑问题上的风险认知。

三、媒介使用、技术了解与基因编辑风险认知

　　基于随机抽样的原则，研究者们于 2019 年 5 月至 7 月通过微信、QQ、微博、百度贴吧等线上渠道及校园、街头等线下渠道发放问卷，最终回收问卷 437 份，其中有效问卷 389 份，有效回收率 89%。有效样本中男女比例均衡，其中男性占 48.8%，女性占 51.2%；以青年为主，21 到 30 周岁的占 71%，20 周岁及以下的占 8.7%，31 周岁及以上的共占 20.3%；教育水平以本科为主，占 68.4%，初中及以下占 4.1%，高中／中专占 8.2%，大专占 11.3%，研究生及以上占 8%；在收入方面，月收入在人民币 2000 元及以下的占样本的 25.7%，2001 元到 5000 元的占 26.2%，5001 元到 8000 元的占 18.5%，8001 元到 10000 元的占 9.0%，10000 元以上的占 20.6%。需要注意的是，由于本样本在年龄与学历上分布不均衡，在理解相关数据时其指向的研究结论可能更偏向于年轻化、学历较高的群体。

　　作为因变量，公众对人类基因编辑的风险认知指的是个体对与人类基因编辑这一新兴技术相关风险的感受和认识。基于前人的研究，将通过严重性、风险收益比、技术的可接受度和伦理风险四方面测量公众对人类基因编辑的风险认知，相应的问题分别是：（1）您认为人类基因编辑可能造成危害的严重程度；（2）总体而言，您认为人类基因编辑的风险收益比如何；（3）您在多大程度上可以接受人类胚胎基因编辑技术的应用；（4）总体而言，您认为人类基因编辑存在多大的伦理风险。各项都采用 5 级李克特量表计分，分值越高则风险认知程度越高，均值为 3.74（$SD=0.78$），

信度检验显示 Cronbach's α 系数为 0.75。为更进一步考察公众对人类基因编辑技术的接受度，问卷还询问了被调查者基于不同的目的和应用场景对基因编辑技术的接受度，如将人类基因编辑技术应用于阻止致命性的基因疾病发生、阻止非致命性的先天缺陷发生、阻止遗传性的智力低下发生或提高下一代的智力水平等。

既有研究发现，公众的风险认知可能受技术了解、社会信任、媒介使用和社会文化因素等影响（Critchley，2008；Kasperson，Kasperson，Pidgeon，et al.，2003；刘金平，周广亚，黄宏强，2006；刘婧，2007），故将这四个因素纳入对人类基因编辑风险认知影响的考察中。具体而言，对人类基因编辑技术的了解包括两个维度。一个维度是知识水平，即公众对人类基因编辑相关知识的客观掌握程度，主要通过对五个问题的正误判断来测量，具体包括：（1）CRISPR/Cas9 技术自问世以来，就有着其他基因编辑技术无可比拟的优势，被认为能够在活细胞中最有效、最便捷地编辑任何基因；（2）我国现行法律支持生殖性的人类细胞基因改造；（3）现有的技术条件在生殖性的人类基因编辑应用上还远远不够；（4）人的一种遗传性状往往只被某一基因影响；（5）人类基因编辑技术能帮助人类治疗单基因遗传性疾病及一些更复杂的疾病，如艾滋病、癌症、精神疾病等。每答对 1 题记 1 分，全部答错为 0 分，全部答对为 5 分，分数越高则视为相关的知识水平越高。在此次调查中，公众有关人类基因编辑知识的平均得分为 3.69（$SD = 1.13$）。另一个维度是对技术的关注，即公众对人类基因编辑技术的关注程度，通过被调查者在过去三个月中主动了解有关该技术信息的次数来测量。

社会信任包括 4 个方面，即公众对我国现行的法律法规、政府机构、科学共同体和媒体的信任程度，采用 5 级李克特量表计分（1＝完全不相信，5＝完全相信），均值为 3.32（$SD = 1.12$），信度检验显示 Cronbach's α 系数为 0.9。媒介使用指的是公众通过何种媒介渠道了解人类基因编辑的相关信息，通过从报纸、广播电视、期刊杂志（如学术期刊、科学杂志等）、各类信息网站、微博、微信、新闻资讯类 APP（如今日头条等）、网络论坛（如论坛、贴吧、问答社区等）等选项中进行多选来测量。

社会文化因素则主要基于两个维度——社会争议度和社会伦理忧思来测量，其中社会争议程度包含公众所感知到的社会针对人类基因编辑的安全性和有效性两方面的争议度（Cronbach's $\alpha=0.83$），采用 5 级李克特量表计分，分值越高则社会争议程度越高，均值为 4.14（$SD=0.89$）；社会伦理忧思指的是当前社会中存在的对人类基因编辑技术可能导致对人类自决权影响的担忧、对可能引发基因歧视的社会鸿沟的忧虑、担心该技术可能将人类异化为物品而完全为技术所操纵，及可能违背人类发展自然规律的社会性忧思四方面。采用 5 级李克特量表计分，分值越高则社会伦理忧思越高（Cronbach's $\alpha=0.83$，$M=3.92$，$SD=0.89$）。调查还包括了性别、年龄、教育程度、月收入水平等人口统计学变量。

研究数据显示我国公众给人类基因编辑技术的风险打分均值为 3.74（$SD=0.78$），并未过分夸大或缩小对其风险的描述。其中，对可能存在的伦理风险打分最高（$M=4.09$，$SD=0.94$），对基因编辑可能造成危害的严重性打分最低（$M=3.56$，$SD=1.08$）。值得注意的是，公众对基因编辑技术的接受度基于不同的应用场景和应用目的而存在较大差异。其中，把人类基因编辑技术应用于阻止致命性基因疾病发生的接受度最高（$M=4.12$，$SD=1.00$），接下来依次是将技术应用于阻止非致命性的先天缺陷发生（$M=3.71$，$SD=1.14$）、阻止遗传性的智力低下发生（$M=3.67$，$SD=1.20$），而对将人类基因编辑技术用于提高下一代智力的接受度最低（$M=2.73$，$SD=1.41$）。

数据分析通过多元线性回归探讨了各个影响因素与公众对人类基因编辑的风险认知之间的关系，并厘清了其中的关键因素。在回归过程中发现方差膨胀因子（VIF）分布范围在 1.09 到 3.57 之间，大部分在 1.5 以下，说明自变量之间的多重共线性较弱。同时，通过对模型残差（正态性、独立性、异方差性、异常点等）的分析，确认可以采用多元线性回归模型进行拟合。数据结果表明,性别、公众对人类基因编辑技术的了解程度、微博和网络论坛的使用、社会文化因素(如技术的社会争议度和社会伦理忧思)能够显著影响公众对人类基因编辑的风险认知($R^2 = 0.45$,$p < 0.001$)(见表4–1)。

研究发现,公众对人类基因编辑技术的了解,包括在人类基因编辑问题上客观掌握的知识水平和对人类基因编辑技术的关注程度能够显著影响公众对人类基因编辑的风险认知,因此 H1 成立(见表4–1)。具体来说,一方面,公众在人类基因编辑问题上有一定的知识水平——在 5 个有关人类基因编辑的问题中,86.1% 的被调查能够答对 3 到 5 个问题;公众掌握越多有关人类基因编辑的知识,对该技术的风险认知越低($\beta = -0.089$,$p < 0.05$)。这一发现与大部分既有研究相符。另一方面,虽然总体上公众总体对人类基因编辑的关注度一般——18.3% 的被调查者在过去三个月中从未关注过人类基因编辑的信息,近半数被调查者(48.1%)关注过相关信息 1 到 2 次,只有 7.7% 的被调查者在过去三个月中曾主动关注过 10 次以上有关人类基因编辑的信息。但公众对人类基因编辑越关注,对其风险认知就越高($\beta = 0.088$,$p < 0.05$)。

如表4–1所示,公众对法律法规($\beta = -0.099$,$p > 0.05$)、政府机构($\beta = 0.105$,$p > 0.05$)、科学共同体($\beta = 0.05$,$p > 0.05$)、媒体($\beta = -0.067$,$p > 0.05$)的信任程度均无法显著影响公众对人类基因编辑的风险认知,因此 H2 不成立。总体来说,公众对我国现行的法律法规($M = 3.28$,$SD = 1.27$)、政府机构($M = 3.42$,$SD = 1.25$)、科学共同体($M = 3.28$,$SD = 1.25$)和媒体($M = 3.31$,$SD = 1.31$)的信任程度均较为一般,且各项之间均值差异不大。在媒介使用上,微博($\beta = 0.125$,$p < 0.01$)和网络论坛的使用($\beta = 0.089$,$p < 0.05$)被发现能显著地正向影响公众对人类基因编辑的风险认知,但其他媒介,如报纸($\beta = -0.068$,$p > 0.05$)、广播电视($\beta = -0.019$,$p > 0.05$)等的使用均未对公众的风险认知产生显著影响。因此,H3 部分成立。总体来看,网络媒介已经超越传统媒体成为人们获取人类基因编辑相关信息的重要途径——60.7% 的被调查者会通过各类网站、52.4% 的人会通过微博、47% 的人会通过新闻资讯类 APP、28.8% 的人会通过广播电视、10.8% 的人会通过报纸了解人类基因编辑相关的信息。

　　数据结果还显示，社会文化因素，包括人类基因编辑技术的社会争议度（$\beta = 0.122$，$p < 0.05$）和有关该技术的社会伦理忧思（$\beta = 0.538$，$p < 0.001$）能够显著影响公众对人类基因编辑的风险认知，因此 H4 成立。而年龄（$\beta = -0.014$，$p > 0.05$）、教育程度（$\beta = -0.091$，$p = 0.055$）和收入水平（$\beta = 0.075$，$p > 0.05$）未发现对公众的风险认知有显著作用，只有性别（$\beta = -0.089$，$p < 0.05$）能显著影响公众对人类基因编辑的风险认知，所以 H5 部分成立。具体来说，女性（$M = 3.85$，$SD = 0.76$）对人类基因编辑的风险认知显著高于男性（$M = 3.63$，$SD = 0.79$）。

表 4-1　公众对人类基因编辑风险认知影响因素的多元回归分析（$N = 389$）

	b	SE	t	β
人口变量				
性别	−0.139	0.063	−2.201[*]	−0.089
年龄	−0.014	0.044	−0.321	−0.014
教育程度	−0.08	0.042	−1.898	−0.091
收入水平	0.04	0.023	1.711	0.075
对人类基因编辑技术的了解程度				
知识水平	−0.061	0.031	−1.97[*]	−0.089
技术关注	0.065	0.03	2.18[*]	0.088
社会信任				
法律法规	−0.061	0.042	−1.438	−0.099
政府机构	0.066	0.046	1.429	0.105
科学共同体	0.031	0.041	0.759	0.05

（续表）

	b	*SE*	*t*	*β*
媒体	−0.04	0.036	−1.114	−0.067
媒介使用				
报纸	−0.172	0.114	−1.501	−0.068
广播电视	−0.033	0.072	−0.463	−0.019
信息网站	0.004	0.065	0.062	0.003
微博	0.195	0.066	2.938**	0.125
微信	−0.007	0.066	−0.1	−0.004
新闻 / 资讯类 APP	−0.025	0.066	−0.374	−0.016
网络论坛	0.151	0.071	2.12*	0.089
期刊杂志	0.019	0.093	0.201	0.008
其他	0.169	0.129	1.316	0.06
社会文化因素				
社会争议度	0.107	0.043	2.492*	0.122
社会伦理忧思	0.473	0.041	11.471***	0.538
常数项	1.682	0.25	6.736***	
R^2			.45	
Adjusted R^2			.42	

*$p < .05$，**$p < .01$，***$p < .001$

通过问卷调查，不难发现：（1）目前，我国公众并未过度夸大或妖魔化人类基因编辑可能存在的风险，但公众对该技术的接受度基于不同的应用场景和应用目的而存在较大差异；（2）性别、掌握有关人类基因编辑知识的多少和对该技术的关注、微博和网络论坛的使用及其他社会文化因素能显著影响公众对人类基因编辑的风险认知。

首先，公众对人类基因编辑的风险打分均值为3.74，接近中位数，可见并未过分夸大或妖魔化其风险。其中，人们对伦理风险尤为重视，这一点与世界上其他地方的公众一样（Robillard，Roskams-Edris，Kuzeljevic，et al.，2014；Singer，Corning，Lamias，1998）。基因编辑技术作为一种能直接干预人类基因的强大工具，本身存在着极高的风险，尤其在伦理问题上十分敏感（李醒民，2019）。此次调查发现，公众对基因编辑技术的接受度基于不同的应用场景和使用目的而存在较大差异。与其他地区的既有研究发现一致（Hui，Chow，Wu，et al.，2009；Rabino，2003；Singer，Corning，Lamias，1998；Robillard，Roskams-Edris，Kuzeljevic，et al.，2014），我国公众更愿意接受将基因编辑技术应用于严重疾病的治疗，但相对不支持利用该技术来实现非治疗性的基因增强，如提高下一代智商等。

其次，对技术的了解程度能显著影响公众对人类基因编辑的风险认知。具体来说，公众掌握的有关人类基因编辑的知识越多，对该技术的风险认知越低。在有限理性的前提下，公众对风险事件的判断往往取决于个体的知识和经验（Kahneman，Tversky，2000）。科学知识能帮助人们更准确地预估危害发生的可能，减少不确定性，从而有效降低对人类基因编辑的风险认知水平。公众可以根据自己所掌握的知识和信息来对人类基因编辑风险做出判断，越了解相关知识，越有可能客观评价人类基因编辑的风险。有意思的是，虽然我国公众总体上对人类基因编辑的关注度一般，但越是关注人类基因编辑，对其风险认知就越高。调查显示，公众关注有关人类基因编辑的信息多是通过大众媒体和网络。既有研究认为，人们对媒体上的科学新闻越关注，越有可能对新兴科技拥有更高的风险认知（Binder，Cacciatore，Scheufele，et al.，2011）。换句话说，公众对风险事件的关注程度越高，与媒体接触越频繁，其风险认知相应也越高（王甫勤，2010）。媒体在风险的传播和构建中扮演着重要的角色。由于新闻规律和自身属性等因素的影响，不论是传统媒体还是新媒体在呈现新兴科技相关信息的过程中往往会强调其风险，导致关注这些消息的公众对新兴科技的风险认知也水涨船高。另一个值得注意的地方是，整体而言，我国公众对基因编辑技术的关注和参与度不高——18.3% 的被调查者在过去三个月中从未关注过有关人类基因编辑的信息。这一点并不奇怪，大部分普通公众对科学的兴趣有限，自然也谈不上去关注和参与此类话题。但必要的科学知识水平和科学素养是人们了解并客观对待新兴科技、参与公开科学讨论的前提条件（Miller，2004），因此有必要在社会中进一步开展有关人类基因编辑此类新兴科技的科普教育和对话。

在风险传播中，信任、价值和尊重科学等因素交互影响着公众对争议性科学问题的态度（贾鹤鹏，范敬群，闫隽，2015）。遗憾的是，此次调查并未发现公众对法律法规、政府机构、科学共同体或媒体的信任会显著影响其对人类基因编辑的风险认知。一方面，这可能与人类基因编辑这一问题的特殊性有关。人类基因编辑尚处于技术开发和社会化应用的早期阶段，我国的法律法规、政府机构等尚未针对该技术出台具体的风险约束和管理措施（张新庆，2016），科学共同体和媒体对其发展和应用也莫衷一是，导致各项社会机制在人类基因编辑风险把控中的角色和地位还不够明晰。另一方面，此次调查数据显示公众对我国现行的法律法规、政府机构、科学共同体和媒体的信任程度十分接近，均较为一般，这可能进一步导致公众将技术风险从社会层面转移到自身身上，因此在人类基因编辑问题上对社会机制的信任暂无法显著影响公众的风险认知。

再次，通过微博和网络论坛获取基因编辑相关信息会正向影响公众的风险认知。相较于传统媒体，微博和网络论坛（如各类论坛、贴吧、问答社区等）的准入门槛低，任何人都可以在上面发表、评论、转载信息。既有研究发现，当把网络作为获取科技信息最重要的渠道时，公众对争议性科技（如转基因）的接受度会降低，对其风险认知会有所提高（何光喜，赵延东，张文霞，等，2015）。在网络上，人人都有麦克风，热点事件随时随地可能发酵，这带来了信息的繁荣，但也造成了网络空间中的众声喧哗、信息过载和泥沙俱下。科学信息，特别是像人类基因编辑这样的新兴技术类信息，在微博和网络论坛上传播的过程中缺乏把关人对信息质量进行有效监控，且作为开放的网络平台，微博和网络论坛注重受众的个性化表达，因此信息情绪化的特征尤为明显。在此前提下，公众对人类基因编辑的理解也往往容易聚焦于情绪而非事实，从而放大风险，提升风险认知。同时，微博和网络论坛上的碎片化信息往往难以完整还原风险事件的全貌，也无法全面呈现风险的真相。在人类基因编辑这样复杂的新兴技术上，有些问题在科学上尚未定论，当被放到微博和网络论坛这样信息来源和观点都十分多元且更新速度快、舆论风向明显的平台上时，重要的硬核科学信息往往容易被淹没，耸动的谣言和风险信息反而甚嚣尘上，从而导致受众产生较高的风险认知。值得注意的是，此次调查显示，网络是公众获取基因编辑相关信息的重要渠道，因此网络科学信息的质量对公众的风险认知至关重要。

最后，性别及社会文化因素也能显著影响公众对人类基因编辑的风险认知。相比男性，女性对人类基因编辑的风险认知程度更高。这种差异可能是由于两性在自然中所处的位置不同，女性的安定需求和同情心理高于男性，从而导致女性更容易感知风险，也更倾向于规避风险（Levin，Snyder，Chapman，1988）。此次调查还发现，公众感受到的有关人类基因编辑的社会争议度和相关的社会伦理忧思作为社会文化因素能显著影响他们的风险认知。现代技术会在传播过程中通过制度、文化等社会因素构成的"风险放大站"造成人们的风险恐慌，其后果可能远远超过技术本身会给人类带来的直接伤害（谢晓非，2003）。人类基因编辑作为一项新兴技术，由于其科学不确定性和潜在的伦理风险，在社会化的过程中容易引发争议，造成非理性恐慌。虽然全球范围内人们对基因编辑及基因疗法的接受度在不断上升，但社会中仍有大量关于基因编辑的伦理忧思，如人类基因编辑可能导致社会资源分配不均、造成社会不平等和社会歧视等（Robillard，Roskams-Edris，Kuzeljevic，et al.，2014）。在面对人类基因编辑这样存在较强争议性和伦理危机的新技术时，东方文化中特有的敏感和谨慎可能导致普通公众更容易感知到风险，规避风险的心理也更严重。

据此，本书提出如下建议：

第一，加大对基因编辑技术的科普宣传力度，提高公众的科学认知水平。划清"基因治疗"和"基因强化"之间的界线，进一步明确并严格掌控人类基因编辑的目的指向性，同时明确法律法规、政府机构、科学共同体等在基因技术编辑发展和管控中的角色和作用。

第二，媒体机构、科研机构、科学工作者、医疗工作者等专业机构和专业人士应合理利用网络这一信息渠道，及时发布有关人类基因编辑技术的最新信息，辟除谣言，客观公正地阐释基因编辑技术的风险和收益，并通过微博和网络论坛等平台积极地与公众展开互动。

第三，提高公众在科学技术相关讨论和决策中的参与度。如果说有关人类基因编辑的社会争议和伦理恐慌难以避免，那么不如将公众纳入有关基因编辑的公共讨论和协商中来，通过高透明度的对话，促进公众对基因编辑技术的了解，增进公众与科学家及专业人士的对话，从而理性地共同应对风险。

第二节　媒介、疫苗与公众

根据世界卫生组织（WHO）的定义，疫苗是指"含有免疫原性物质，能够诱导机体产生特异性、主动性和保护性宿主免疫，能够预防感染性疾病的一类异源性药学产品，包括预防和治疗性疫苗"（刁连东，孙晓东，2015）。疫苗最早诞生于 18 世纪末，当时的英国医生爱德华·詹纳发明了牛痘疫苗用于预防传染病天花。从那时起，疫苗就成为人类与疾病斗争的有力武器。接种疫苗是当前人类预防传染病最有效、最经济的措施之一，通过大范围接种疫苗，天花在全球范围内被消灭了，脊髓灰质炎、鼠疫、麻疹、狂犬病、百日咳、破伤风、乙型病毒性肝炎（乙肝）等疾病的发病率也大幅降低（许丽丽，陈艳，陈征宇，等，2021）。

2019 年末，新冠疫情爆发并迅速席卷全球。这让人们再度寄希望于疫苗，希望新冠疫苗的出现能够为人类对抗新冠疫情带来新的希望。因此，新冠疫苗的研发与接种进程成为世界性的话题，与此同时相关疫苗的有效性和安全性也成了全社会高度关注的焦点。在新冠疫情期间出现了深陷争议的阿斯利康新冠疫苗和强生新冠疫苗。阿斯利康新冠疫苗是阿斯利康与牛津大学联合研发的新冠疫苗，但投放市场后丹麦国家卫生局于 2021 年 3 月 11 日宣布暂停接种这款新冠疫苗，因为多人在接种后不久出现血栓。美国食品药品监督管理局（FDA）和美国疾控中心（CDC）也于 2021 年 4 月 14 日发布联合声明建议暂停接种强生新冠疫苗，因为出现了 6 例因接种强生新冠疫苗而出现的罕见严重血栓病例。随着新冠疫苗生产规模和接种人群的不断扩大，意外情况随之而来，围绕疫苗出现的疑虑和争议亦难以避免。但疫苗的安全性评价是一个复杂的科学问题，常常受到科学水平的限制，需要不断完善相关的技术手段。由于新冠病毒的不断发展和全球大流行，眼下亟需了解如何降低人们对疫苗的疑虑，提高疫苗接种率，促成全民免疫效应，阻断病毒的大范围流行。

有鉴于此，本节基于对既有文献的回顾，试图从疫苗议题的媒介呈现、公众对疫苗的认知以及媒介使用对公众的疫苗接种意愿和接种行为的影响这三方面展开论述，从而回应当前的传播困局，为疫苗相关的科学争议传播提供实践建议，旨在通过制定科学的传播策略来提高公众的认知水平，让目标群体及时接种疫苗，获得免疫效果。

一、疫苗议题的媒介呈现

疫苗既是一个健康议题，也是一个争议性科学议题。尽管获得疫苗服务的机会有所改善，但疫苗接种率不理想是当今许多国家需要共同面对的一个重大问题。媒体被认为是传播健康信息、提高社会对疫苗的认知并鼓励公众做出接种决定的重要工具。媒体内容会影响公众对疾病预防措施的看法并影响他们的健康决策。从 H1N1 到埃博拉和寨卡病毒，以及麻疹和其他高度传染性疾病的大规模爆发，这些突发性公共卫生事件无一不引发媒体的强烈关注。与此相关，媒体在报道这些突发性公共卫生事件及传染性疾病的同时，对疫苗也给予了相当的关注。

在传统媒体时代，报纸、电视和广播等是受众了解疫苗信息的主要来源。有学者对人们的乙肝疫苗信息来源进行分析，发现 80.97% 的人主要通过广播和电视了解乙肝疫苗和疫苗接种信息，广播电视节目展示的直观形象和示范指导作用在普及疫苗知识中发挥了巨大的作用（朱道文，2002）。我国媒体对疫苗的报道主要分为两类：第一类是关于疫苗信息的日常传达，在此类报道中媒体往往关注了"是什么"，而忽略了"怎么办"，不同的媒体对疫苗风险因素的报道准确性和完整性各不相同（Peng，Tang，2010），且多数关注了某些特定的疫苗如 HPV 疫苗等；第二类是对于问题疫苗等突发公共卫生事件的报道，如对甲肝疫苗、乙肝疫苗、山西疫苗、山东疫苗和长生生物疫苗事件等的报道（马筱玲，樊嘉禄，陈飞虎，2007；余文周，李放军，张振国，等，2014；杨舒，2010；曹晚红，卢海燕，2016）。目前，我国媒体对疫苗相关信息的呈现主要存在以下问题：（1）科学传播在力度和及时性上有所欠缺，人文关怀略显不足；（2）各媒体平台的信息水平参差不齐，议题涉及深浅不一；（3）大众传媒的议程设置功能存在明显的短板，在正确引导受众行为方面表现较弱。而在对问题疫苗的报道中，部分媒体则存在过分渲染、炒作和片面报道等问题（马筱玲，樊嘉禄，陈飞虎，2007）。还有学者对广告进行了分析，如蒋莉和龚婉祺（2015）对香港的流感公益广告进行了内容分析，结果发现大部分有关流感的公益广告存在目标人群定位不清、没有清晰说明流感威胁和流感疫苗效能等问题。

国外媒体的疫苗呈现也有类似的问题。国外学者针对 2007 年至 2018 年间发表的有关报纸、电视和广播疫苗呈现的学术文章进行了分析，结果

发现在疫苗类型上，63% 的文章关注了 HPV 疫苗；在媒体类型上，93%
的文章讨论的是报纸对疫苗的报道；在地区上 56% 的文章研究了北美媒
体；媒介更多地从负面的角度来呈现疫苗相关的信息；所有研究都发现
媒介在呈现疫苗信息时有不准确之处（Catalan-Matamoros，Santamaria-
Ochoa，Peñafiel-Saiz，2019）。有学者通过已发表的有关疫苗的媒体报道进
行了元分析（meta analysis），检验了媒体在传播疫苗相关信息时收益与损
失框架的有效性，发现该框架的有效性通常取决于信息接收者的特征、感
知风险或情境因素（Penţa，Băban，2018）。还有学者考察了加拿大关于
2015 年迪士尼乐园麻疹爆发事件的新闻报道，结果发现报道把重点放在
了"反疫苗者"身上，如那些拒绝给自己的孩子进行接种 MMR 疫苗（针
对麻疹、腮腺炎和风疹的联合疫苗）或对接种感到担忧的父母，将他们作
为新闻故事的中心人物；报道中既包括了生物医学叙述，也引用医学和公
共卫生专家的话谈到了麻疹爆发的原因和后果以及未来该采取何种预防措
施（Greenberg，Capurro，Dube，et al.，2019）。此类研究展示了媒体是如
何将公共卫生事件转化为放大了的道德、政治和社会问题。

　　事实上，自从 1998 年英国医生安德鲁·韦克菲尔德（Andrew Wakefield）
在知名医学期刊《柳叶刀》上发表了麻腮风疫苗（MMR）可能引发自闭
症的研究以来，国外媒体对于麻腮风疫苗（MMR）的讨论就常常与自闭
症连在一起，即所谓"MMR 疫苗－自闭症争议"。有学者分析了从 2015
年到 2017 年美国前十大在线新闻来源中涉及 MMR 疫苗与自闭症争议的
153 篇文章，发现在这些文章中存在三大叙事主题：（1）死亡和生存叙
事，把自闭症作为 MMR 疫苗可能导致的最坏后果；（2）社会问题叙事；
（3）寻求消除这种情况的预防性叙事（Benjamin，2019）。这种围绕自闭
症和 MMR 争议的报道中对 MMR 疫苗的污名化会影响人们的疫苗接种意
愿，也会影响人们对采取疾病预防行为优先级的排序（Benjamin，2019）。
传达与风险相关的科学不确定性的记者必须准确传达支持特定结论的科学
证据。学者们针对 MMR 疫苗与自闭症的争议，考察了记者的何种新闻实

践能够影响风险沟通和公众的疫苗认知，结果发现证据平衡的报道策略能够塑造受众心目中疫苗安全、有效且与自闭症无关的感知确定性，而对科学的尊重和对科学家的信任能够中介新闻实践对公众疫苗认知的影响（Clarke，Dixon，Holton，et al.，2015）。

传统上，疫苗相关信息的传播主体包括政府部门、医疗机构、传统媒体、医疗服务企业等。近年来，随着网络和社交媒体的兴起，除了政府部门、医疗机构、传统媒体、企业外，科学家、意见领袖和社会大众等也加入到疫苗信息的传播中来。其传播内容的选择与倾向受到传播主体功能定位、专业能力支撑及商业利益等多种因素的影响。在当下社交媒体活跃的背景下，微博等新媒体的出现带动了区别于传统媒体的新的话语表达和互动方式，和大众媒体共同加入议程设置的队伍，形成了不同于官方舆论场的民间舆论场，在某种程度上也可能放大了有关疫苗的风险（戴烽，朱清，2018）。

学者们从健康信念模型（Health Belief Model）和阴谋论的理论视角出发，考察了中国网络空间中有关人乳头瘤病毒（HPV）疫苗的媒体话语，结果表明媒体对 HPV 疫苗的描述是积极的但具有误导性，但社交媒体中有关 HPV 疫苗的话语中存在明显的阴谋论论调，即认为 HPV 疫苗是西方国家用来摧毁中国人的，此种民族主义情绪可能引起公众对 HPV 疫苗的抵制（Chen，Ling，Cao，et al.，2020）。有学者对 480 个反疫苗的网站进行了内容分析，结果发现这些网站上存在大量错误信息，例如宣传疫苗是危险的，会导致自闭症和脑损伤等；这些网站的说服策略包括使用科学证据和轶事来支持自己的观点，强调选择、自由和个性等价值观（Moran，Lucas，Everhart，et al.，2016）。还有学者研究了社交媒体 Twitter 上有关新冠疫苗的信息，发现其负面性主要体现在安全性和有效性、错误信息、阴谋论、对科学家和政府的不信任、缺乏接种新冠疫苗的意愿、选择自由与宗教信仰这七个主题上；研究认为有必要制定大规模的疫苗宣传计划，对抗社交媒体平台上的错误信息和阴谋论，提高公众的疫苗接种率

（Nuzhath，Tasnim，Sanjowal，et al.，2020）。

二、公众对疫苗的认知和态度

提升公众对疫苗的认知水平是抗疫工作的重中之重。但公众对疫苗的认知往往水平不一，对疫苗的信心和态度也有可能受到以往有关疫苗的负面信息影响。既有研究发现，公众对疫苗及疫苗对应的传染性疾病总体的认知水平不高，对不同疫苗（如 HPV 疫苗、乙肝疫苗、流感疫苗等）的认知水平不一，且同一疫苗在不同群体中呈现的认知水平也有差异。多数研究聚焦于某一特定疫苗，探究该疫苗的公众认知现象。以 HPV 疫苗为例，根据整合了全球 39 项调查的系统性研究报告显示，公众对 HPV 的认知水平较低，仅有 38% 的受众对 HPV 及其相关信息有所了解（Klug，Hukelmann，Blettner，2008）。在印度医学生中，18% 的人不知道 HPV 疫苗可以预防宫颈癌，50% 的人不了解 HPV 感染及其与宫颈癌或其他性传播疾病的关联（Mehta，Shalini，Geetika，et al.，2013）。就我国的情况而言，2009～2012 年的全国性大规模流行病学调查显示，仅有 24.5% 的调查对象听说过 HPV 疫苗，约 14% 的人知道 HPV 疫苗可以预防宫颈癌等疾病（富诗岚，余艳琴，徐慧芳，等，2018）。整体而言，发达国家和地区对 HPV 疫苗的认知水平高于不发达国家和地区（Sait，2009；Kwan，Chan，Yip，et al.，2009）；女性对 HPV 疫苗的认知水平高于男性（古扎努尔·阿不都西库尔，阿依姑丽·司马义，古扎丽努尔·阿不力孜，等，2012；黄荷，赵方辉，谢瑶，等，2013）；医务工作者及医科生的认知水平高于非医学专业人员（陈玲，谷灿，廖淑梅，2015）。研究发现，公众对疫苗的认知水平与一些特定因素相关，如地区发达程度、性别、受教育水平、健康情况、媒介接触情况等（Klug，Hukelmann，Blettner，2008；Kwan，Chan，Yip，et al.，2009；黄荷，赵方辉，谢瑶，等，2013；陈玲，谷灿，廖淑梅，2015；富诗岚，余艳琴，徐慧芳，等，2018）。除了

HPV 疫苗，针对常见的乙肝疫苗、流感疫苗等的公众认知也是学者们研究的重点。如研究发现在随机抽取的医护人员样本中，只有 36.1% 知道甲型 H1N1 流感的传播方式（Albano，Matuozzo，Marinelli，et al.，2014）。

风险感知是公众疫苗认知研究中的重要变量。安全有效的疫苗对减少和消灭疾病至关重要。但由于各种因素的限制，并非所有疫苗都 100% 安全，某些疫苗还可能导致不良反应（周祖木，2003）。因此，除了客观认知外，公众对疫苗的风险感知也尤为重要。学者靳玥、张静文、高梅雪（2017）以辽宁省阜新市为例，调查了公众对疫苗安全的认知情况，结果发现大部分调查对象（98.4%）对疫苗安全问题表示了不同程度的担心，仅有极少数人（1.6%）表示不担心。风险是指在不确定情境下不利事件或者危险事件发生的可能性（时勘，范红霞，贾建民，等，2003）。疫苗的风险感知，是指人们对疫苗可能带来风险发生的可能性和严重性的主观判断。需要注意的是，真实存在的风险与个体感知到的风险存在一定的偏差，前者可以通过专业技术实现相对客观的评估，后者主要依赖个人的主观感知（Slovic，1987）。

研究风险感知有助于风险管理者和政策制定者理解公众的心理，从而做出科学的决策。既有研究中对疫苗风险感知的研究维度包括：（1）风险的可能性和严重性，可能性是指个体出现健康问题的概率，严重性是指个体对疫苗问题的严重性或危害性的感知程度（Brewer，Chapman，Gibbons，et al.，2007）；（2）风险相关的情感，如个体对疫苗风险的关注、忧虑或恐惧（Dunwoody，Neuwirth，1991）；（3）风险的后果，如心理风险、财产风险、性能风险、身体风险和社会风险（Jacoby，Kaplan，1972）。研究发现，人们对风险的熟悉程度能影响其风险感知（秦昕，牛丛，黄振雷，等，2011）。人们对于风险的感知很少来源于直接经验，绝大部分来源于信息的沟通和传播，即媒体、网络和人际沟通（谢晓非，李洁，于清源，2008）。同时，个人对风险信息所分配的注意力即卷入程度能影响个人的风险感知（秦昕，牛丛，黄振雷，等，2011）。有学者从信

息加工视角探究风险感知的机制，结果发现医疗信息来源、医疗信息内容
与呈现方式、个体的健康素养与风险敏感性会影响其对疫苗等健康信息的
风险感知（吕小康，刘洪志，付春野，2020）。

　　根据知 - 信 - 行模式理论（knowledge-attitude-practice，简称 KAP 模
式），知识和信息是个体树立正确信念和形成积极态度的基础，正确的信
念和积极的态度能够促成个体形成有益于健康的行为，改变危害性的健康
行为。在英国曼彻斯特的调查显示，大部分人支持接种 HPV 疫苗的行为，
只有 15% 表示反对（Brabin，Roberts，Farzaneh，et al.，2006）。通过焦点
小组访谈，研究者们发现社会支持如来自医生、家人和朋友的信息和情
感支持对推动青年女性沟通交流有关 HPV 疫苗有积极的作用（Miller-Ott，
Durham，2011）。还有学者通过实验测试了在疫苗信息呈现中使用损失框
架对受众态度的影响，结果发现与强调接种流感疫苗后果的信息相比，强
调未接种流感疫苗后果的消息产生的负面影响评分较低，造成这种差异的
原因之一是不接种疫苗被认为是暂时且可逆的，而接种疫苗被认为是永
久性的（Dixon，2017）。在 2018 年，中国的儿童疫苗事件中，许多中国
家长对疫苗安全性的信任受问题疫苗事件和政府监管不力的影响，而不
准确的夸大的媒体报道会进一步削弱这种信任（Qiu，Hu，Zhou，et al.，
2016）。基于风险信息寻求与加工（RISP）模型来检验激发主动信息寻求
和系统处理的社会认知变量，学者们发现在儿童疫苗事件中，对信息渠道
的信念和信息收集能力之间存在重要的相互作用，信息质量和信息渠道的
可访问性都会影响有关疫苗信息的搜索行为（Yang，Liu，2021）。

　　现有研究证明，公众的疫苗认知水平越高，疫苗接种意愿就越强；公
众对疫苗的风险感知越高，对疫苗的接种意愿和行为倾向越弱。如秦昕
等（2011）发现，公众对甲流疫苗的感知风险越低，就越倾向于选择接种
疫苗。国外学者发现，公众所感知到的医疗人员专业价值的高低与其对疫
苗安全性的认知呈正相关，而对疫苗安全性的认知又与其疫苗接种行为相
关；社交媒体使用、人际沟通等对公众的疫苗安全性感知及流感疫苗接

种率呈负相关（Hwang，2020）。与此同时，公众对疾病的风险感知越高，对疫苗的接种意愿和行为倾向就越强。如那些认为肺炎是一种严重疾病，担心自己会患肺炎，且认为肺炎是可以预防的老年人更倾向于接种肺炎疫苗（林声，郭翔，李加，等，2015）。由此可见，公众对疫苗的认知和态度受到自身知识水平、信息沟通、媒介接触、医疗信心等多重因素的影响，他们的疫苗认知和态度又能够进一步影响其疫苗接种意愿和行为。

三、媒介使用对疫苗接种意愿与接种行为的影响

接种疫苗是防控传染性疾病发生和流行最经济有效的措施之一。公众的疫苗接种意愿和行为受到多重因素的影响，包括：（1）个体特征，尤其是与免疫密切相关的特征如年龄、性别等，女大学生 HPV 疫苗的接种意愿高于男大学生（张洁，张加仪，庞敏慧，等，2018），孩子的年龄越小，家长为婴幼儿接种手足口病疫苗的意愿越高（李红霞，张文增，陈东妮，等，2016）；（2）社会经济学特征，如教育水平、婚姻状况、经济收入、医疗保障状况等，家长的文化程度越高、家庭收入越高，愿意给孩子接种疫苗的比例越高（姚慧临，王瑞平，龙云，等，2016；梅茂冬，2016）；（3）认知水平，如对疾病严重程度、传播途径等知识的认知以及对疫苗有效性、接种信息等知识的了解，研究显示，对孕期感染流感病毒的危害了解程度高的孕妇更愿意选择在孕期接种流感疫苗（王晶，罗凤基，马建新，等，2015）；（4）社会文化因素，如有学者研究了公共卫生疾病预防计划与疫苗接种率之间的关系，提出公共卫生从业人员可以通过文化伦理途径提高公众对疫苗的接受度（Ndebele，Ruzario，2020）；（5）疫苗供应情况，即疫苗的可及性、所在地的医疗水平和质量等，研究发现在我国的 31 个省份中，过去接种服务供应不足和缺乏接种服务信息是阻碍我国乙肝疫苗接种的重要因素（朱徐，张兴录，王莉霞，2000），伊朗的研究发现乡村工作人员自由流动的工作方式在乙肝疫苗免疫宣传和接种方面

具有更积极、灵活的优势，从而使得伊朗乡村的乙肝疫苗接种率高于城市（Nasseri，Sadrizadeh，Malek-Afzali，et al.，1991）；（6）媒介接触，如疫苗信息接触频率、疫苗信息来源、疫苗信息质量、疫苗信息信任度等。

　　媒介是公众获取健康信息的第一来源和主要来源（Coleman，1993；Morton，Duck，2001）。媒体信息很大程度上形塑了个体对疫苗信息的态度和行为（Caburnay，Kreuter，Luke，et al.，2003）。随着传播技术日新月异的发展，媒体影响力的日益凸显，越来越多学者提倡应重视媒体在传递疫苗相关知识和提高接种率方面的作用（朱道文，2002）。公众在获取疫苗相关信息时，其媒介使用情况主要受到两类因素的影响。第一类因素是媒介易得性，易得性影响公众获取疫苗相关信息的媒介选择以及使用该媒介的频次。目前公众获取健康类信息的媒介主要包括报纸、广播、电视、网络、社交媒体、移动 APP，以及医疗工作者、熟人等人际传播渠道。得益于互联网的普及率与便捷性，网络媒体正在成为公众获取健康类信息的重要渠道。第二类影响因素是媒介可信度。媒介可信度一直是传播学研究中的重要主题，最早发端于霍夫兰和韦斯对不同可信度的信息源对人们信息认知和观点变化的影响（Hovland，Weiss，1951）。大众媒体和网络媒体是疫苗信息传播的重要渠道，但受众对不同媒介的使用频率和信任程度不尽相同。尽管人们频繁地使用互联网来获取健康及疫苗相关的信息，但网络的匿名性和互联网监管不完善等原因导致网络上时常充斥着一些错误或虚假信息，令人真假难辨。在社交媒体上传播的疫苗错误信息会对人们的疫苗信念和行为产生负面影响。研究者通过在线实验发现，阴谋论和不确定性构成的有关疫苗的错误信息会降低人们对疫苗接种的支持度，而对疫苗错误信息的反驳能够增加受众对疫苗接种的支持度；愤怒作为一种情绪能够调节此种影响（Featherstone，Zhang，2020）。相比较而言，在获取疫苗信息时，公众对报纸、广播、电视等传统媒体，政府以及专业医疗机构的门户网站等信任度较高。此外，当内容涉及专业的医学知识时，受众更偏好于线下与医务人员面对面的交流。对信息专业性、科学化的诉求成了影响受众在疫苗问题上对媒体可信度和信息内容评估的重要因素。

英国百白破疫苗事件是国际学术界关注媒体报道对疫苗接种影响的开始。研究发现在 1974 年媒体连续报道接种百白破疫苗儿童发生严重神经系统反应后，民众接种率从 81% 下降至 31%，由此可见媒体报道严重影响了民众对该疫苗的信心（Chen, Rastogi, Mullen, et al., 1994）。我国的研究也有类似的发现，如在 2013 年的乙肝疫苗事件中，媒体集中报道了湖南、广东、四川等多地婴儿在接种乙肝疫苗后的死亡事件，后经国家相关部门调查发现媒体报道的乙肝疫苗经检测质量合格，换句话说死亡病例与接种疫苗无关，但乙肝疫苗的接种剂次依然降低了近 30%，仅 25% 的儿童家长依然相信国产疫苗是安全的（苏婧，2017）。在新冠疫情中，国内学者基于五大互联网平台的舆情大数据，深度分析媒体报道如何影响全国居民对新冠疫苗接种事件的主观认知和行为意愿，结果发现有相当大比例的居民接种意愿不够明确，公众的认知偏差在很大程度上受国外疫苗负面报道的影响（喻国明，杨雅，陈雪娇，2021）。

大量研究证明媒体发布的有关疫苗的信息可能会影响公众对健康预防措施的看法，并影响其自身的健康行为。在年轻群体（如大学生）中，研究发现媒介信息对大学生的疫苗接种决定有中度到重度的影响，建议利用各类媒介渠道提高大学生的流感疫苗接种率（Shropshire, Brent-Hotchkiss, Andrews, 2013）。尽管流感疫苗被广泛认为是一种有效的预防措施，但美国成年人的流感疫苗接种率仍然很低。Hwang（2020）通过调查全美的成人样本（$N = 19,420$），发现健康信息来源与感知流感疫苗功效、安全性及疫苗接种相关。具体来说，对医疗专业人员、医学期刊和新闻报道赋予更多价值的健康信息寻求者更有可能认为疫苗有效，因此更有可能接种流感疫苗；相比之下，更依赖社交媒体的人对疫苗的感知功效不高，也不太愿意接种流感疫苗。

媒体对疫苗相关信息的报道策略也会影响公众对疫苗的态度及疫苗

接种行为。如国外学者发现，媒体报道引入 HPV 疫苗接种计划的做法值得鼓励，因为它可能有助于提高公众对 HPV 疫苗接种的接受性，但值得注意的是过分关注女性群体中的 HPV 感染率和相关的性行为的关系可能导致人们错误地认为 HPV 疫苗接种会"鼓励"滥交，反而会引发人们对疫苗的负面印象（Hilton，Hunt，Langan，et al.，2010）。我国研究也有类似的发现，认为媒体对疫苗问题等热点公共卫生事件的不当报道会影响公众对疫苗的信任，进而导致疫苗接种率下降（余文周，李放军，张振国，等，2014；潘金仁，周洋，邓璇，等，2016）。在实际工作中，由于人们对疫苗不良反应的认识不正确或存在误解，会导致接种率的下降，从而阻碍有效疫苗的接种。疫苗信息的传播者们需要做的是对一些不正确的认识予以纠正，并对疫苗接种的益处进行宣传以期提高疫苗接种率（周祖木，2003）。

虽然公众的疫苗接种意愿直接影响其接种行为，但从接种意愿到接种行为是一个从信念到行为的转变过程，过程中还会受到诸多因素的影响。学者们通过对广东珠海市 1483 名儿童家长的调查发现，接种意愿并不等同于接种行为，或者说接种意愿到接种行为的转化需要一定的促成因素——对手足口病疫苗安全性的认可、对疫苗效能的肯定，以及接种医生的安排或建议能够促使接种意愿向接种行为发展；而既有病史如儿童的手口病史、较清楚 EV71 病毒与手足口病关系和认为疫苗价格较高是阻碍有接种意愿的家长付诸行动的主要因素（杨波，王军，郭钜旋，等，2017）。以往的大多数研究仅关注了接种意愿或接种行为，未来的研究应该对接种意愿与接种行为及二者之间的关系进行更科学的分类和探讨，探究个体"从意愿到行为"过程中的影响因素，从而提出针对性的政策建议，促使公众采取实际的接种行为。

综观国内外的既有研究，大部分研究都肯定了信息传播在疫苗推广中的重要作用。但既有研究也存在一些问题，如目前有关于疫苗的传播学研究多局限在特定的地区范围内（如某省某市、某学校、某医院等），或局限在特定的群体范围内（如女大学生、儿童家长、老年人等）。未来可以发展全国性样本甚至全球样本的研究，并与医学、心理学等相关领域的研究联合开展，共同制定科学的测量和研究方法，进一步扩展研究结论。

第三节　网民眼中的在线问诊

根据国家卫生健康委员会（2020）发布的《2019 年我国卫生健康事业发展统计公报》，截至 2019 年末，我国医疗卫生机构总数达 1007545 个，全国卫生人员总数共 1292.8 万人，其中乡村医生和卫生员 84.2 万人。虽然医疗卫生资源总量逐步增加，但每千人口执业（助理）医师 2.77 人，每千人口注册护士 3.18 人；每万人口全科医生 2.61 人，每万人口专业公共卫生机构人员 6.41 人；在农村地区，每千农村人口乡镇卫生院人员约1.56 人（国家卫生健康委员会规划发展与信息化司，2020）。由此可见，我国的卫生技术服务存在一定的缺口，且城乡差距明显。互联网的飞速发展为解决医疗服务困境开辟了一种新思路。我国于 2015 年发布的《国务院关于积极推进"互联网＋"行动的指导意见》和 2018 年发布的《国务院办公厅关于促进"互联网＋医疗健康"发展的意见》等政策推动了互联网医疗的发展。国家卫生健康委员会曾在 2018 年 9 月 14 日的专题新闻发布会中指出，"互联网＋医疗服务"分为远程医疗、互联网诊疗和互联网医院三类。作为"互联网＋医疗"领域应用最广、模式最成熟的服务之一，在线问诊的出现和普及在一定程度上能够缓解医疗供需，同时高效调动医疗资源和时间资源，方便患者特别是轻症和慢性病患者随时就诊、即时买药。互联网为人们访问专业医疗网站、获取专业医生意见提供了资源和便利，医疗技术人员短缺、城乡差距明显等问题有望通过在线医疗等手段得到缓解。

根据中国互联网络信息中心（2021）发布的第 47 次《中国互联网络

发展状况统计报告》，截至 2020 年 12 月，我国在线医疗用户规模达到 2.15
亿，占网民整体的 21.7%。受 2020 年新冠肺炎疫情的影响，在线医疗的
优势得以凸显，整个行业迎来重要发展机遇。在线医疗，也被称为互联网
医疗，是指利用互联网为用户提供健康服务（邓君，胡明乐，2019）。近
年来，国家卫生健康委员会、国家医疗保障局等相关单位纷纷出台多项通
知与指导意见，推动互联网医疗的发展。在医疗服务层面，我国探索了一
系列针对互联网特点的医疗制度，通过创新服务模式，提高服务效率，满
足日益增长的医疗卫生健康需求；在医药层面，允许更多药物在第三方平
台销售，保证互联网问诊后进行线上购药的需求；在医保层面，规定符合
条件的互联网医疗机构可以通过其依托的实体医疗机构，签约纳入医保定
点服务范围，将"互联网 +"医保服务落到实处。各大互联网公司也积极
配合，布局在线医疗，努力构建完整的医疗服务生态。同时，在线医疗用
户渗透率不断提升，使用人群从青年群体扩展到全年龄段，问诊地域逐渐
从一二线城市向三四线城市扩展，且问诊病种呈多样化趋势（中国互联
络信息中心，2021）。如今，在线医疗已经在健康咨询、慢病复诊和疾病
导诊方面开始发挥作用，并形成了线上线下一体化的医疗健康服务闭环。
随着在线医疗作为线下就医的辅助及其分诊作用逐渐得到用户认可，公众
对其的信赖度有所提升，在线医疗的板块也不断发展。但在发展的同时，
人们对在线医疗也存在不少疑虑。例如，如何确定在线接诊的医生具备相
应的医疗资格？当用户遵循线上医生医嘱后发生重大医疗事故，究竟是让
在线问诊平台还是远程诊断的医生承担责任？在线医疗行业是否会再度出
现"魏则西事件"等？本节接下来的第一部分将首先回顾在线医疗的发展
和争议，其后第二部分将聚焦在线医疗中的在线问诊，通过对微博热搜话
题数据的计算传播分析考察网民对在线问诊的看法，从而明确公众对在线
医疗的争议点何在及如何改善服务减少争议，更好地推动在线医疗事业的
发展。

一、在线医疗的发展与争议

根据中国互联网络信息中心（2020）发布的第 46 次《中国互联网络发展状况统计报告》，到 2020 年上半年，受新冠疫情影响，我国用户对在线医疗的需求量不断增长，在线医疗市场规模加速扩张，医疗服务供给能力持续提升，对线下医疗体系也形成了强有力的补充；截至 2020 年 6 月，我国在线医疗用户规模达到 2.76 亿，占网民整体的 29.4%，其中，26.4% 的网民曾在线购买过药品、健康器械等医疗用品；疫情影响之下，约 17.9% 的网民曾使用过网上挂号、问诊等在线医疗服务。由此可见，网民对在线医疗的接受度不断提升。

在线医疗的发展依托技术的进步和配套服务的改善。一方面，新技术支撑推动了医疗"新基建"的落地。大数据、云计算、人工智能等新技术被应用到在线医疗服务中，探索并拓展了智慧医疗领域；政府、医院、科研机构和互联网公司等积极合作，开展以信息化、人工智能和大数据技术为基础的智能医疗业务。随着社交媒体和移动应用程序的发展，使用互联网健康相关服务的用户量也增速明显（Zheng，Rodríguez-Monroy，2015）。另一方面，在线医疗配套的服务模式被不断完善，用户线上医疗消费不断升级，行业良性发展的生态逐渐显现（中国互联网络信息中心，2020）。与此同时，国家陆续出台了针对在线医疗行业发展的新政策。医保信息安全、隐私、电子医保支付凭证、电子签名安全性、电子票据等问题陆续得到解决，在线医疗惠民共享也在不断实现中。以"平安好医生""阿里健康""好大夫"等为代表的互联网平台在疫情期间访问量大幅增长，用户的互联网医疗服务使用习惯逐渐养成。疫情期间，部分第三方互联网服务平台诊疗咨询量同比增长了 20 多倍，处方量增长近 10 倍。数据显示，2020 年上半年，"阿里健康"来自线上健康咨询等在线医疗业务的收入达到 3842 万元，同比增长 221.2%（中国互联网络信息中心，2020）。随着在线医疗的发展，不同于传统环境下医护人员与患者及其家属的沟通方式，患者获取健康信息、寻求专业医疗解答的渠道会更多元化，通过互联网建立的新型医患关系内涵也得到了极大丰富。

专业的医疗健康网站（如丁香园、好大夫等）和搜索网站（如百度等）成为了强大的健康信息在线搜索平台。各种健康类的商业网站、健康类微博微信账号、健康类移动 APP 等的出现为用户寻求健康信息提供了更丰富且多样化的渠道（郭智卓，2014）。互联网为用户提供了更多就医机会，节省了问诊的时间和成本，并减少了就医过程的不便（Parikh，Sattigeri，Kumar，2014）。同时，网络技术的应用和互联网平台也为医生和患者提供了全新的交往空间，进一步推动了医患关系的发展（苏春艳，2015）。三分之一的美国成年人使用互联网来诊断或了解健康问题（Parikh，Sattigeri，Kumar，2014）。既有研究发现，在线医疗具有匿名性、便利性、潜在的交互性和社会支持等优点（王若佳，张璐，王继民，2019；Cline，Haynes，2001）。但这种医疗服务模式也存在一些问题和隐忧，如用户个人信息安全、用户信任度不够（程潇，刘与齐，2017）、医生互联网职业合法性（杨小丽，封欣蔚，2016）等。

我国目前针对在线医疗这一新兴行业的研究主要集中在用户行为、信息安全、隐私问题和知识增长等方面（邓君，胡明乐，2019）。互联网上医疗信息繁杂，公众在获取和使用这些健康信息时存在一定的风险，甚至可能进一步影响公众对互联网平台和医疗服务供应者（如医生）等的信任（王兆仑，2020；Xie，Zhou，Lin，et al.，2017）。邓君和胡明乐（2019）发现，在线医疗社区信息服务质量受信息内容质量、医生资源与过程服务、基本服务与界面设计、用户特征、系统运行五个因素的影响。研究者通过对北京、合肥两地 2567 名城乡居民的调查发现，新媒体的使用未必能促进公众健康信息的获取能力，反而有可能降低其对医生的信任（郑满宁，2014）。因为互联网是基于技术建立起来的匿名媒介，人们要信任来自互联网的信息特别是在线健康信息，往往需要满足一定的前提条件（Ye，2010）。大多数研究者都认为社交媒体和新兴的移动应用程序能够为在线医疗发展带来新的机遇，能够更好地满足患者的健康信息需求，并为医患沟通提供更多可能（侯小妮，孙静，2015；Xie，Zhou，Lin，et al.，2017）。但与此同时必须看到，在目前的在线医疗服务市场上，仍然存在管理不规范以及部分内容发布者受利益驱动提供虚假信息的情况。此类操作必然会带来一些负面影响，如影响公众对在线医疗的看法和信任度，导致有关在线问诊的社会争议等。

二、围绕在线问诊的舆论争议和网络情绪

微博是中国当下的主流社交媒体之一，它为网民提供了快速、直接和多模式的沟通平台。根据新浪科技（2018）发布的数据，截至2018年3月，新浪微博的月活跃用户数为4.11亿，成为全球第7家活跃用户规模突破4亿的社交产品。除了个人外，媒体、政府部门、健康医疗机构等都纷纷入驻新浪微博。在微博问诊中，医务微博和草根微博是主要的参与者。微博上各类健康和科学内容的丰富性和互动关系的多样化也在一定程度上凸显了微博在健康和科学传播方面的作用。微博用户除了在新浪微博上分享个人生活、进行社交外，也会就各类话题展开讨论，其中就包括健康类话题。

相较于其他社交媒体，微博的信息公开性更强，且具有良好的信息传播能力。人们可以在微博上通过公开发布的方式随时随地分享信息，从微博上获取新信息，并形成相互联系的社交网络。基于信息的及时传播和动态共享，微博已成为网民了解信息和表达意见的重要平台。通过评论、转发和分享，微博用户能够形成巨大的意见力量，助推网络舆论的形成，并进一步影响社会舆论的走向。新媒体赋予公众更多的话语权，导致社会话语出现了分流，不再是主流媒体把控话语权一家独大（陈虹，高云微，2013）。事实上，今天的网络舆论作为网民对社会问题看法的汇聚已经成为社会舆论的一种表现形式，体现了公众对现实生活中热点、

焦点问题所持的有较强影响力、倾向性的观点和态度，是群众心理、情绪、意见、要求和思想的综合表现（刘志明，刘鲁，2011）。以微博"热搜榜"为例，"热搜榜"上的话题通常代表了微博用户在该时段集中搜索及关注的话题，在"热搜榜"的单个话题下包括同一话题的所有博文和评论转发。

传统的受众研究通常采用问卷调查或实验来完成，但针对网络舆论，尤其是在舆论爆发的热点时刻，计算传播分析可以迅速收集和分析海量数据，得出具有一定代表性的结论。以在线医疗为例，学者们通过内容分析、文本挖掘等方式对用户参与在线医疗社区后留下的文本进行分析，来挖掘发布者的情感色彩及表达的主题等。本书计划采用类似的研究路径，通过扒取微博数据并对其进行分析，从而得出围绕在线问诊的舆论争议焦点和网络情绪。2019 年 12 月 6 日，《人民日报》官方账号在新浪微博上发了一条反映网上就医虚假信息的帖子，瞬间将"# 网上看病能信吗"和"# 网上问诊解答竟是复制粘贴"这两个话题送上了当日热搜榜，获得了 3 万余条转赞和评论，一度引发公众对在线医疗特别是在线问诊的关注。这是一个典型的既具有话题讨论度又具有社会关注度的代表网民对在线问诊看法的热门议题，通过对"热搜榜"上这两个话题下相关微博的分析可以较好地获取热点数据。因此，研究者在新浪微博搜索这两个话题，并爬取两个热搜话题下的所有微博正文、评论、转发内容等文本信息和发言者账号情况（如个人或机构账号、是否认证账号等）数据。为了同时保证数据的全面性和及时性，研究者于 2019 年 12 月 12 日使用爬虫软件在新浪微博上进行数据抓取。在进行了简单的数据清洗后获得有效微博发言 5763 条。其中，带"V"用户发言 946 条，占 16.4%；非带"V"用户发言 4817 条，占 83.6%。从微博抓取原始数据后，对数据进行初步过滤，删除无意义词和语法功能性单词后，采用 Python 的 Jieba 分词包对文本数据进行分词处理，采用哈工大停用词表去停用词，并加入人工收集的词表作为拓展词库，以此作为后续主题分析所用的语料。

伴随着人们对在线医疗健康信息获取及疫情后对在线问诊方面服务的迫切需求，结合目前国内医患关系紧张和缺乏信任的状况，我们亟需从用户的角度对国内网络医疗和在线问诊进行深入研究，以期更好地为用户提供高质量的健康信息和健康服务，并协助改善医患矛盾，让人们获得更好的医疗服务和健康体验。前人采用文本挖掘的方式通过 LDA 主题分析考察了"好大夫在线"平台中用户的评论，发现用户最常关注的主题包括找医生的经历、医生专业技能、医生对病人的态度和对疾病症状的描述（Hao，Zhang，2016）。通过对比"好大夫在线"和美国 RateMDs 平台上的评论，学者们发现中国患者更关心挂号问题，而美国患者的评论则多涉及医务工作者、等待时间和保险问题等（Hao，Zhang，Wang，et al.，2017）。那么，我国公众（以微博网民为例）究竟是如何看待正在高速发展中的在线问诊的？针对在线问诊，微博网民有何看法？关注的焦点有哪些？针对在线问诊的公众舆论（以微博舆论为例）呈现出何种特点？循着这一思路，提出如下第一个研究问题：

RQ1：围绕在线问诊，微博舆论主要聚焦于哪些主题？

情感在塑造公共意见和引发公共讨论中起着重要的作用。网络媒体传播所呈现出的情感化转向（马广军，尤可可，2020），随着受众在社交媒体平台上的活跃度和议题参与度的增强，使得人们通过社交媒体平台所显现出的情感更为突出且强烈。在此背景下，公众的认知和情感受到社交媒体的中介化作用形成了所谓"媒介化情感"（白红义，2018）。此种媒介化情感能够推动网络舆论的发展。具体到在线医疗问题和新型的在线医患关系，社交媒体用户与此相关的观点和态度可以通过情感化的表达影响他人的信息接收、态度传递和情绪传染。既有研究表明社交媒体网络上的文本内容和用户链接能够帮助研究者们大规模地检视个体态度和社会情绪（Chung，He，Zeng，et al.，2015）。情感分析也称为观点挖掘或主观性分析，主要是通过提取非结构化文本中的观点、情感和主观性来识别用户针对特定主题表达的是正面还是负面的观点（Bakshi，Kaur，Kaur，et al.，

2016）。现有的研究表明，网络医疗平台上的负面评论可能在一定程度上影响患者和医生的行为（王若佳，张璐，王继民，2019），如医生和服务平台会根据患者的评论而改善服务质量（Emmert，Meszmer，Sander，2016）。在社交媒体平台如微博上，网民对在线医疗所表现出来的情感倾向也具有一定的社会影响。研究发现，微博网民的情感表达占据了微博发言内容中的很大比例，导致微博评论中的情态信息即文本中所体现出的情感信息过于丰富，使微博评论偏于感性，思辨能力较弱（王秋菊，刘杰，2017）。但这也为我们研究针对在线问诊的网络情绪提供了抓手，因此本研究提出如下第二个研究问题：

RQ2：微博舆论针对在线问诊表现出何种网络情绪？是趋向正面还是负面？

微博传播的文本碎片化、信源多样化、速度快捷等特点给网络舆论的研究带来了更多内容，微博舆论在演变过程中由用户群、微博舆论领袖、传统媒体、各种形式的新媒体以及公权力的互动而高潮迭起（谢耘耕，荣婷，2011）。研究表明，地域因素和用户类型能够影响网络平台上的评论态度（Dorfman，Purnell，Qiu，et al.，2018）。在新浪微博中，有部分用户被显示为经过身份验证的用户，即带"V"用户。虽然是否带"V"只是新浪微博的一种收费用户管理机制，带"V"用户也并不必然是意见领袖，但在实际操作中，认证用户往往会因其实名认证而与微博的普通用户区别开来，其影响力也往往比不带"V"的用户要大（Han，Wang，2015）。这些更具舆论影响力的用户在各类舆论的传播中发挥着至关重要的作用，包括在医疗主题的网络讨论中。他们往往是话题的主要发起者和传播者，在微博讨论中拥有更高的关注度和影响力。既有研究发现，带"V"的实名认证使得微博用户采用真实身份出现在网络空间中，因此需要对自己的言论负责，保证自己的微博发言能够运行在理性轨道内（王秋菊，刘杰，2017）。但部分学者提出不同意见，认为微博中的意见表达、所处立场与是否实名、是否加"V"关联度较低（王首程，2013）。既有的与微博相关的研究大多只是通过论述和简单计数来解释实名认证与用户发言之间的关系，而有关实名制的研究则更注重实名制对网络暴力、网络谣言等问题的影响。本书试图基于实证数据，考察在围绕在线问诊的微博舆论中，实名认证用户与非实名认证用户在关注重点和网络情绪上存在的差异，从而为舆情应对和情绪引导提供更进一步拓展。据此提出以下研究问题：

RQ3：在围绕在线问诊的微博舆论中，实名认证与非实名认证的微博用户在关注焦点和网络情绪上是否不同以及有何差异？

为了回答以上三个研究问题，首先研究者在前述的数据采集和数据预处理的基础上进行了文本建模，构建了符合 LDA 主题建模格式的文本词频矩阵。接下来，计算不同参数设置下的困惑度，选择最优主题词和合适的模型参数，对文档词频矩阵进行 LDA 主题建模，得到各个主题的概率和各个主题之下的"主题 – 词语"矩阵以及相应的可视化结果。然后根据各个分主题下的特征词判断该主题的内容，并依据主题内容合并相似主题，最终得到微博用户对在线问诊的看法的子维度。LDA 是一种典型的非监督分类法，它通过机器学习统计词频的方式，形成主题单词构成和评论主题构成的多层概率分布，进而实现分类。网络话题主题挖掘的关键在于从海量网络文本中动态地获取话题与主题，并在此基础上归纳出话题参与者的主要观点。其中，LDA 模型对像微博文本这样的短文本的适应性较强，常被用于针对大规模评论数据集的主题挖掘和情感分析（李杰，王雪可，刘力宾，等，2020）。研究者使用基于开源的 gensim 工具实现 LDA 主题模型的训练。由于 LDA 主题模型抽取的特征词不能像人工那样完整解读整句的意义，能够挖掘的结论仅限于在集中词项聚类下表达的主题的意义（廖海涵，王曰芬，关鹏，2018），因此本书还将辅以文本分析的方法进行补充分析和解释，通过人工筛选出最具代表性的微博文本，结合中国独特的社会文化背景，对热点主题进行划分和解读。

如表 4–2 所示，通过 LDA 建模，在删除无关主题并进行适当调整后，新浪微博上"#网上看病能信吗"和"#网上问诊解答竟是复制粘贴"这两个热搜话题下的所有微博文本关注和争议的焦点集中于三大主题：在线问诊与信息监管、在线问诊与死亡戏谑、在线问诊的核心需求。

表 4-2　围绕在线问诊的微博舆论关注和争议的焦点

主题	关键词
在线问诊与信息监管	百度、治疗、医院、网络、症状、白血病、注册、饮食等
在线问诊与死亡戏谑	医生、癌症、问诊、平台、棺材、艾滋、骗子、误诊等
在线问诊的核心需求	回答、小病、复制粘贴、不行、病人、遗嘱、APP 等

在在线问诊与信息监管主题中，出现频率最高的词是"百度"。在中国，百度是使用率最高的中文搜索引擎，占中国搜索引擎市场的71.10%（中国互联网络信息中心，2020）。但由于"百度"搜索显示的内容引入排名竞价机制，搜索结果中出现在前列的网页可以通过购买产生，给了不实信息以可乘之机。在线问诊的用户大多因为时间或者空间上的阻碍而选择通过在线方式寻医问药，但由于缺乏有效的监管和竞价广告的存在，在线问诊回答的有效性令人存疑。在热搜话题的发言中，"百度看病，癌症起步"被反复提及，将"百度"与恶性疾病关联充分表明了网民认为通过百度获取医疗诊断意见的不可靠性。因此，该主题中还包含着大量比如"不信""乱象""呵呵（表讽刺）"等关键词，结合语料，这些都共同说明了微博舆论对在线问诊在整体监管和有效性方面的担忧。

在线问诊与死亡戏谑主题则更多带有黑色幽默的色彩。在这一主题下对应的文本存在两个明显的特征：一是反讽。在日常生活中，通常与疾病、生死等问题有关的讨论都会较为严肃。但在该主题中，类似于"坟头""棺材"这些口语化甚至低俗化的表达在某种程度上可以被视为是用户对混乱现状的讽刺，表现出用户对于在线问诊的强烈质疑。二是情绪宣泄。对于现有的在线问诊及相关平台，部分用户直接将其定性为"骗子"、有可能带来"误诊"。虽无法通过现有文本进一步了解具体原因,但结合近些年媒体对在线问诊相关负面事件的报道,微博舆论对此乱象有所谴责,并体现出网民对在线问诊可能存在的负面印象。

而在在线问诊的核心需求主题下,舆论的关注焦点则更多地回归到了在线问诊的本质,即关心在线问诊能否满足用户的需求,即通过在线问诊获得有效的医疗建议。"复制粘贴"作为这一主题下的关键词频频出现,这可能是因为部分在线医疗平台曾被曝光存在雇佣非专业人员进行类似复制粘贴的回复,这一曾经的乱象在一定程度上影响了网民对在线问诊服务的信任。用户虽期待能通过在线问诊获取针对个人的健康建议,但在一些在线问诊平台出现的"复制粘贴"式回答的情况被媒体报道后,人们害怕通过网络问诊得到的答案最终沦为基于"万能公式"的统一回复。

为了回答第二个研究问题,本书使用情感分析(sentiment analysis)考察了微博舆论中针对在线问诊所呈现出的网络情绪。情感分析是文本分类的一个分支,指对带有情感倾向的主观性文本进行分析、处理、归纳和推理,识别出用户的情感倾向(积极、消极、中性),并输出对应的置信度(0–1)。具体来说,研究者使用了 Python 中的 SnowNLP 工具包对收集到的微博文本进行情感分析,并统一采用情感分析的"积极"置信度,越接近 1 表示文本所显示的态度越积极;越接近 0 则表示文本所显示的态度越消极。通过与情绪语料库的比较后,研究者们将词汇的情感值按以下标准进行划分用于说明具体的态度:负面态度(情感值小于0.3)、中性态度(情感值介于 0.3 到 0.8 之间)、正面态度(情感值大于0.8)(见表 4–3)。

表 4-3　微博文本情感值示例

评论内容	情感值
百度问医，人均癌症	0.0027
难怪回答都是一样的，还以为看准了呢，原来真相后面还不知道对方是不是医生	0.3748
看病还没试过，就是查一些症状，身体稍微出现一点问题还不着急去医院的时候用用	0.7422
我用的春雨医生，我觉得也很 OK	0.9500

　　研究者通过情感分析发现，在针对在线问诊发表看法的微博用户中，有 44% 的用户对在线问诊呈现负面情绪，31% 呈现中性情绪，而呈现出正面情绪仅占 25%，这再度印证了 LDA 主题模型分析中微博舆论多聚焦有关在线问诊的负面评价的情况。在过往的研究中，研究者发现中性情绪在微博表达中占了很大的比例，"陈述性"（declarative）表达具有重要的地位（陈安繁，金兼斌，罗晨，2019）。但在本研究对在线问诊话题的情感分析中却发现负面的网络情绪表达占了近半数，如"切记'魏则西事件'"（情感值 0.105）、"什么病一上百度查都是癌症，都能被自己吓死"（情感值 0.00009）等。究其原因，一方面可能因为人们对之前的"魏则西事件"等恶性事件的记忆挥之不去，导致舆论对在线医疗和在线问诊存在较大的疑虑；另一方面，可能因为网络上有关医学和疾病的信息不乏一些夸大或极端的成分，当人们缺乏专业的医学知识时，容易受这些信息影响引发恐慌情绪，这也会在一定程度上影响用户对在线问诊的信任和意愿。与此同时，仍有一部分带有中性情感的文本体现了微博舆论中对在线问诊持客观态度和中性情绪的部分。例如，有发言表示"作参考即可，不要盲目相信！"（情感值 0.524）以及"网上问诊可以，但也仅仅是个参考"（情感值 0.463）。由此可见，部分微博用户对在线问诊的态度较为客观，认为在线问诊可以提供对病情的部分参考但并不能完全替代线下面对面诊疗。

而具有正面网络情绪的文本则在客观认知的基础上肯定了在线问诊，并对其未来发展提出了具体的建议，如有用户表示，"还是要找到专业的问诊APP吧，可以上丁香医生、春雨医生、阿里健康啊"（情感值0.933）。综上可见，在有关在线问诊的微博舆论中，相较于客观中性或正面的网络情绪，恐慌、疑虑等负面的网络情绪仍占上风，因此如何克服公众对在线问诊的负面刻板印象仍需重点关注。

为了回答第三个研究问题，研究者基于微博用户账户是否通过官方认证，将其划分为实名认证用户与非实名认证用户。在区分了用户的账户类别后，如表4-4所示，实名认证用户和非实名认证用户在关注主题上存在较为明显的差异。既有研究发现，人们在互联网上讨论医患关系问题时，通常容易产生极端的对立情绪，不同的身份决定了发言者的发言立场和态度，而根据身份的差异会形成联盟或阐释社群（苏春艳，2015）。本研究发现，如表4-4所示，在认证用户的关注主题中，话题1虽然也出现了高频词"百度"，但认证用户更多地是在描述一种客观的行为——使用搜索引擎获得医疗建议。在话题2中，认证用户的关注焦点集中在如何解决现有的围绕在线问诊的问题，个人情感色彩较弱，更多的强调加强审查监管、建立完善的在线问诊平台、寻求可靠信息源等，如"两个字：能信，前提是：靠谱的医生"。而话题3中出现了较多的"相信""支持"等积极词汇。由此看出，实名认证的微博用户对在线问诊的看法更为中性及正面。

相较之下，非实名认证用户的发言则更多的带有个人情感色彩，更经常使用一些口语化和煽动性的表达。如表4-4所示，在非实名认证用户的发言形成的3个主题中，话题1强调了对在线问诊的否定。大量的"不敢""吓死"等负面词汇体现了非实名认证用户对在线问诊的恐慌和负面情绪宣泄。结合文本分析可以发现，该群体认为在线问诊存在着误诊、夸大其词、无法对症等弊端。个人经历和身边人的经历构成了非实名认证用户发言的主要的信息来源。这也呼应了过往研究发现在医患关系的民间话

语（论坛、微博等网络上的公众表达）中，超过半数（54%）的网友在谈
到医患关系时，侧重以情感宣泄的方式表达对官方的质疑，具有突出个
人遭遇、代入式情感呼应的特点（陈虹，高云微，2013）。话题 2 涉及了
"魏则西"这样的关键词。"魏则西事件"作为搜索引擎作恶的证明，对中
国公众有关互联网医疗看法的负面影响一直延续至今，也正是"魏则西事
件"在人们记忆中的萦绕导致微博用户至今仍对在线医疗平台的专业性等
存在一定的不信任和负面情绪。在话题 3 中，除"百度"外的多款专业医
疗 APP 被提及。这部分微博用户在警惕"莆田系医院"和"广告"的同
时，提倡用专业的"APP"来进行诊断。应该说，随着新的医疗 APP 积
极拓展健康模块功能，开展线上线下的联动，并试图超越传统的搜索网站
模式，微博舆论也开始关注更多元的在线问诊的可能。

表 4-4 微博舆论中实名认证与非实名认证用户关注主题比较

用户类型	编号	名称	关键词	示例
认证用户	Topic1	客观描述	百度、参考、评论等	"网上问诊可以，但也仅仅是个参考，这里边'陷阱'很多。"
	Topic2	行为建议	问诊、专业、平台等	"健康无小事，医疗类平台应承担内容审核责任！"
	Topic3	群体期待	相信、回答、支持等	"当患者不敢再相信医生，学生不敢相信老师，人与人没有了最起码的诚信，职业人没有了职业道德，社会又该如何进步？"
非认证用户	Topic1	直接否定	医生、吓死、不敢等	"网上看病不能信，越看越病啊。"
	Topic2	不良后果	截肢、骗人、魏则西等	"切记'魏则西事件'！"
	Topic3	后百度时代	相信、APP、症状等	"选择春雨医生这种专业的 app 不好吗？"

进一步对用户类型与网络情绪（正面、负面、中性）进行卡方检验后发现，实名认证用户和非实名认证用户在网络情绪上存在显著差异（$x^2 = 61.507$，$p < 0.001$）。实名认证用户的发言中所体现出的负面情绪（30%）显著低于非实名认证用户（47%）；而实名认证用户发言中所体现出的正面情绪（35%）则显著高于非实名认证用户（23%）。这说明在微博舆论中，实名认证用户在针对在线问诊发表看法时，更多地使用中性或正面的词汇，情绪更趋客观正面；而非实名认证用户在讨论在线问诊时，则更有可能使用具有否定意味的词，情绪更偏负面。

网络医疗虽然在中国仍处于起步阶段，但在国家政策、网络提升和市场需求的多重推动下发展迅速。随着社会公众对健康关注的提升，大健康产业保持着快速发展。新冠疫情更是让更多人开始把目光放到在线医疗上，认为发展在线医疗能够在一定程度上帮助节约线下医疗资源，提高医疗资源分配和使用的效率。因此，减少在线问诊相关的舆论争议，切实提高公众对在线问诊的接受度和使用度成了当下十分有必要讨论的话题。本书基于微博热搜话题榜上有关在线问诊的热门话题下相关的舆情数据，通过 LDA 主题模型和情感分析考察了围绕在线问诊的舆论焦点和网络情绪。结合对微博文本和社会现实环境的考量，形成了以下三点主要的研究发现。

第一，围绕在线问诊的微博舆论主要聚焦于在线问诊与信息监管、在线问诊与死亡戏谑和在线问诊的核心需求，体现出我国公众对在线问诊仍存在一定的不信任。通过分析微博数据可以看出，过往的一些负面事件如"百度"和"魏则西"等仍被网民迅速关联，公众对在线问诊的不信任感难以消除。一些用户通过反讽、夸张和死亡戏谑的发言策略使得有关在线问诊的负面情绪在微博上蔓延开来，这种负面网络情绪的积聚可能进一步导致人们对互联网健康平台和在线问诊的不信任。第二，在有关在线问诊的微博舆论中，相较于客观中性或正面的网络情绪，恐慌、疑虑等负面网络情绪仍占上风。在在线问诊尚未得到全面规范的监管且在线问诊平台本身质量存在参差的情况下，少数恶性事件导致人们有关在线问诊的负面情绪犹存。如果不能将负面情绪转变为推动监管和规范建立的有效集体行动力量，社交媒体平台上的此种情感表达可能导致更为恶劣的后果。第三，在微博舆论中，实名认证用户和非实名认证用户在讨论在线问诊时的关注主题和情感倾向存在显著差异。其中，实名认证用户可能考虑到公开的身份，出于对自身发表言论的责任感，更愿意以一种较为积极和中性的态度去讨论在线问诊问题。而与实名认证用户所表现出来的中立、客观相比，非实名认证用户的发言更偏情绪化，在转发、讨论的过程中带入了更多的个人情感，评论更个人化、口语化。同时，非实名认证用户通过反复陈述自身以及身边人的"受骗经历"，情感的宣泄、夸张和讥讽成为主要特点，而往往也是此类情绪化发言更容易在微博平台上蔓延。如某非实名认证用户的发言"本来是感冒，百度看病有可能给你看成癌症晚期"获得了 3732 个赞，此类夸张性描写极易引发关注。相较之下，实名认证用户更多从中观和宏观层面提出建议，如在在线问诊问题上希望政府介入加强监管、呼吁提升人们对互联网医疗和在线问诊的信任、提高用户自身的辨别能力等。但在微博用户群体中，实名认证用户所占比重小，因此整个微博舆论场的情感表达仍偏感性，思辨能力较弱。

基于以上结论，研究针对如何应对在线问诊相关的网络舆情、减少其争议性提出以下建议。第一，重视负面网络情绪，积极引导公众。出于对高流量和高关注度的追求，社交媒体中情感传播的逻辑本就与愤怒、悲情、戏谑等情绪紧密相关，即使在讨论在线问诊这样的健康话题时，情感表达的发言范式在我国社交媒体上仍占据主流之势。而以往互联网平台对商业利益的追逐和有效监管的暂时性缺位使得人们对将互联网作为健康信息和健康服务的来源仍心存疑虑和恐惧，负面的网络情绪在短期内难以消除。因此，需要医疗、宣传、政府、互联网等各相关主体共同努力，重视网络舆情中公众的负面情绪，了解问题症结所在，联动协作，相互配合，逐步消除"魏则西"等负面互联网医疗事件的影响，重新树立公众信心。第二，推动有效监管，加强专业力量。微博舆论针对在线问诊虽然存在不少负面的看法，但也不乏积极的一面。事实上，不少微博用户在指出在线问诊可能存在弊端的同时，也已敏锐地观察到在线问诊平台的发展潜力，认为规范的在线问诊能进一步提升我国医疗服务的水平和质量。目前，国内专业的医疗问诊类网站的发展与完善远远无法满足广大患者求诊的核心需求，行业规范的缺失和相关管理的不到位已然成为我国在线问诊和互联网医疗发展中的阻碍，加强在线问诊平台的专业认证和监管势在必行。第三，培育专业"大 V"，将专业的声音引入公共舆论场。本研究发现，实名制的确能让"微博评论运行在理性轨道之内"（王秋菊，刘杰，2017），使得用户在发言中更注重客观和规范。未来可以鼓励和培养更多具有医学背景的专业"大 V"进驻微博舆论场，通过发表专业意见，用专业和理性对舆论进行正向的引导。与此同时，虽然本研究发现非实名认证用户发言多负面情绪的宣泄，具有夸张和讥讽的特点，但不可否认微博等社交媒体所构造的舆论场是目前民意表达的重要通道。因此，建议在重视专业"大 V"提出专业意见、提升正面情绪的同时，及时关注舆论走向，疏导公众的负面情绪，进一步营造有利于在线医疗发展的舆论环境。

结　语

2019 年以来，气候相关的灾害正在前所未有地增加。本书完结于2021 年 7 月。彼时，多个国家和地区因极端降雨发生洪涝灾害——我国河南省的极端降雨、塔克拉玛干沙漠遭遇洪水，印度多地的洪灾和山体滑坡，欧洲国家英国、意大利、瑞士等因强降雨而发生的城市内涝、地铁倒灌和山体滑坡等灾害导致了巨大的人员伤亡和财产损失。2022 年夏季，北半球的不少地区都受到了极端性高温和干旱的影响，欧洲、亚洲和北美洲都未能幸免。科学家们认为不论是南美洲和东南亚的洪灾、澳大利亚和美国破纪录的热浪和野火，还是非洲和南亚毁灭性的飓风都在向人们警示着气候危机的到来（Ripple，Wolf，Newsome，et al.，2021）。对气候紧急情况的警告已经得到了全球 13900 多名科学家的签名声援（Ripple，Newsome，Barnard，et al.，2020）。2021 年 7 月，科学家们再次共同重申气候紧急状态宣言，并呼吁进行变革，将新的气候政策作为新冠疫情恢复计划的一部分，团结全世界的力量成为一个具有共同紧迫感、合作感和公平感的全球社区（Ripple，Wolf，Newsome，et al.，2021）。不论是气候灾难还是新冠疫情都昭示了人类所处的危险情境，且这些危机又都与传播系统的组织方式紧密相关。本书一方面试图描绘出争议性科学议题与传播学和全球性危机之间的关联，另一方面则讨论了传播学学者在参与创造可持续发展的未来中应肩负的责任与义务，并给出相应的建议。

　　有效的科学传播拥有重塑世界的力量。以今天人们耳熟能详的"酸雨"为例，二十世纪六七十年代瑞典科学家斯万特·奥登（Svante Oden）和北美科学家吉恩·莱肯斯（Gene Likens）的研究建立了酸雨与火电厂和其他工业源排放的联系及酸雨对生态环境的影响，并且，莱肯斯等科学家通过发布和传播具有影响力的信息推动了有关酸雨的公众舆论和政策并最终实现了相关的环境保护（Likens，Bormann，Pierce，et al.，1977）。世界在遏制酸雨方面取得的成功在很大程度上要归功于科学家有力而明确的倡导、媒体的公开宣传和公众的认知提升（Verdier，2021）。时至今日，虽然传播环境出现了翻天覆地的变化，科学传播者们面临新的挑战，但科学传播仍然具有影响变革的力量。作为一个值得称赞的进步，尽管今天的社交媒体为所有人提供了表达和倾听的机会，但这种民主化也存在着科学声音被淹没的风险，其后果可能是致命的。如果科学的声音被淹没，错误的科学信息被不断传播，人们对科学的信任和认知止步不前，科学究竟会去往何方？又会如何存在于人类社会中？由此可见，现代社会迫切需要及时的能鼓舞人心且可操作的科学传播。

　　科技发展是一柄双刃剑。科学在发展和商业化过程中往往伴随着争议和不确定性。气候变化灾难、转基因争议、核电之争、疫苗危机、食品安全之困、新冠疫情之殇、基因歧视问题和人工智能——人们在关注科学进步、享受科学进步带来的便利的同时，也必须面对科学可能带来的争议的挑战。在此大背景下，本书对争议性科学议题的媒介建构和公众认知进行了研究，探究其背后隐藏的传播、社会与科学之间的关系，并着重阐明如下看法：

　　其一，随着我国在科学投入和科学规模上的扩大，科学与社会的关系变得愈发紧密和复杂。本书基于科学知识社会学展开，但作者无意消解科学知识的客观性或夸大社会因素对建构和传播科学知识的影响。从根本上说，科学在社会建构过程中不可避免地会受到政治、经济、文化等因素的渗透。社会因素对科学在建构进程中的渗透是正常的，也是不可避免的。

因此，对于科学传播的学者和实践者来说，不应掩盖、回避或夸大社会因素对科学发展的影响，需要冷静对待、认真思考。不同的行动者和利益相关者在争议性科学议题的建构与传播过程中能够获得的话语机会不等，扮演的角色和参与的程度也不同。不同立场的传播者往往会基于自身的立场来建构和传播相关的信息，并引导舆论支持自己的立场。本书试图通过分析不同争议性科学议题（气候变化、转基因、新兴健康技术）的媒介建构和公众认知，考察其背后存在的逻辑及社会权力关系和社会文化意识，对科学认识过程中的社会因素进行深入细致的分析。本书发现争议性科学议题在我国社会传播的过程中存在一般规律，但不同议题又不乏自身的特殊性。因此需要因势利导，针对不同的争议性科学议题，在科学传播的实践中充分利用各种社会因素，提高科学传播的效率和影响力。

其二，科学与每个公民息息相关。在传统科学观和"科学主义"的氛围下，科学知识在某种程度上被视为是客观理性、无可质疑的，并被赋予了完全可靠、绝对正确的形象。但一方面，科学的发展有赖于人，与人有关。科学认识并不单纯由自然决定，往往要受社会文化的制约。另一方面，科学本身也在不断变化中。从"地球是平的"到"地球是圆的"，随着人类认识的发展和认识能力的提升，以及各种思维手段和认识工具的不断完善，科学认识的精确程度也越来越高。因此，如果单一地将科学认识静止化、标准化、理想化就会出现问题。在风险社会本身就充满不确定性的大背景下，公众需要了解科学本来就存在不确定性。例如，科学共同体内部可能在某些具体的争议性科学议题上意见不一致，以往公认正确的科学理论或科学知识可能随着认识水平的提升而被推翻。要为科学营造宽松优越的文化环境，培养公众的科学思维和科学素养，让人们能够客观理性地看待科学争议，按照科学原本的面目来尊重科学，避免那些否定或敌视科学的偏激行为。如何减少无知与误解、消除信任危机成为在传播这些争议性科学议题时必须要面对的问题。因此，我们的科学传播需要重建人与自然、科学与社会的紧密联系与互动，促进科学技术的良性发展。

其三，随着传播环境的改变、新媒体的兴起及其对公众的赋权，科学传播更应该被理解为是一种传受双方都参与并通过有效信息传播、相互倾听与公众交流来完成的传播过程，这种传播是建立人与科学之间关系的基石，也是一种能够提高人们的科学意识、推进社会可持续发展的科学实践。单纯从媒体、政府或科学共同体的角度来理解科学传播是远远不够的，新媒体社会中公众是一股重要的传播推动力量。公众在关于科学与技术的重要决策中应享有独立知情权或发言权。公众对争议性科学议题的关注和理解及在此基础上构建的科学讨论、认知和行动，公众与政府、媒体、科学共同体等社会力量共同搭建的网状传播结构及其背后的话语和传播关系，以及在网络推动下公众参与科学传播的新特点等都十分值得研究，对这些问题的理解也能够帮助我们更进一步认识科学传播及争议性科学议题建构与传播的内在特征。

由于科学争议的普遍性，研究争议性科学议题的学者遍布科技、政治学、公共政策、传播学、心理学等研究领域，从而提供了丰富而深刻的研究结论。本书的重点在于：第一，在科学传播的大背景下，本书借鉴科学知识社会学的理论渊源，结合中国国情及科学传播现状，尝试围绕中国语境下有关气候变化、转基因、新兴健康技术这几个争议性科学议题发展出具有针对性的分析性概念和理论架构，在理论层面实现对概念的深入理解。第二，本书在实证研究部分采用"点—线—面"结合的方式基于典型个案对各个争议性科学议题的媒介建构和公众认知进行全景式观察。同时，通过对有关争议性科学议题的公共话语形成与传播过程的系统性考察，探讨除了媒体之外，公众是如何建构争议性科学议题的，及其有关争议性科学议题的传播内容、话语特点和传播路径等，基于公众参与科学模型着重分析科学传播中公众参与的方式、行为特点及其社会影响。第三，新媒体环境下有关争议性科学议题的建构和传播已经呈现出与传统媒体时代截然不同的特点，这背后既反映了媒体环境的变迁和人们科学意识的进步，也有社会转型的影子。本书试图在理论模型与实证研究的基础上，一方面论证争议性科学议题的传播现状，引发学术思考；另一方面探寻目前的争议性科学议题传播过程中可能存在的失误、错位等问题，并据此提出推动我国科学传播发展的实践性对策和建议。

具体来说，在学术研究层面，未来有关争议性科学议题的传播研究可以进一步探索以下问题：

第一，本书由于篇幅有限只关注了气候变化、转基因、基因编辑、疫苗、在线医疗等争议性科学议题，但现实社会中的争议性科学议题远不止于此。甚至可以说，随着科学的发展，有关科学的争议还会不断涌现。未来的研究可以关注更多新兴的科学议题如纳米技术、人工智能等，并充分思考在像新冠疫情这样的全球性风险之下，围绕科学争议的社会意涵、媒介建构、公众认知和公共对话等是否可能发展出新的特点。此外，本书对争议性科学议题的研究主要集中在了对媒介报道、公共话语和公众认知的分析上，未来的研究可以拓展出更多新的研究主题和研究角度，如争议性科学议题的传播特征与社会影响、争议性科学议题中的冲突平衡与多元对话及其中的公共利益和价值协商、科学共同体在争议性科学议题传播中的角色与作用，还可以引入心理学、社会学等的研究理论和框架探寻更多可能影响公众对争议性科学议题认知的因素。

第二，本书采用了个案研究、话语分析、问卷调查、实验研究和计算传播分析等多种研究方法，未来的研究可以结合各自的研究主题和研究对象拓展更多的研究方法，如质化的田野调查（field research）、参与式观察（observational research）等获取更多第一手的研究资料。目前的科学传播研究大部分采用的是横截面数据（cross-sectional data），体现的是特定时间节点上的传播特征和个体的情况，未来的研究可以考虑纵向研究，不论是通过周期性的普查来获取国家或地区层面的纵贯研究数据，还是通过跟踪式调查获取个体层面的纵贯数据集，都有利于观测科学传播中特定研究对象的变化和因果关系。此外，如调查科学共同体对争议性科学议题的态度、研究特定人群（如青少年）对争议性科学议题的参与和态度等都会是十分值得进行的研究尝试。研究中也可以引入更多新的统计分析方法，如社会网络分析、社会仿真模型、复杂系统建模等。

第三，现有的关于争议性科学议题的传播研究在分析受众时，大部分采用个体认知或行为作为研究变量。但目前对个体认知和行为的变量测量在方法上并不完善，未来可以考虑多与医学、心理学等领域的研究者展开跨学科合作来完善测量方法。此外，目前大部分科学传播研究，包括本书在内，都将个体作为分析单位，从个体入手分析整体。值得注意的是，整体大于各部分之和，或者说群体并不只是群体中个人的简单相加，且远比简单相加要复杂得多。我们需要反思目前盛行的将研究重点放在个体而非群体身上的研究范式，也需要思考公众意见究竟是怎么形成的，不再过度依赖聚焦于个体而非群体心理的思维方式和研究方法，重新回溯该领域植根的社会科学。

在实践层面，基于本书的研究发现，建议未来针对争议性科学议题的传播实践：

第一，在传播者环节上，除了专业的媒体和媒体从业者，还需要让具有强大科学背景且善于沟通的科学家、对科学感兴趣的公众、掌握一定专业科学知识的意见领袖等共同加入到科学传播中来。比如让科学家们除了关注本职的科研工作外，同时关注科学、媒体和社会之间的关系，为他们提供传播学专业知识和技能的培训。本书中的多个研究都发现科学共同体作为信源的可信度颇高。因为现实中科学家们会作为信息源为媒体报道提供专业科学知识，会作为被咨询方为政府的政策制定提供专业的科学建议，也会作为关键人物在社区论坛或网络平台上发言表态，让他们加入到争议性科学议题的传播中来能够迅速提高科学传播的效率和影响力。

第二，在传播渠道上，要重视传统媒体及人际沟通渠道，更要重视新兴的互联网和移动互联网渠道。传统媒体机构的权威信息发布在科学传播中具有无可比拟的威力，人际渠道更是能够增加受众对信息的信任。但随着受众媒介使用习惯的变迁，人们对互联网的依赖程度日渐加深，网络已经成为重要且具有极大影响力的传播渠道。本书中针对网络话语、社交媒体舆论和网民的研究都证实，网络除了受众面广之外，其互动性和即时性能够帮助科学传播的研究者和实践者们非常准确地了解到社会中不同群体想要了解哪些有关争议性科学议题的信息、这些科学问题对人们的日常生活有哪些潜在的影响、人们对争议性科学议题最担忧的是什么，以及人们会去哪里问谁要答案等，也能够帮助公众让他们积极参与到科学传播中来。

第三，在传播内容和传播形式上，要针对不同的受众定制不同的内容和形式。本书的研究结果证实不同的群体对科学信息的需求、兴趣点是不同的，但对科学的关注和了解往往会影响人们对争议性科学议题的风险感知和态度。要提高人们对科学的关注和理解，需要在科学传播的内容和形式上既保证科学信息的准确性，又加强其愉悦性，综合运用文字、图表、视频、动画等形式为受众带去轻松的科普学习体验。不要把科学单列出来，要把科学内容放到大环境中。举个例子来说，在互联网上建立专门的科普网站或科学自媒体等着人们来访问往往效果不佳，但如果把科学信息融入日常的新闻、短视频、综艺节目中，受众往往会觉得科学是有意思的、好玩的且与个人息息相关。只有这样，受众才不会把科学当做是高高在上不可触及的知识，而是作为日常的简单轻松的文化产品去消费，这也有利于消弭有关科学的误解和争议。同时，科学传播实践者之间可以展开合作。如科协、大学、科研机构、博物馆、公共图书馆和各类媒体、互联网平台等可以合作开发并共享以用户为中心的交互式数字内容，提供包括科普展览、深度报道、播客、短视频、新闻聚合、用户推荐、游戏、科普微博微信等多样化的科学信息，从而针对不同的受众群体进行科学传播，并调动线下的博物馆、科技馆、公共图书馆和大学等公共资源让公众亲身参与到科学传播中来展开面对面的交流和讨论。

第四，争议性科学议题的传播困境之一在于信任危机。本书中针对不同的争议性科学议题的公众认知研究基本都指向一个共同的结论——公众信任是科学认知普及和扩散的基础。科学传播的效力，无论是在内部还是对公众，都与信任息息相关，这当中既包括对信息来源的信任也包括对传播媒介的信任。今天科学传播的参与者已经十分多元化，而不同的科学传播者可能带有自身固有的立场，这就让科学传播难免受到沾染而与各种利益相关。同时，人们对不同传播渠道的信任程度也不同，特别是网络和社交媒体上科学信息的可信度常常被人质疑。对于公众来说，要区分网络上纷繁复杂的科学信息中的事实和观点已非易事。在这样的传播环境下，当公众对科学信息的正确度及专家系统的可信度存在不确定，再叠加上科学本身的不确定性，往往会酝酿出社会性的信任危机。不论此种信任危机是针对科学本身还是针对传播中的科学信息，亦或是针对传播者与传播渠道，信任问题都值得科学传播者和研究者们多加重视。

第五，除了关注科学传播策略外，还需要重视科学教育。不论是有关气候变化、转基因还是针对基因编辑技术、疫苗等争议性科学议题，本书的研究发现我国公众对这些议题的了解程度并不高，存在不少误解和恐慌情绪，这也在一定程度上助长了这些议题在社会中的争议程度。虽然科学传播的缺失模型已不再流行，但为了激励和帮助公众更好地了解科学、分享知识和表达观点，官方机构可以与大学、科学家和记者等合作开发科学类课程，以期提高公民的科学素养和科学相关的媒体素养，增加人们对科学的关注度和理解力。

最后，今天的科学传播强调公众参与科学模式，但在实践中公众参与不应沦为简单地向公众"推销"科学的重要性或让公众在网上旁听或参与科学争议，这种粗暴、混乱的方式实际上再度落入了缺失模型的思维陷阱，并破坏了在公众中建立对科学的信任和参与感的长期努力。更重要的是，如果公众觉得他们只是被推销科学或耳边满是有关科学的争议，这可能只会加剧现有的公众在科学认知上的两极分化和感知僵局。有效的公众参与需要在科学传播中创造并促进公共对话，这些对话承认、尊重和融合知识、价值观、观点和目标的差异，拉近人们与科学之间的心理距离，弥合人们在科学认知和风险感知上的差异。基于本书的研究发现不难看出，今天的争议性科学议题其争议不仅止于技术本身，而是出现在政治、价值观和专业知识的交叉点上。因此，科学传播需要考虑的问题不仅仅是科学本身，更是需要将复杂的社会因素都考虑在内，思考科学传播如何取得公众的信任进而推动社会中科学认知的发展，因势利导地让人们能够参与到有关争议性科学议题的公开讨论和社会决策中来，提高全社会对科学的关注和投入，实现公众与科学互动的新模式。

后　记

　　科学传播是一个新兴的传播学研究领域。作为传播学的一个分支，科学传播在我国已经得到了越来越多的关注。本书既是对当下科学技术进步和科学传播发展的回应，也尝试通过将科学的发展融入社会和媒介的发展历程来思考科学传播，特别是争议性科学议题在我国语境下的媒介建构和公众认知。于我而言，科学传播研究是个人兴趣和专业研究相结合的结果。十分有幸能够在国家社科基金的支持下开展相关研究，并得到中央高校基本科研业务费专项资金和浙江大学文科精品力作出版资助计划的帮助出版这部专著。书中融入了我在近些年里进行科学传播研究时的成果和思考，部分章节源于已发表的论文。匆忙付梓难免存在缺憾，希望能够得到读者的批评和指正。

　　在此，由衷感谢为本书的研究和出版工作提供帮助的人们。感谢所有引用资料的来源方，可能未及一一列出，但都对本书的研究有所帮助。感谢中国大百科全书出版社的丁洁、王烽、李玥琦编辑为本书付梓所付出的努力。由衷感谢潘忠党、金兼斌、刘于思、楚亚捷等老师在气候变化研究和转基因研究上给予的提点和建议。感谢万凌云、亓力、徐昊天、胡佳凤、林心婕、宋端惠、王来迪等同学参与了部分调研工作，这些调研为书中研究带来了重要启发和进展。感谢父母和家人，感谢在学术道路上碰到的所有良师益友。希望本书能够引发更多对科学传播的关注，在实现与国内外前沿研究交流对话的同时，也借助更多元宽广的理论视野来进一步深化对中国特色科学传播实践的认识和发展。

高芳芳

2024 年 1 月于杭州

参考文献

［美］安东尼·阿里奥托（2011）：《西方科学史》（第二版），鲁旭东，张敦敏，刘钢，等译，北京：商务印书馆。

［英］安东尼·吉登斯（2000）：《现代性的后果》，田禾译，南京：译林出版社。

［英］安东尼·吉登斯（2001）：《失控的世界》，周红云译，南昌：江西人民出版社。

［英］安东尼·吉登斯（2003）：《为社会学辩护》，周红云等译，北京：社会科学文献出版社。

［英］安东尼·吉登斯（2009）：《气候变化的政治》，曹荣湘译，北京：社会科学文献出版社。

白红义（2018）：《"媒介化情感"的生成与表达：基于杭州保姆纵火事件报道的个案研究》，《湖南师范大学社会科学学报》，第 5 期，第 139—149 页。

边晓慧，苏振华（2020）：《互联网使用对农民非制度化政治参与的影响》，《安徽大学学报（哲学社会科学版）》，第 5 期，第 146—156 页。

曹丽娜，唐锡晋（2014）：《基于主题模型的 BBS 话题演变趋势分析》，《管理科学学报》，第 11 期，第 109—121 页。

曹晚红，卢海燕（2016）：《移动互联时代社交媒体舆情的形成与引导——以"山东疫苗事件"的微信传播为例》，《东南传播》，第 6 期，第 56—58 页。

曹逸凡，倪安婷，黄燕萍（2015）：《媒介对转基因食品安全的风险传播——基于国内外主流报纸及新浪微博的内容分析》，《今传媒》，第 7 期，第 49—51 期。

曹昱（2004）：《公众理解科学理论发展研究——对约翰·杜兰特的"民主模型"

的反思》，《科学技术与辩证法》，第 5 期，第 85—89 页。

陈安繁，金兼斌，罗晨（2019）：《奖赏与惩罚：社交媒体中网络用户身份与情感表达的双重结构》，《新闻界》，第 4 期，第 27—44 页。

陈刚（2011）：《范式转换与民主协商：争议性公共议题的媒介表达与社会参与》，《新闻与传播研究》，第 2 期，第 15—24 页。

陈刚（2014）：《"不确定性"的沟通："转基因论争"传播的议题竞争、话语秩序与媒介的知识再生产》，《新闻与传播研究》，第 7 期，第 17—34 页。

陈虹，高云微（2013）：《医患关系中的话语权重构》，《新闻与传播研究》，第 11 期，第 68—89 页。

陈梁，张志安（2018）：《中国公众对基因编辑技术的认知与态度研究报告》，中山大学广东省舆情大数据分析与仿真重点实验室。

陈玲，谷灿，廖淑梅（2015）：《医学女硕士研究生性行为现状及对人乳头瘤病毒感染的认知调查》，《医学综述》，第 13 期，第 2481—2483 页。

陈一欧，宝颖，马华峥，等（2018）：《基因编辑技术及其在中国的发展》，《遗传》，第 10 期，第 900—915 页。

程潇，刘与齐（2017）：《以平安好医生 APP 为例分析移动医疗 APP 的现状和未来发展趋势》，《中国医药导报》，第 26 期，第 157—160 页。

程萧潇，金兼斌（2019）：《公众对转基因技术的态度形成：基于文献的理论框架梳理》，《全球传媒学刊》，第 4 期，第 18—43 页。

褚建勋，纪娇娇，黄晟鹏（2016）：《微信公众平台的转基因新闻报道框架偏向性研究》，《情报科学》，第 11 期，第 140—145 页。

褚建勋，倪国香（2014）：《科学传播领域关于气候变化议题的研究现状分析——以 SSCI 期刊 Science Communication 为分析样本（2002—2013）》，《科普研究》，第 4 期，第 54—58 页。

崔波，马志浩（2013）：《人际传播对风险感知的影响：以转基因食品为个案》，《新闻与传播研究》，第 9 期，第 5—20 页。

戴烽，朱清（2018）：《自媒体环境下风险放大的信息机制研究——以 2016 山东疫苗事件为例》，《西南民族大学学报（人文社科版）》，第 6 期，第 149—153 页。

戴宏，徐治立（2010）：《文化价值观科学功能探讨——以清教伦理与儒家文化为例》，《科学学研究》，第 9 期，第 1290—1293 页，1301 页。

戴佳，曾繁旭，郭倩（2015）：《风险沟通中的专家依赖：以转基因技术报道为例》，《新闻与传播研究》，第 5 期，第 32—45 页。

戴佳，曾繁旭，黄硕（2014）：《环境阴影下的谣言传播：PX 事件的启示》，《中国地质大学学报（社会科学版）》，第 1 期，第 82—91 页。

戴佳，曾繁旭，黄硕（2015）：《核恐慌阴影下的风险传播——基于信任建设视角的分析》，《新闻记者》，第 4 期，第 54—61 页。

戴佳，曾繁旭，王宇琦（2014）：《官方与民间话语的交叠：党报核电议题报道的多媒体融合》，《国际新闻界》，第 5 期，第 104—119 页。

邓君，胡明乐（2019）：《基于用户感知的在线医疗社区信息服务质量影响因素研究》，《情报科学》，第 10 期，第 40—45 页。

刁连东，孙晓冬（2014）：《实用疫苗学》，上海：上海科学技术出版社。

杜建华（2012）：《风险传播悖论与平衡报道追求——基于媒介生态视角的考察》，《当代传播》，第 1 期，第 67—70 页。

范敬群，贾鹤鹏，艾熠，彭光芒（2014）：《转基因争议中媒体报道因素的影响评析——对 SSCI 数据库 21 年相关研究文献的系统分析》，《西南大学学报（社会科学版）》，第 4 期，第 133—141 页。

范敬群，贾鹤鹏，张峰，等（2013）：《争议科学话题在社交媒体的传播形态研究——以"黄金大米事件"的新浪微博为例》，《新闻与传播研究》，第 11 期，第 106—116 页。

方益昉，江晓原（2014）：《转基因主粮产业化争议的科学政治学分析》，《上海交通大学学报（哲学社会科学版）》，第 4 期，第 63—72 页。

付宇，桂勇，黄荣贵（2018）：《中国当代大学生民族主义思潮研究》，《社会学评论》，第 6 期，第 29—43 页。

富诗岚，余艳琴，徐慧芳，等（2018）：《中国大陆人群对人乳头瘤病毒预防性疫苗的认知和态度》，《中国肿瘤临床》，第 23 期，第 1220—1224 页。

古扎努尔·阿不都西库尔，阿依姑丽·司马义，古扎丽努尔·阿不力孜，等（2012）：《新疆和田地区维吾尔族男性对宫颈癌及 HPV 的认知程度的调查》，《中国妇幼保健》，第 8 期，第 1203—1205 页。

郭小平（2018）：《论"风险社会"环境传播的媒体功能》，《决策与信息》，第 7 期，第 34—37 页。

郭智卓（2014）：《新媒体环境下的健康传播研究》，《新闻世界》，第 4 期，第 159—164 页。

国家卫生健康委员会（2020）：《2019 年我国卫生健康事业发展统计公报》。

国家卫生健康委员会规划发展与信息化司（2020）：《2019 年卫生健康事业发展统计公报发布——2019 年人均预期寿命提高到 77.3 岁公立医院床位使用率上升 基层服务能力稳步提高》。

何光喜，赵延东，张文霞，等（2015）：《公众对转基因作物的接受度及其影响因素基于六城市调查数据的社会学分析》，《社会》，第 1 期，第 121—142 页。

洪大用，范叶超（2013）：《公众对气候变化认知和行为表现的国际比较》，《社会学评论》，第 4 期，第 3—15 页。

侯小妮，孙静（2015）：《北京市三甲医院门诊患者互联网健康信息查寻行为研究》，《图书情报工作》，第 20 期，第 126—131 页。

胡怡，张雪媚（2018）：《科学的缺位：新媒体环境下的中国气候传播——以在线视频分享网站为例》，《新闻大学》，第 1 期，第 73—80 页。

黄荷，赵方辉，谢瑶，等（2013）：《成都市大学生对 HPV 及 HPV 预防性疫苗的认知态度调查》，《现代预防医学》，第 16 期，第 3071—3073 页。

黄健民，徐之华（2005）：《气候变化与自然灾害》，北京：气象出版社。

黄康妮，大卫·鲍尔森（2015）：《地方环境记者的气候变化知识及其成因》，《国际新闻界》，第 6 期，第 110—127 页。

黄铃媚，刘大华，邓安纯（2012）：《"心理距离感"与台湾平面媒体之全球气候变迁论述策略》，《国际新闻界》，第 10 期，第 50—58 页。

黄仕和，封多佳（2012）：《疫苗安全性述评》，《中国执业药师》，第 9 期，第 21—24 页。

黄峥（2014）：《协商质量的指标化——商谈测量工具综述》，《北京航空航天大学学报（社会科学版）》，第 2 期，第 15—21 页。

纪娇娇，申帆，黄晟鹏，等（2015）：《基于语义网络分析的微信公众平台转基因议题研究》，《科普研究》，第 2 期，第 21—29 页。

纪莉，陈沛然（2016）：《论国际气候变化报道研究的发展与问题》，《全球传媒学刊》，第 4 期，第 51—57 页。

贾鹤鹏（2007）：《全球变暖、科学传播与公众参与——气候变化科技在中国的传播分析》,《科普研究》,第 3 期,第 39—45 页。

贾鹤鹏（2011）:《争议中的科学》,北京:科学普及出版社。

贾鹤鹏,范敬群（2016）:《知识与价值的博弈——公众质疑转基因的社会学与心理学因素分析》,《自然辩证法通讯》,第 2 期,第 7—13 页。

贾鹤鹏,范敬群,彭光芒（2014）:《从公众参与科学视角看微博对科学传播的挑战》,《科普研究》,第 2 期,第 10—17 页。

贾鹤鹏,范敬群,闫隽（2015）:《风险传播中知识、信任与价值的互动——以转基因争议为例》,《当代传播》,第 3 期,第 99—101 页。

贾鹤鹏,刘立,王大鹏,等（2015）:《科学传播的科学——科学传播研究的新阶段》,《科学学研究》,第 3 期,第 330—336 页。

贾鹤鹏,苗伟山（2015）:《公众参与科学模型与解决科技争议的原则》,《中国软科学》,第 5 期,第 58—66 页。

贾鹤鹏,闫隽（2017）:《科学传播的溯源、变革与中国机遇》,《新闻与传播研究》,第 2 期,第 64—75 页。

简臻锐（2020）:《大学生对中华优秀传统文化认同的结构与结果探析——基于北京市 9 所高校大学生的实证调查》,《中国青年社会科学》,第 5 期,第 75—80 页。

江晓原（2013）:《科学与政治:"全球变暖"争议及其复杂性》,《科学与社会》,第 2 期,第 38—45 页。

江晓原,刘兵（2005）:《什么是"公众理解科学"?》,《科技文萃》,第 4 期,第 8—9 页。

姜萍（2012）:《中国公众抵制转基因主粮商业化:三重缘由之探》,《自然辩证法通讯》,第 5 期,第 26—30 页。

蒋莉,龚婉祺（2015）:《公益广告的健康传播策略评估——以香港流感广告为例》,《国际新闻界》,第 37 期,第 21—22 页。

蒋晓丽,雷力（2010）:《中美环境新闻报道中的话语研究——以中美四家报纸"哥本哈根气候变化会议"的报道为例》,《西南民族大学学报（人文社会科学版）》,第 4 期,第 197—200 页。

焦郑珊（2017）:《当代语境下的科学传播研究》,《自然辩证法研究》,第 10 期,第 68—72 页。

金兼斌（2018）:《科学传播:争议性科技的社会认知及其改变》,北京:清华大学出版社。

金兼斌，楚亚杰（2015）：《科学素养、媒介使用、社会网络：理解公众对科学家的社会信任》，《全球传媒学刊》，第 2 期，第 65—80 页。

靳明，靳涛，赵昶（2013）：《从黄金大米事件剖析指桑骂槐式的公众情绪——基于新浪微博的内容分析》，《浙江社会科学》，第 6 期，第 91—98 页。

靳一（2006）：《中国大众媒介公信力影响因素分析》，《国际新闻界》，第 9 期，第 57—61 页。

靳玥，张静文，高梅雪（2017）：《公众对疫苗安全认知现状调查——以阜新市为例》，《才智》，第 31 期，第 225—226 页。

康亚杰，彭光芒（2016）：《转基因话题微博谣言传播的"回声室效应"》，《新闻世界》，第 4 期，第 48—53 页。

赖泽栋，卓丽婕（2016）：《公众环境风险认知偏差与风险传播行为间关系研究》，《市场周刊：理论研究》，第 12 期，第 5—6 页。

李红锋（2008）：《风险认知研究方法述评》，《安庆师范学院学报（社会科学版）》，第 1 期，第 18—22 页。

李红霞，张文增，陈东妮，等（2016）：《北京市顺义区 5 岁以下婴幼儿家长手足口病认知情况与 ev71 疫苗接种意愿调查》，《公共卫生与预防医学》，第 5 期，第 25—28 页。

李杰，王雪可，刘力宾，等（2020）：《医保欺诈事件舆情传播的情感焦点与情感倾向演化研究——基于舆情客体视角》，《情报科学》，第 4 期，第 77—82 页。

李静（2019）：《谁的责任：中国媒体气候变化的责任归属话语研究——基于〈人民日报〉和〈南方都市报〉（2010——2018）的气候报道分析》，《中国地质大学学报（社会科学版）》，第 5 期，第 116—125 页。

李文竹（2016）：《风险认知视域下中国公众水资源认知状况与传播策略研究》，《中国水利》，第 11 期，第 25—29 页。

李晓丹，张增一（2017）：《对中国报纸关于"气候门"事件的报道的话语分析》，《科学与社会》，第 1 期，第 95—107 页。

李晓丹，张增一（2018）：《对中国报纸关于"巴黎会议"报道的话语分析》，《自然辩证法研究》，第 4 期，第 84—89 页。

李醒民（2019）：《基因技性科学与伦理》，《山东科技大学学报（社会科学版）》，第 2 期，第 1—20 页。

李正伟，刘兵（2003）：《公众理解科学的理论研究：约翰·杜兰特的缺失模型》，《科学对社会的影响》，第 3 期，第 12—15 页。

李子甜（2017）：《青年群体的媒介曝露、争议性感知与第三人效果——以转基因食品议题为例》，《东南传播》，第 5 期，第 25—30 页。

梁德学（2012）：《科学传播中"公共领域"的建构与维持》，《新闻界》，第 11 期，第 16—19 页。

梁普平，黄军就（2016）：《推开人类胚胎基因研究的神秘大门》，《生命科学》，第 4 期，第 420—426 页。

廖海涵，王曰芬，关鹏（2018）：《微博舆情传播周期中不同传播者的主题挖掘与观点识别》，《图书情报工作》，第 19 期，第 77—85 页。

廖中举（2015）：《个体风险感知研究：内涵、测量范式、影响因素及其作用机制》，《人类工效学》，第 5 期，第 80—83 页。

林声，郭翔，李加，等（2015）：《上海市老年人肺炎疫苗接种意愿及影响因素分析》，《中华疾病控制杂志》，第 10 期，第 975—978 页。

林芸（2016）：《中美主流报纸中的隐喻和环境形象构建——以气候大会期间对"全球变暖"议题的报道为例》，《中国报业》，第 8 期，第 42—45 页。

刘兵，侯强（2004）：《国内科学传播研究：理论与问题》，《自然辩证法研究》，第 5 期，第 80—85 页。

刘华（2016）：《传统主流媒体公信力下降的主要表现、原因与对策》，《新闻知识》，第 2 期，第 30—32 页。

刘华杰（2009）：《科学传播的三种模型与三个阶段》，《科普研究》，第 2 期，第 10—18 页。

刘金平，周广亚，黄宏强（2006）：《风险认知的结构、因素及其研究方法》，《心理科学》，第 2 期，第 370—372 页。

刘婧（2007）：《技术风险认知影响因素探析》，《科学管理研究》，第 4 期，第 56—60 页。

刘维公（2001）：《第二现代理论：介绍贝克与季登斯的现代性分析》，顾忠华主编，《第二现代：风险社会的出路》，台湾：巨流图书公司。

刘岩（2008）：《风险社会理论新探》，北京：中国社会科学出版社。

刘伊倩（2015）:《PX 项目的科技传播困境》,《科技传播》, 第 11 期, 第 26—27 页。

刘志明, 刘鲁（2011）:《微博网络舆情中的意见领袖识别及分析》,《系统工程》, 第 6 期, 第 8—16 页。

龙强, 吴飞（2016）:《社会理性、日常抵抗与反专家话语——当代中国科学传播失灵及其调适》,《当代传播》, 第 5 期, 第 48—50 页。

陆晔（2010）:《媒介使用、社会凝聚力和国家认同——理论关系的经验检视》,《新闻大学》, 第 2 期, 第 14—22 页。

陆晔（2012）:《媒介使用、媒介评价、社会交往与中国社会思潮的三种意见趋势》,《新闻大学》, 第 6 期, 第 63—72 页。

［美］罗伯特·金·默顿（2000）:《十七世纪英格兰的科学、技术与社会》, 范岱年等译, 北京: 商务印书馆。

［美］罗伯特·金·默顿（2003）:《科学社会学》, 鲁旭东, 林聚任等译, 北京: 商务印书馆。

［美］罗伯特·金·默顿（2006）:《社会理论和社会结构》, 唐少杰, 齐心等译, 南京: 译林出版社。

［美］罗伯特·考克斯（2016）:《假如自然不沉默: 环境传播与公共领域》（第 3 版）, 纪莉译, 北京: 北京大学出版社。

吕澜, 马丹（2012）:《公众对生物技术应用的风险认知与接纳》,《中国软科学》, 第 6 期, 第 59—67 页。

吕小康, 刘洪志, 付春野（2020）:《医疗信息的风险感知》,《心理科学进展》, 第 8 期, 第 1307—1324 页。

马得勇, 陆屹洲（2019）:《信息接触、维权人格、意识形态与网络民族主义——中国网民政治态度形成机制分析》,《清华大学学报（哲学社会科学版）》, 第 3 期, 第 180—192 页。

马得勇, 王丽娜（2015）:《中国网民的意识形态立场及其形成: 一个实证的分析》,《社会》, 第 5 期, 第 142—167 页。

马得勇, 张志原（2017）:《公共舆论的同质化及其心理根源——基于网民调查的实证分析》,《清华大学学报（哲学社会科学版）》, 第 4 期, 第 174—190 页。

马广军, 尤可可（2020）:《网络媒体传播的"情感化"转向》,《青年记者》, 第

5 期，第 19—20 页。

　　［德］马克斯·舍勒（2012）:《知识社会学问题》［1924］，艾彦译，南京：译林出版社。

　　马小川，王建光（2017）:《人类胚胎基因编辑技术的伦理剖析》，《南京医科大学学报（社会科学版）》，第 3 期，第 218—222 页。

　　马筱玲，樊嘉禄，陈飞虎（2007）:《"泗县甲肝疫苗事件"的启示》，《医学与哲学》，第 3 期，第 56—57 页。

　　梅茂冬（2016）:《江苏省滨海县幼儿家长对手足口病疫苗的可接受性及其影响因素分析》，《现代医学》，第 1 期，第 47—51 页。

　　牛草草，单怡凡，王亚，等（2019）:《大学生转基因食品认知、态度和行为的调查研究——以豫北某地区为例》，《现代食品》，第 1 期，第 189—196 页。

　　［英］诺曼·费尔克拉夫（2003）:《话语与社会变迁》，殷晓蓉译，北京：华夏出版社。

　　欧阳锋，黄旭东（2012）:《科学知识社会学对科学规范的阐释》，《科学与社会》，第 2 期，第 51—60 页。

　　潘霁，刘晖（2014）:《公共空间还是减压阀？"北大雕像戴口罩"微博讨论中的归因、冲突与情感表达》，《国际新闻界》，第 11 期，第 19—33 页。

　　潘金仁，周洋，邓璇，等（2016）:《2013 年媒体报道的乙型肝炎疫苗事件一年后影响调查》，《中国疫苗和免疫》，第 2 期，第 214—220 页。

　　庞万红，赵勋（2017）:《从两部科学传播经典文献看争议性科学议题的报道》，《文化与传播》，第 6 期，第 57—61 页。

　　裴宜理（2006）:《"告别革命"与中国政治研究》，刘平译，《思与言》，第 3 期，第 231—291 页。

　　彭华新（2021）:《科学家在"新冠疫情"议题中的社交媒体参与和权力博弈》，《现代传播（中国传媒大学学报）》，第 2 期，第 141—146 页。

　　钱振华，杨甲璞，刘文霞（2016）:《公众理解科学视角下科学传播主体社会责任研究——基于〈人民日报〉、〈南方周末〉关于转基因报道的实证分析》，《北京科技大学学报（社会科学版）》，第 4 期，第 92—103 页。

　　秦昕，牛丛，黄振雷，等（2011）:《甲流了解程度、疫苗安全感知、接种行为及其影响机制》，《心理学报》，第 6 期，第 684—695 页。

邱鸿峰（2017）：《环境风险社会放大的传播治理》，北京：中国社会科学出版社。

邱仁宗（2009）：《生命伦理学》，北京：中国人民大学出版社。

邱仁宗（2015）：《农业伦理学的兴起》，《伦理学研究》，第 1 期，第 86—92 页。

全燕（2016）：《虚假平衡与风险的社会放大：来自弗格森事件的启示》，《湖南师范大学社会科学学报》，第 5 期，第 146—154 页。

芮必峰，董晨晨（2014）：《舆论环境的变化与舆论引导的困境——以"转基因问题"为例》，《新闻界》，第 11 期，第 30—33 页。

［英］上议院科学技术特别委员会（2004）：《科学与社会》，张卜天，张东林译，北京：北京理工大学出版社。

时勘，范红霞，贾建民，等（2003）：《我国民众对 SARS 信息的风险认知及心理行为》，《心理学报》，第 4 期，第 546—554 页。

宋昕月（2017）：《基于网络媒体的公众参与科学传播模型》，《今传媒》，第 7 期，第 53—55 页。

宋子良（1989）：《理论科技史》，武汉：湖北科学技术出版社。

苏春艳（2015）：《当"患者"成为"行动者"：新媒体时代的医患互动研究》，《国际新闻界》，第 11 期，第 48—54 页。

苏婧（2017）：《媒介化现实与科学的危机——疫苗接种与媒体报道国内外研究综述》，《全球传媒学刊》，第 4 期，第 104—123 页。

［美］苏珊娜·普莱斯特（2019）：《气候变化与传播：媒体、科学家与公众的应对策略》，高芳芳译，杭州：浙江大学出版社。

孙秋芬，周理乾（2018）：《走向有效的公众参与科学——论科学传播"民主模型"的困境与知识分工的解决方案》，《科学学研究》，第 1 期，第 1921—1927 页。

唐冰寒，夏佳莉（2017）：《自然灾害风险认知及灾害风险信息传播路径分析》，《艺术科技》，第 6 期，第 17 页。

唐雪梅，赖胜强（2020）：《网络辟谣信息如何影响受众的感知可信度——信息介入度的调节效应》，《国际新闻界》，第 8 期，第 27—48 页。

陶应时，王国豫，毛新志（2018）：《人类胚胎基因编辑技术的潜在风险述介》，《自然辩证法研究》，第 6 期，第 69—74 页。

汪凯，凌子敏（2020）：《科学传播中的文化阻滞："养生文化"与民间"反转基因"话语之建构》,《未来传播》, 第 2 期, 第 23—29 页。

汪新建, 张慧娟, 武迪, 等 (2017):《文化对个体风险感知的影响: 文化认知理论的解释》,《心理科学进展》, 第 8 期, 第 1251—1260 页。

王彬彬 (2014):《公众参与应对气候变化, 让数据发声》,《世界环境》, 第 1 期, 第 34—37 页。

王超, 郭娜, 肖小虹 (2020):《中国特色社会主义文化工作: 发展历程与演进趋势——基于 1949—2019 年国务院政府工作报告的内容分析》,《河南师范大学学报 (哲学社会科学版)》, 第 4 期, 第 8—13 页。

王大鹏 (2016):《从科学家与公众互动的视角破解转基因科普困境》,《科技传播》, 第 22 期, 第 91—93 页。

王大鹏, 贾鹤鹏, 吴欧, 等 (2018):《网络自媒体时代的科学传播新动能——以 "网红" 科学家为例》,《新闻记者》, 第 10 期, 第 47—56 页。

王大鹏, 李红林 (2014):《科学传播领域三大国际会议的研究及其启示》,《科学文化评论》, 第 24 期, 第 114—123 页。

王大鹏, 钟琦, 贾鹤鹏 (2015):《科学传播: 从科普到公众参与科学——由崔永元卢大儒转基因辩论引发的思考》,《新闻记者》, 第 6 期, 第 8—15 页。

王甫勤 (2010):《风险社会与当前中国民众的风险认知研究》,《上海行政学院学报》, 第 2 期, 第 83—91 页。

王国燕, 岳朦朦 (2018):《管窥科学传播的十年国际研究趋势婵变——基于 SSCI 期刊 Science Communication 2008—2017 年文献分析》,《科普研究》, 第 5 期, 第 5—11 页。

王海明 (2013):《风险社会中政府公信与政府治理》,《观察与思考》, 第 4 期, 第 5—7 页。

王佳 (2016):《区域主流媒体传统文化传播实证研究——以〈河南日报〉为例》,《新闻知识》, 第 5 期, 第 16—18 页。

王晶, 罗凤基, 马建新, 等 (2015):《北京市朝阳区妇儿医院孕妇流行性感冒疫苗接种意愿的影响因素分析》,《中国疫苗和免疫》, 第 4 期, 第 422—427 页。

王康 (2017):《人类基因编辑多维风险的法律规制》,《求索》, 第 11 期, 第 98—107 页。

王玲宁 (2018):《自媒体科学传播对大学生科学素养影响的实证研究——以转

基因传播为例》，《新闻大学》，第 5 期，77—83 页。

王玲宁，陈昕卓（2017）：《自媒体科学传播内容与媒体显著性之研究——以微信公众号"果壳网"为例》，《新闻大学》，第 5 期，第 68—76 页。

王秋菊，刘杰（2017）：《微博评论的本体、主体及传播方式特点分析》，《编辑之友》，第 9 期，第 59—62 页。

王若佳，张璐，王继民（2019）：《基于扎根理论的在线问诊用户满意度影响因素研究》，《情报理论与实践》，第 10 期，第 117—123 页，

王绍光（2004）：《民族主义与民主》，《公共管理评论》，第 1 期，第 83—99 页。

王首程（2013）：《情绪记忆与娱乐本性对微博表达的影响—— 一项关于微博评论的个案分析》，《广州大学学报（社会科学版）》，第 10 期，第 32—36 页。

王艳玲，孙卫华，唐淑倩（2013）：《网络论坛：一种全民的民主政治参与新形式》，《新闻与传播研究》，第 6 期，第 88—127 页。

王寅（2012）：《〈人民日报〉和〈朝日新闻〉气候变化科学类报道新闻框架分析》，《科普研究》，第 2 期，第 42—50 页。

王宇琦，曾繁旭（2015）：《谣言澄清与民众赋权——社会化媒体在风险沟通中的角色担当》，《当代传播》，第 2 期，第 14—18 页。

王兆仑（2020）：《互联网医疗信息信任生态问题研究》，《信息资源管理学报》，第 3 期，第 102—109 页。

王钟秀，董文杰（2016）：《中国公众对气候变化的认知》，《北京师范大学学报（自然科学版）》，第 6 期，第 714—721 页。

［德］乌尔里希·贝克（2002）：《风险社会再思考》，郗卫东编译，《马克思主义与现实》，第 4 期，第 47 页。

［德］乌尔里希·贝克（2004）：《风险社会》，何博闻译，南京：译林出版社。

［德］乌尔里希·贝克（2004）：《世界风险社会》，吴英，孙淑敏译，南京大学出版社。

［德］乌尔里希·贝克（2009）：《气候变化：如何创造一种绿色现代性》，温敏译，《马克思主义与现实》，第 5 期，第 191—195 页。

吴国盛（2016）：《当代中国的科学传播》，《自然辩证法通讯》，第 2 期，第 1—6 页。

吴林海，吕煜昕，吴治海（2015）：《基于网络舆情视角的我国转基因食品安全

问题分析》，《情报杂志》，第 4 期，第 85—90 页。

吴彤，徐建华（2016）：《基于内容分析法的气候变化报道国际比较》，《北京大学学报（自然科学版）》，第 2 期，第 327—335 页。

吴文汐，王卿（2017）：《失衡的镜像：网络视频中争议性科技的媒介框架——以优酷热门转基因视频为例》，《新闻界》，第 2 期，第 59—66 页。

［英］谢尔顿·克里姆斯基，多米尼克·戈尔丁（2005）：《风险的社会理论学说》，徐元玲等编译，北京：北京出版社。

谢晓非（2003）：《技术风险认知影响因素探析》，《科学管理研究》，第 4 期，第 56—60 页。

谢晓非，李洁，于清源（2008）：《怎样会让我们感觉更危险——风险沟通渠道分析》，《心理学报》，第 4 期，第 456—465 页。

谢晓非，徐联仓（2002）：《公众风险认知调查》，《心理科学》，第 6 期，第 723—724 页。

谢晓非，郑蕊（2003）：《风险沟通与公众理性》，《心理科学进展》，第 4 期，第 375—381 页。

谢耘耕，荣婷（2011）：《微博舆论生成演变机制和舆论引导策略》，《现代传播》，第 5 期，第 70—73 页。

新浪科技（2018 年 5 月）：《微博月活跃用户突破 4 亿》。

熊慧（2014）：《新民族主义媒体话语的社会历史分析：1990—2008》，《传播与社会学刊》（香港），第 2 期，第 121—149 页。

胥琳佳，刘佳莹（2018）：《我国公众关于转基因技术与食品添加剂的态度——基于社会文化因素的影响》，《自然辩证法通讯》，第 9 期，第 87—95 页。

徐顽强，张红方（2011）：《科学普及与社会热点事件的效应扩散》，《武汉理工大学学报（社会科学版）》，第 6 期，第 806—809 页。

徐旭（2018）：《技术风险认知主体的心理动力机制分析》，《自然辩证法研究》，第 4 期，第 30—34 页。

许丽丽，陈艳，陈征宇，等（2021）：《疫苗的发展与创新：从天花疫苗到新型冠状病毒疫苗》，《医药导报》，第 7 期，第 876—881 页。

闫岩，邹文雪（2018）：《群像与独像：新世纪以来我国特大事故报道中的受难者形象》，《国际新闻界》，第 6 期，第 138—161 页。

严俊（2010）：从"气候门"事件看美国媒体的虚假平衡报道，《新闻记者》，第7期，第64—68页。

杨波，王军，郭钜旋，等（2017）：《Ev71疫苗接种意愿与接种行为差异分析》，《中国公共卫生》，第6期，第861—866页。

杨柳（2015）：《天涯论坛网络公共话语表达的分析——以"方崔"转基因论战为例》，《东南传播》，第6期，第79—82页。

杨舒（2010）：《场域理论视野下的山西问题疫苗事件——"政治场"与"新闻场"的博弈》，《新闻世界》，第11期，第30—31页。

杨惟任（2015）：《气候变化、政治与国际关系》，台北：五南图书出版股份有限公司。

杨小丽，封欣蔚（2016）：《我国移动医疗服务发展的问题与对策分析》，《医学与哲学》，第9期，第1—4页。

姚从容（2011）：《气候变化与全球变暖：基于人口经济学的文献研究述评》，《人口与发展》，第2期，第107—112页。

姚慧临，王瑞平，龙云，等（2016）：《上海松江区儿童家长对手足口病疫苗接种意愿的电话调查》，第2期，第274—277页。

英国皇家学会（2004）：《公众理解科学》，唐英英译，北京：北京理工大学出版社。

雍莉（2016）：《关于"雾霾报道"的新闻图片特征分析》，《新闻研究导刊》，第1期，第46—47页。

［德］尤尔根·哈贝马斯（1999）：《关于公共领域的问答》，梁光严译，《社会学研究》，第3期，第37—38页。

［德］尤尔根·哈贝马斯（1999）：《公共领域的结构转型》，上海：学林出版社。

［德］尤尔根·哈贝马斯（2004）：《交往行动理论》（第一卷《行为合理性与社会合理性》），曹卫东译，上海：人民出版社。

［德］尤尔根·哈贝马斯（2005）：《公共领域》，北京：三联书店。

游淳惠，金兼斌（2020）：《新媒体环境下科学知识对争议性科技态度的影响——以转基因为例》，《国际新闻界》，第5期，第81—98页。

余红，张雯（2017）：《媒体报道如何影响风险感知：以环境风险为例》，《新闻大学》，第6期，第113—124页。

余慧，刘合潇（2014）：《媒体信任是否影响我们对转基因食品问题的态度——基于中国网络社会心态调查（2014）的数据》，《新闻大学》，第 6 期，第 89—95 页。

余文周，李放军，张振国，等（2014）：《2013 年媒体报道乙型肝炎疫苗事件后部分省儿童家长对预防接种信任度的调查分析》，《中国疫苗和免疫》，第 3 期，第 233—236 页。

喻国明，杨雅，陈雪娇（2021）：《平台视域下全国居民疫苗接种的认知、意愿及影响要素——基于五大互联网平台的舆情大数据分析》，《新闻界》，第 7 期，第 64—72 页。

袁海军（2013）：《建构论、知识的弹性与环境争议中的公共参与——以宁波市镇海区的 PX 项目事件为例》，《哈尔滨工业大学学报（社会科学版）》，第 5 期，第 128—133 页。

［英］约翰·贝尔纳（2003）：《科学的社会功能》，陈体芳译，广西：广西师范大学出版社。

［英］约翰·费斯克（2001）：《理解大众文化》，王晓珏、宋伟杰译，北京：中央编译出版社。

曾繁旭，戴佳，王宇琦（2014）：《媒介运用与环境抗争的政治机会：以反核事件为例》，《中国地质大学学报（社会科学版）》，第 4 期，第 116—126 页。

曾繁旭，戴佳，王宇琦（2015）：《技术风险 VS 感知风险：传播过程与风险社会放大》，《现代传播》，第 3 期，第 40—46 页。

翟杰全（2002）：《让科技跨越时空———科技传播与科技传播学》，北京：北京理工大学出版社。

詹骞（2013）：《我国网络媒体可信度测评研究》，《现代传播（中国传媒大学学报）》，第 2 期，第 109—115 页。

张爱军，孙玉寻（2020）：《社交媒体时代"后政治心理"的特征、风险与优化》，《现代传播（中国传媒大学学报）》，第 12 期，第 68—73 页。

张迪，童桐，施真（2021）：《新媒体环境下科学事件的解读特征与情绪表达——基于新浪微博"基因编辑婴儿"文本的框架研究》，《国际新闻界》，第 3 期，第 107—122 页。

张杭杰，丁林玲，潘雪娇，等（2021）：《浙江省医疗卫生人员新型冠状病毒疫苗接种意愿和影响因素调查》，《中国疫苗和免疫》，第 2 期，第 17—24 页。

张洁，张加仪，庞敏慧，等（2018）：《广州市大学生 HPV 疫苗的接种意愿及影响因素分析》，《中华疾病控制杂志》，第 9 期，第 99—101 页。

张思璇（2020）：《转基因食品安全争议下的受众心理及其原因分析》，《科技传播》，第 19 期，第 15—19 页。

张晓宇，唐蔚，李劲松（2018）：《CRISPR/Cas9 系统应用于早期胚胎编辑和基因治疗》，《生命科学》，第 9 期，第 916—925 页。

张新庆（2016）：《CRISPR—Cas 技术临床研究之风险—收益分析及治理》，《科学与社会》，第 3 期，第 12—21 页。

赵林欢（2014）：《人民网茂名 PX 事件报道研究》，《科技传播》，第 20 期，第 127—129 页。

郑满宁（2014）：《缺位与重构：新媒体在健康传播中的作用机制研究——以北京、合肥两地的居民健康素养调查为例》，《新闻记者》，第 9 期，第 78—84 页。

郑梦雨（2017）：《中国新闻奖新闻摄影获奖作品的视觉框架分析——以突发性新闻摄影获奖作品为例》，《新闻研究导刊》，第 23 期，第 76—77 页。

郑素侠（2017）：《中国网民的民族主义及其影响因素：一个媒介使用的视角》，《国际新闻界》，第 12 期，第 138—153 页。

中共中央文献研究室（2016）：《习近平关于科技创新论述摘编》，北京：中央文献出版社。

中国互联网络信息中心（CNNIC）（2017 年 8 月）：第 40 次《中国互联网络发展状况统计报告》。

中国互联网络信息中心（CNNIC）（2020 年 9 月）：第 46 次《中国互联网络发展状况统计报告》。

中国互联网络信息中心（CNNIC）（2021 年 2 月）：第 47 次《中国互联网络发展状况统计报告》。

中国气象局气候变化中心（2018 年 4 月）：《中国气候变化蓝皮书》。

周桂田（2005）：《知识、科学与不确定性——专家与科技系统的"无知"如何建构风险》，《政治与社会哲学评论》，第 13 期，第 131—180 页。

周敏（2014）：《阐释·流动·想象：风险社会下的信息流动与传播管理》，北京：北京大学出版社。

周强，董海军（2010）：《道德文化传统理念的网络践行——对 350 条网络帖子的内容分析》,《中国青年研究》, 第 12 期, 第 54—57 页。

周祖木(2003):《当前对免疫接种的争议:疫苗安全性》,《国外医学(预防、诊断、治疗用生物制品分册)》, 第 6 期, 第 259—261 页。

朱道文(2002):《蚌埠市农村人群乙型肝炎疫苗接种影响因素研究》,《安徽预防医学杂志》, 第 4 期, 第 215—217 页。

朱徐, 张兴录, 王莉霞(2000):《1999 年全国儿童计划免疫与乙型肝炎疫苗接种率及影响因素调查分析》,《中国免疫计划》, 第 4 期, 第 193—197 页。

Ahteensuu, M. (2012). Assumptions of the deficit model type of thinking: Ignorance, attitudes, and science communication in the debate on genetic engineering in agriculture. *Journal of Agricultural and Environmental Ethics, 25*(3), 295-313.

Ajzen, I. (1991). The Theory of Planned Behavior.*Organizational Behavior and Human Decision Processes, 50*(2), 179-211.

Albano, L., Matuozzo, A., Marinelli, P., et al. (2014). Knowledge, attitudes and behaviour of hospital health-care workers regarding influenza A/H1N1: A cross sectional survey. *BMC Infectious Diseases, 14*(1), 1-13.

Almond, G. A., Verba, S. (1963). *The Civic Culture: Political Attitudes and Democracy in Five Nations*. Princeton, NJ: Princeton University Press.

American Association of Physics Teachers (1999). What is science? *American Journal of Physics, 67*(8), 659.

Aoyagi, M., Boykoff, M., Chandler, P., et al. (2023). Asian Newspaper Coverage of Climate Change or Global Warming, 2004-2023. Media and Climate Change Observatory Data Sets. Cooperative Institute for Research in Environmental Sciences, University of Colorado.

Árnason, V. (2013). Scientific citizenship in a democratic society. *Public Understanding of Science, 22*(2), 927-940.

Augoustinos, M., Crabb, S., Shepherd, R. (2010). Genetically modified food in the news: media representations of the GM debate in the UK. *Public Understanding of Science, 19*(1), 98-114.

Bächtiger, A., Niemeyer, S., Neblo, M., et al. (2009). Disentangling diversity in deliberative democracy: Competing theories, their blind spots and complementarities. *The Journal of Political Philosophy, 18*(1), 32-63.

Bächtiger, A., Shikano, S., Pedrini, S., et al. (2009). *Measuring deliberation 2.0: Standards, discourse types, and sequenzialization.* Paper presented at 5th ECPR General Conference 2009, Potsdam, Germany.

Bakshi, R. K., Kaur, N., Kaur, R., et al. (2016). *Opinion mining and sentiment analysis.* IEEE International Conference on Computing for Sustainable Global Development (INDIACom).

Bandura, A. (1977). *Social Learning Theory.* New York: General Learning Press.

Barbagallo, F., Nelson, J. (2005). Reporting: UK GM dialogue: Separating social and scientific issues. *Science Communication, 26*(3), 318-325.

Barger, B., Nabi, R., Hong, L. Y. (2010). Standard back-translation procedures may not capture proper emotion concepts: A case study of Chinese disgust terms. *Emotion, 10*(5), 703-711.

Barnes, B. (1982). On the extensions of concepts and the growth of knowledge. *The Sociological Review, 30*(1), 23-44.

Baron, J., Spranca, M. (1997). Protected values.*Organizational Behavior and Human Decision Processes, 70*(1), 1-16.

Bates, B. R., Lynch, J. A., Bevan, J. L., et al. (2005). Warranted concerns, warranted outlooks: A focus group study of public understandings of genetic research. *Social Science & Medicine, 60*(2), 331-344.

Baxter, J. (2009). A quantitative assessment of the insider/outsider dimension of the cultural theory of risk and place. *Journal of Risk Research, 12*(6), 771-791.

Baxter, J., Lee, D. (2004). Understanding expressed low concern and latent concern near a hazardous waste treatment facility.*Journal of Risk Research, 7*(7-8), 705-729.

Beck, U., Giddens, A., Lash, S. (1994). *Reflexive Modernization: Politics, Tradition and Aesthetics in the Modern Social Order.* Cambridge, MA: Polity Press.

Bell, A. (1994). Climate of opinion: Public and media discourse on the global environment. *Discourse & Society, 5*(1), 33-64.

Benjamin, M. W. (2019). Autism narratives in media coverage of the MMR vaccine autism controversy under a crip futurism framework. *Health Communication, 34*(9), 984-990.

Berube, D.M., Faber, B., Scheufele, D.A., et al. (2010). *Communicating Risk in the 21st Century: The Case of Nanotechnology.* National Nanotechnology Coordination Office,

Arlington, VA.

Bickerstaff, K., Lorenzoni, I., Pidgeon, N. F., et al. (2008). Reframing nuclear power in the UK energy debate: Nuclear power, climate change mitigation and radioactive waste. *Public Understanding of Science, 17*(2), 145-169.

Binder, A. R., Cacciatore, M. A., Scheufele, D. A., et al. (2011). Measuring risk/benefit perceptions of emerging technologies and their potential impact on communication of public opinion toward science. *Public Understanding of Science, 21*(7), 830-847.

Blancke, S., Van Breusegem, F., De Jaeger, G., et al. (2015). Fatal attraction: the intuitive appeal of GMO opposition. *Trends in Plant Science, 20*(7), 414-418.

Bloor, D. (1991).*Knowledge and Social Imagery* (2nd Edition). Chicago: University of Chicago Press.

Bonney, R, Phillips, T, Ballard, H, et al. (2016). Can citizen science enhance public understanding of science? *Public Understanding of Science, 25*(1), 2-16.

Bonny, S. (2003). Why are most Europeans opposed to GMOs? Factors explaining rejection in France and Europe. *Electronic Journal of Biotechnology, 6*(1), 7-8.

Boykoff, M., Aoyagi, M., Ballantyne, A.G., et al. (2023). *World Newspaper Coverage of Climate Change or Global Warming, 2004-2023*. Media and Climate Change Observatory Data Sets. Cooperative Institute for Research in Environmental Sciences, University of Colorado.

Boykoff, M., Bruns, C., Daly, M., et al. (2023). *United States Newspaper Coverage of Climate Change or Global Warming, 2000-2023*. Media and Climate Change Observatory Data Sets. Cooperative Institute for Research in Environmental Sciences, University of Colorado.

Boykoff, M. T. , Boykoff, J. M. (2004). Balance as bias: Global warming and the U.S. prestige press. *Global Environmental Change, 14*(2), 125-136.

Brabin, L., Roberts, S. A., Farzaneh, F., et al. (2006). Future acceptance of adolescent human papillomavirus vaccination: A survey of parental attitudes. *Vaccine, 24*(16), 3087-3094.

Bradley, M. M., Codispoti, M., Cuthbert, B. N., et al. (2001). Emotion and motivation I: Defensive and appetitive reactions in picture processing. *Emotion, 1*(3), 276-298.

Braun, V., Clarke, V. (2006). Using thematic analysis in psychology. *Qualitative Research in Psychology*, *3*(2), 77-101.

Brenot, J., Bonnefous, S., Marris, C. (1998). Testing the cultural theory of risk in France. *Risk Analysis, 18*(6), 729-739.

Brewer, N. T., Chapman, G. B., Gibbons, F. X., et al. (2007). Meta-analysis of the relationship between risk perception and health behavior: The example of vaccination. *Health Psychology, 26*(2), 136-145.

Brossard, D., Shanahan, J., McComas, K.(2004). Are issue-cycles culturally constructed? A comparison of French and American coverage of global climate change. *Mass Commununication and Society, 7*(3), 359-377.

Burns, T. W., O'Connor, D. J., Stocklmayer, S. M. (2003). Science communication: A contemporary definition. *Public Understanding of Science, 12*(2), 183-202.

Caburnay, C. A., Kreuter, M. W., Luke, D. A., et al. (2003). The news on health behavior: Coverage of diet, activity, and tobacco in local newspapers. *Health Education and Behavior, 30*(6), 709–722.

Cacciatore, M. A., Anderson, A. A., Choi, D. H., et al. (2012). Coverage of emerging technologies: a comparison between print and online media. *New Media & Society, 14*(6), 1039-1059.

Carrada, G.(2006). *A Scientist's Survival Kit-Communicating Science.* European Commission.

Carvalho, A. (2007). Ideological cultures and media discourses on scientific knowledge: Re-reading news on climate change. *Public Understanding of Science, 16*(2), 223-243.

Catalan-Matamoros, D., Santamaria-Ochoa, C., Peñafiel-Saiz, C. (2019). Message analyses about vaccines in the print press, television and radio: Characteristics and gaps in previous research. *Journal of Communication in Healthcare, 12*(2), 86-101.

Ceccarelli, L. (2011). Manufactured scientific controversy: Science, rhetoric, and public debate. *Rhetoric & Public Affairs, 14*(2), 195-228.

Cerutti, F. (2010). Defining risk, motivating responsibility and rethinking global warming. *Science and Engineering Ethics, 16*(3), 489-499.

Chang, J. J., Kim, S. H., Shim, J. C., et al. (2016). Who is responsible for climate change? Attribution of responsibility, news media, and South Koreans' perceived risk of climate change. *Mass Communication & Society, 19*(5), 566-584.

Chapman, H. A., Anderson, A. K. (2013). Things rank and gross in nature: A review and synthesis of moral disgust. *Psychological Bulletin, 139*(2), 300-327.

Chen, L., Ling, Q., Cao, T., et al. (2020). Mislabeled, fragmented, and conspiracy-driven:

a content analysis of the social media discourse about the HPV vaccine in China. *Asian Journal of Communication, 30*(6), 450-469.

Chen, R. T., Rastogi, S. C., Mullen, J. R., et al. (1994). The vaccine adverse event reporting system (VAERS). *Vaccine, 12*(6), 542-550.

Chilvers, J. (2008). Environmental risk, uncertainty, and participation: Mapping an emergent epistemic community. *Environment and Planning A: Economy and Space, 40*(12), 2990-3008.

Chilvers, J. (2013). Reflexive engagement? Actors, learning, and reflexivity in public dialogue on science and technology. *Science Communication, 35*(3), 283-310.

Chu, G. C., Ju, Y. (1993). *The Great Wall in Ruins: Communication and Cultural Change in China.* Albany: State University of New York Press.

Chung, W., He, S., Zeng, D. D., et al. (2015). Emotion extraction and entrainment in social media: The case of US immigration and border security. *IEEE Intelligence and Security Informatics, 3*(1), 10.

Clarke, C. E., Dixon, G. N., Holton, A., et al. (2015). Including "Evidentiary balance" in news media coverage of vaccine risk. *Health Communication, 30*(5), 461-472.

Clifford, S., Wendell, D. G. (2016). How disgust influences health purity attitudes. *Political Behavior, 38*(1), 155-178.

Cline, R. J., Haynes, K. M. (2001). Consumer health information seeking on the Internet: The state of the art. *Health Education Research, 16*(6), 671-692.

Cobb, M. D., Macoubrie, J. (2004). Public perceptions about nanotechnology: Risks, benefits and trust. *Journal of Nanoparticle Research, 6*(4), 395-405.

Coleman, C. L. (1993). The influence of mass media and interpersonal communication on societal and personal risk judgments. *Communication Research, 20*(2), 611-628.

Collins, L. C., Nerlich, B. (2016). How certain is "certain"? Exploring how the English-language media reported the use of calibrated language in the Intergovernmental Panel on Climate Change's Fifth Assessment Report. *Public Understanding of Science, 25*(6), 656-673.

Cook, G., Pieri, E., Robbins, P. T. (2004).'The scientists think and the public feels': Expert perceptions of the discourse of GM food. *Discourse & Society, 15*(4), 433-449.

Cook, G., Robbins, P.T., Pieri, E. (2006). "Words of mass destruction": British newspaper coverage of the genetically modified food debate, expert and non-expert reactions.*Public

Understanding of Science, 15(1), 5-29.

Cook, J., Nuccitelli, D., Green, S. A., et al. (2013). Quantifying the consensus on anthropogenic global warming in the scientific literature. *Environmental Research Letters, 8*(2), 24024-24027.

Corbett, J. B., Durfee, J. L. (2004). Testing public (un)certainty of science: Media representation of global warming. *Science Communication, 26*(2), 129-151.

Corner, A., Webster, R., Teriete, C. (2015). *Climate Visuals: Seven Principles for Visual Climate Change Communication (Based on International Social Research)*. Oxford: Climate Outreach.

Costa-Font, M., Gil, J. M., Trail, W. B. (2008). Consumer acceptance, valuation of and attitudes towards genetically modified food: Review and implications for food policy. *Food Policy, 33*(2), 99-111.

Crawford, J. T., Mallinas, S. R., Furman, B. J. (2015). The balanced ideological antipathy model: Explaining the effects of ideological attitudes on inter-group antipathy across the political spectrum. *Personality & Social Psychology Bulletin, 41*(12), 1607-1622.

Critchley, C. (2008). Public opinion and trust in scientists: The role of the research context, and the perceived motivation of stem cell researchers. *Public Understanding of Science, 17*(3), 309-327.

Cunningham, B. (2003). Re-thinking objectivity. *Columbia Journalism Review, 42*(2), 24-32.

Cunningham, S. M. (1967). The major dimensions of perceived risk. In D. F. Cox (Ed.) *Risk Taking and Information Handling in Consumer Behavior*. Graduate School of Business Administration, Harvard University.

Dan, M. K., Braman, D., Gastil, J., et al. (2007). Culture and identity-protective cognition: Explaining the white-male effect in risk perception. *Journal of Empirical Legal Studies, 4*(3), 465-505.

Davies, S. R. (2009). Discussing dialogue: Perspectives on the value of science dialogue events that do not inform policy. *Public Understanding of Science, 18*(3), 338-353.

Davies, S. R. (2013). The rules of engagement: Power and interaction in dialogue events. *Public Understanding of Science, 22*(1), 65-79.

Davies, S. R., Horst, M. (2016). *Science Communication: Culture, Identity and*

Citizenship. London, UK: Palgrave Macmillan.

de Donato Rodríguez, X., Bonilla, J. Z. (2014). Scientific controversies and the ethics of arguing and belief in the face of rational disagreement. *Argumentation, 28*(1), 39-65.

Dearing, J. W. (1995). Newspaper coverage of maverick science: Creating controversy through balancing. *Public Understanding of Science, 4*(4), 341-361.

Denemark, D., Chubb, A. (2016). Citizen attitudes towards China's maritime territorial disputes: Traditional media and internet usage as distinctive conduits of political views in China.*Information, Communication & Society, 19*(1), 59-79.

Dewey, J. (2009).*Ethics*. Danvers, MA: General Books.

Dietz, T. (2013). Bringing values and deliberation to science communication.*Proceedings of the National Academy of Sciences of the United States of America, 110*(supplement 3), 14081-14087.

DiFrancesco, D. A., Young, N. (2011). Seeing climate change: The visual construction of global warming in Canadian national print media. *Cultural Geographies, 18*(4), 517–536.

Dirlik, A. (1996). Reversals, ironies, hegemonies: Notes on the contemporary historiography of modern China. *Modern China, 22*(3), 243-284.

Dixon, G., Hubner, A. (2018). Neutralizing the effect of political worldviews by communicating scientific agrement: A thought-listing study. *Science Communication, 40*(3), 393-415.

Dixon, G. N. (2017). Making vaccine messaging stick: Perceived causal instability as a barrier to effective vaccine messaging. *Journal of Health Communication, 22*(8), 631-637.

Dixon, G. N., Clarke, C. E. (2013). Heightening uncertainty around certain science media coverage, false balance, and the autism-vaccine controversy. *Science Communication, 35*(3), 358-382.

Dorfman, R. G., Purnell, C., Qiu, C., et al. (2018). Happy and unhappy patients: A quantitative analysis of online plastic surgeon reviews for breast augmentation. *Plastic and Reconstructive Surgery, 141*(5), 663e-673e.

Douglas, M. (1985). *Risk Acceptability According to the Social Sciences*. New York: Russel Sage Foundation.

Douglas, M., Wildavsky, A. (1982). *Risk and Culture: An Essay on the Selection of Technical and Environmental Dangers*. Berkeley, CA: University of California Press.

Druckman, J. N., Bolsen, T. (2011). Framing, motivated reasoning, and opinions about emergent technology. *Journal of Communication, 61*(4), 659-688.

Duan, R., Takahashi, B., Zwickle, A. (2019). Abstract or concrete? The effect of climate change images on people's estimation of egocentric psychological distance. *Public Understanding of Science, 28*(7), 828-844.

Dubljević, V., Racine, E. (2014). The ADC of moral judgment: Opening the black box of moral intuitions with heuristics about agents, deeds, and consequences. *AJOB Neuroscience, 5*(4), 3-20.

Dubljević, V., Sattler, S., Racine, E. (2018). Deciphering moral intuition: How agents, deeds, and consequences influence moral judgment. *PLoS ONE, 13*(10), e0204631.

Dunwoody, S. (1999). Scientists, journalists, and the meaning of uncertainty, In S. M. Friedman, S. Dunwoody, C. L. Rogers (Eds.), *Communication Uncertainty: Media Coverage of New and Controversial Science* (pp. 59-79). Mahwah, NJ: Routledge.

Dunwoody, S.(2005). Weight-of-evidence reporting: What is it? Why use it? *Nieman Reports, 59*(4), 89-91.

Dunwoody, S., Neuwirth, K. (1991). Coming to terms with the impact of communication on scientific and technological risk judgments. In L. Wilkins, P. Patterson (Eds.), *Risky Business: Communicating Issues of Science, Risk and Public Policy*, (pp. 11-30). New York: Greenwood.

Edwards, A. (2013). (How) do participants in online discussion forums create 'echo chambers'?: The inclusion and exclusion of dissenting voices in an online forum about climate change. *Journal of Argumentation in Context, 2*(1), 127-150.

Endres, D. (2009). Science and public participation: An analysis of public scientific argument in the Yucca Mountain controversy. *Environmental Communication, 3*(1), 49-75.

Englehardt, T., Caplan, A. L. (1987). *Science Controversies: Case Studies in the Resolution and Closure of Disputes in Science and Technology*. Cambridge, UK: Cambridge University Press.

Emmert, M., Meszmer, N., Sander, U. (2016). Do health care providers use online patient ratings to improve the quality of care? Results from an online-based cross-sectional study. *Journal of Medical Internet Research, 18* (9), e254.

Entman, R. M., Rojecki, A. (1993). Freezing out the public: Elite and media framing of the U.S. anti-nuclear movement.*Political Communication, 10*(2), 155-173.

Evitt, N. H., Mascharak, S., Altman, R. B. (2015). Human germline CRISPR-Cas modification: Toward a regulatory framework. *American Journal of Bioethics, 15*(12), 25-29.

Fairclough, N. (1995). *Critical Discourse Analysis: The Critical Study of Language.* London: Longman.

Fan, M. F. (2015). Evaluating the 2008 consensus conference on genetically modified foods in Taiwan.*Public Understanding of Science, 24*(5), 533-546.

Featherstone, J., Zhang, J. (2020). Feeling angry: The effect of vaccine misinformation and refutaional messages on negative emotions and vaccination attitude. *Journal of Health Communication, 25*(9), 692-702.

Feinberg, M., Willer, R., Antonenko, O., et al. (2012). Liberating reason from the passions: overriding intuitionist moral judgments through emotion reappraisal. *Psychological Science, 23*(7), 788-795.

Finucane, M. L., Alhakami, A., Slovic, P., et al. (2000). The affect heuristic in judgments of risks and benefits. *Journal of Behavioral Decision Making, 13*(1), 1-17.

Fischer, A. H., Roseman, I. J. (2007). Beat them or ban them: The characteristics and social functions of anger and contempt. *Journal of Personality and Social Psychology, 93* (1), 103-115.

Fischhoff, B., Scheufele, D. A. (2013). The science of science communication. *Proceedings of the National Academy of Sciences, 110*(supplement 3), 14031-14110.

Fischhoff, B., Slovic, P., Lichtenstein, S., et al. (1978). How safe is safe enough? A psychometric study of attitudes towards technological risks and benefits. *Policy Sciences, 9*(2), 127-152.

Frewer, L.J., Miles, S. (2003). Temporal stability of the psychological determinants of trust: Implications for communication about food risks. *Health Risk & Society*, 5(3), 259-271.

Gandy, O. H. (1982). *Beyond Agenda Setting: Information Subsidies and Public Policy.* Norwood, NJ: Ablex.

Gaskell, G., Bauer, M. W., Durant, J., et al. (1999). Worlds apart? The reception of genetically modified foods in Europe and the US. *Science, 285*(5426), 384-387.

Gelman, S. A. (2004). Psychological essentialism in children. *Trends in Cognitive Sciences, 8*(9), 404-409.

Gifford, R.(2011). The dragons of inaction: Psychological barriers that limit climate change mitigation and adaptation. *American Psychologist, 66*(4), 290-302.

Graham, S. S., Walsh, L. (2019). There's no such thing as a scientific controversy. *Technical Communication Quarterly, 28*(3), 192-206.

Greenberg, J., Capurro, G., Dube, E., et al. (2019). Measles, Mickey, and the media: Anti-Vaxxers and health riks narratives during the 2015 Disneyland outbreak. *Canadian Journal of Communication, 44*(2), 175-189.

Greene, J. D., Nystrom, L. E., Engell, A. D., et al. (2004). The neural bases of cognitive conflict and control in moral judgment. *Neuron, 44*(2), 389-400.

Gregory, J., Lock, S. J. (2008). The evolution of "public understanding of science": Public engagement as a tool of science policy in the UK. *Sociology Compass, 2*(4), 1252-1265.

Gross, J. J. (2002). Emotion regulation: Affective, cognitive, and social consequences. *Psychophysiology, 39*(3), 281-291.

Gross, J. J. (Ed.). (2007). *Handbook of Emotion Regulation.* New York, NY: Guilford Press.

Gross, J. J., John, O. P. (2003). Individual differences in two emotion regulation processes: Implications for affect, relationships, and well-being. *Journal of Personality and Social Psychology, 85*(2), 348-362.

Guenther, L., Ruhrmann, G. (2016). Scientific evidence and mass media: Investigating the journalistic intention to represent scientific uncertainty. *Public Understanding of Science, 25*(8), 927-943.

Guenther, L., Weingart, P. (2018). Promises and reservations towards science and technology among South African publics: A culture-sensitive approach. *Public Understanding of Science, 27*(1), 47-58.

Guo, Z., Cheong, W. H., Chen, H. (2007). Nationalism as public imagination: The media's routine contribution to latent and manifest nationalism in China. *International Communication Gazette, 69*(5), 467-480.

Gupta, N., Fischer, A. R. H., Frewer, L. J. (2012). Socio-psychological determinants of public acceptance of technologies: A review. *Public Understanding of Science, 21*(7), 782-795.

Gutteling, J., Hanssen, L., Der Veer, N., et al. (2006). Trust in governance and the acceptance of genetically modified food in the Netherlands.*Public Understanding of Science,*

15(1), 103-112.

Haidt, J. (2001). The emotional dog and its rational tail: A social intuitionist approach to moral judgment. *Psychological Review, 108*(1), 814-834.

Haidt, J., McCauley, C., Rozin, P. (1994). Individual differences in sensitivity to disgust: A scale sampling seven domains of disgust elicitors.*Personality and Individual Differences, 16*(5), 701-713.

Han, G., Wang, W. (2015). Mapping user relationships for health information diffusion on microblogging in China: A social network analysis of Sina Weibo. *Asian Journal of Communication, 25*(1), 65-83.

Han, G. K., Zhang, J. M., Chu, K. R., et al. (2014). Self-other differences in H1N1 flu risk perception in a global context: a comparative study between the United States and China. *Health Communication, 29*(2), 109-123.

Hanjra, M. A., Qureshi, M. E. (2010). Global water crisis and future food security in an era of climate change. *Food Policy, 35*(5), 365-377.

Hao, H., Zhang, K. (2016). The voice of Chinese health consumers: a text mining approach to web-based physician reviews. *Journal of Medical Internet Research, 18*(5), e108.

Hao, H., Zhang, K., Wang, W., et al. (2017). A tale of two countries: International comparison of online doctor reviews between China and the United States. *International Journal of Medical Informatics, 99*(2), 37-44.

Hartz, J., Chappell, R. (1997). *Worlds Apart: How the Distance between Science and Journalism Threatens America's Future.* First Amendment Center, Nashville, TN.

Hayes, A. F. (2012). *PROCESS: A Versatile Computational Tool for Observed Variable Mediation, Moderation, and Conditional Process Modeling.* New York: The Guilford Press.

Hayes, A. F. (2013). *Introduction to Mediation, Moderation, and Conditional Process Analysis: A Regression-Based Approach.* New York: The Guilford Press.

Hidalgo, M. C., Pisano, I. (2010). Determinants of risk perception and willingness to tackle climate change: A pilot study. *PsyEcology, 1*(1), 105-112.

Hiles, S., Hinnant, A. (2014). Climate change in the newsroom: Journalists' evolving standards of objectivity when covering global warming. *Science Communication, 36*(4), 428-453.

Hilton, S., Hunt, K., Langan, M., et al. (2010). Newsprint media representations of the introduction of the HPV vaccination programme for cervical cancer prevention in the UK (2005–2008). *Social Science & Medicine, 70*(6), 942-950.

Hofstede, G., Hofstede, G. J., Minkov, M.(2010). *Cultures and Organizations: Software of The Mind*. New York: The McGraw-Hill Companies.

Horberg, E. J., Oveis, C., Keltner, D., et al. (2009). Disgust and the moralization of purity. *Journal of Personality and Social Psychology, 97*(6), 963-976.

Horlick-Jones, T., Walls, J., Kitzinger, J. (2007). Bricolage in action: Learning about, making sense of, and discussing, issues about genetically modified crops and food. *Health, Risk & Society, 9*(1), 83-103.

Hovland, C. I., Weiss, W. (1951). The influence of source credibility on communication effectiveness. *Public Opinion Quarterly, 15*(4), 635-650.

Huang, J. K., Peng, B. W. (2015). Consumers' perception on GM food safety in urban China. *Journal of Integrative Agriculture, 11*(11), 2391-2400.

Hui, E., Chow, K., Wu, D., et al. (2009). Opinion survey of the Hong Kong general public regarding genomic science and technology and their ethical and social implications. *New Genetics and Society, 28*(4), 381-400.

Hurwitz, J., Peffley, M. (1987). How are foreign policy attitudes structured? A hierarchical model. *The American Political Science Review, 81*(4), 1099-1120.

Hwang, J. (2020). Health information sources and the influenza vaccination: The mediating roles of perceived vaccine efficacy and safety. *Journal of Health Communication, 25*(9), 727-735.

Irwin, A. (1995). *Citizen Science: A Study of People, Expertise, and Sustainable Development*. London, UK: Routledge.

Irwin, A. (2014). From deficit to democracy (re-visited). *Public Understanding of Science, 23*(1), 71-76.

Jacoby, J., Kaplan, L. B. (1972). The components of perceived risk. *Advances in Consumer Research, 12*(3), 382-383.

Järnefelt, E., Canfield, C. F., Kelemen, D. (2015). The divided mind of a disbeliever: Intuitive beliefs about nature as purposefully created among different groups of non-religious adults. *Cognition,140*(2), 72-88.

Jasanoff, S. (2005). *Designs on Nature: Science and Democracy in Europe and the United*

States. Princeton, NJ: Princeton University Press.

Jauho, M. (2016). The social construction of competence: Conceptions of science and expertise among proponents of the low-carbohydrate high-fat diet in Finland. *Public Understanding of Science, 25*(3), 332-345.

Jenkins-Smith, H. C., Herron, K. G. (2009). Rock and a hard place: public willingness to trade civil rights and liberties for greater security. *Politics & Policy, 37*(5), 1095-1123.

Johnson, B. B., Slovic, P. (1998). Lay views on uncertainty in environmental health risk assessment. *Journal of Risk Research, 1*(4), 261-279.

Kahan, D. M. (2015). Climate-science communication and the measurement problem. *Advanced Political Psychology, 36*(S1), 1-43.

Kahan, D. M., Braman, D., Cohen, G. L., et al. (2010). Who fears the HPV vaccine, who doesn't, and why? An experimental study of the mechanisms of cultural cognition. *Law & Human Behavior, 34*(6), 501-516.

Kahan, D. M., Braman, D., Gastil, J., et al. (2007). Culture and identity-protective cognition: Explaining the white-male efect in risk perception. *Journal of Empirical Legal Studies, 4*(3), 465-505.

Kahan, D. M. , Jamieson, K. H. , Landrum, A. , et al. (2017). Culturally antagonistic memes and the zika virus:An experimental test. *Journal of Risk Research, 20*(1), 1-40.

Kahan, D. M., Jenkins-Smith, H., Braman, D. (2011). Cultural cognition of scientific consensus. *Journal of Risk Research, 14*(2), 147-174.

Kahane, G., Wiech, K., Shackel, N., et al. (2012). The neural basis of intuitive and counterintuitive moral judgment. *Social Cognitive and Affective Neuroscience, 7*(4), 393-402.

Kahneman, D., Tversky, A. (2000). *Choices, Values, and Frames.* Cambridge, UK: Cambridge University Press.

Kaiser, J., Normile, D. (2015). Embryo engineering study splits scientific community. *Science, 348*(6234), 486-487.

Kallmen, H. (2000). Manifest anxiety, general self-efficacy and locus of control as determinants of personal and general risk perception. *Journal of Risk Research, 3*(2),111-120.

Kappel, K., Holmen, S. J. (2019). Why science communication, and does it work? A taxonomy of science communication aims and a survey of the empirical evidence. *Frontiers in Communication, 4*(55).

Kasperson, J. X., Kasperson, R. E., Pidgeon, N., et al. (2003). The social amplification of risk: Assessing fifteen years of research and theory. In N. Pidgeon, R. E. Kasperson, P. Slovic (Eds.), *The Social Amplification of Risk* (pp. 13-46). Cambridge, UK: Cambridge Univerity Press.

Kemper, N. P., Popp, J. S., Nayga, Jr, R. M., et al. (2018). Cultural worldview and genetically modified food policy preferences. *Food Policy, 80*, 68-83.

Kerr, A., Cunningham-Burley, S., Tutton, R. (2007). Shifting subject positions experts and lay people in public dialogue. *Social Studies of Science, 37*(3), 385-411.

King, M. A. (2009). A critical assessment of Steenbergen et al's discourse quality index. *Roundhouse: A Journal of Critical Theory and Practice, 1*(1).

Kim, S., Kim, H., Oh, S. (2014). Talking about genetically modified (GM) foods in South Korea: The role of the Internet in the spiral of silence process. *Mass Communication & Society, 17*(5), 713-732.

Klug, S. J., Hukelmann, M., Blettner, M. (2008). Knowledge about infection with human papillomavirus: A systematic review. *Preventive Medicine, 46*(2), 87-98.

Kortenkamp, K. V., Basten, B. (2015). Environmental science in the media: Effects of opposing viewpoints on risk and uncertainty perceptions. *Science Communication, 37*(3), 287-313.

Kuhn, T. S. (1962). *The Structure of Scientific Revolutions*. Chicago: University of Chicago Press.

Kwan, T., Chan, K., Yip, A., et al. (2009). Acceptability of human papillomavirus vaccination among Chinese women: Concerns and implications.*BJOG: An International Journal of Obstetrics and Gynaecology, 116*(4), 501-510.

Lassen, I., Horsbol, A., Bonnen, K., et al. (2011). Climate change discourse and citizen participation: A case study of the discursive construction of citizenship in two public events. *Environmental Communication, 5*(4), 411-427.

Lazarus, R. S. (1991). Cognition and motivation in emotion. *American Psychologist, 46*(4), 352-367.

Ledgerwood, A., Trope, Y., Chaiken, S. (2010). Flexibility now, consistency later: Psychological distance and construal shape evaluative responding. *Journal of Personality and Social Psychology, 99*(1), 32-51.

Lee, M., VanDyke, M. S. (2015). Set it and forget it: The one-way use of social media by government agencies communicating science. *Science Communication, 37*(4), 533-541.

Legge, Jr., J. S., Durant, R. F. (2010). Public opinion, risk assessment, and biotechnology: Lessons from attitudes toward genetically modified foods in the European Union. *Review of Policy Research, 27*(1), 59-76.

Leiserowitz, A. (2005). American risk perceptions: Is climate change dangerous? *Risk Analysis, 25*(6), 1433-1442.

Leiserowitz, A. (2007). Communicating the risks of global warming: American risk perceptions, affective images, and interpretive communities. In S. C. Moser, L. Dilling (Eds.), *Creating a Climate for Change: Communicating Climate Change and Facilitating Social Change* (pp. 44-63). New York: Cambridge University Press.

Leiserowitz, A. (2009). International public opinion, perception, and understanding of global climate change, *Human Development Report 2007/2008*, UNDP Human Development Report Office.

Lester, L., Cottle, S. (2009). Visualizing climate change: Television news and ecological citizenship. *International Journal of Communication, 3*, 920-936.

Levin, I. P., Snyder, M. A., Chapman, D. P. (1988). The interaction of experiential and situational factors and gender in a simulated risky decision-making task. *The Journal of Psychology, 122*(2), 173-181.

Lewenstein, B. V. (1995). From fax to facts: Communication in the cold fusion saga. *Social Studies of Science*, 25(3), 403-436.

Lezaun, J., Soneryd, L. (2007). Consulting citizens: Technologies of elicitation and the mobility of publics. *Public Understanding of Science, 16*(3), 279-297.

Li, X., Cox, A. (2016). A comparative study of knowledge construction within online user support discussion forums in Chinese and English-language cultural contexts. *Telematics & Informatics, 33*(4), 1048-1056.

Liberman, N., Trope, Y., Stephan, E. (2007). Phychological distance. In A. W. Kruglanski, E. T. Higgins (Eds.)*Social Psychology: Handbook of Basic Principles* (2nd ed.). New York: Guilford.

Lichtenberg, J. (2000). In defense of objectivity revisited. In J. Curran, M. Gurevitch (Eds.), *Mass Media and Society* (pp. 238-254). London: Arnold.

Likens, G. E., Bormann, F. H., Pierce, R. S., et al. (1977). *Biogeochemistry of a Forested Ecosystem*. New York, NY: Springer-Verlag New York Inc.

Lima, M. L., Castro, P. (2005). Cultural theory meets the community: Worldviews and local issues. *Journal of Environmental Psychology, 25*(1), 23-35.

Lin, F., Sun, Y., Yang, H. (2015). How are chinese students ideologically divided? A survey of chinese college students' political self-identification. *Pacific Affairs, 88*(1), 55-74.

Loewenstein, G. F., Weber, E. U., Hsee, C. K., et al. (2001). Risk as feelings. *Psychological Bulletin, 127*(2), 267–286.

Lorenzoni, I., Hulme, M. (2009). Believing is seeing: Lay people's views of future socio-economic and climate change in England and in Italy. *Public Understanding of Science, 18*(4), 383-400.

Lorenzoni, I., Nicholoson-Cole, S., Whitmarsh, L. (2007). Barriers perceived to engaging with climate change among the UK public and their policy implications. *Global Environmental Change, 17*(3-4), 445-459.

Lynch, J. (2011).*What Are Stem Cells? Definitions at the Intersection of Science and Politics*. Tuscaloosa, AL: University of Alabama Press.

Maibach, E., Wilson, K., Witte, J. (2010).*A National Survey of News Directors about Climate Change: Preliminary Findings*. Fairfax, VA: Center for Climate Change Communication, George Mason University.

Marques, M. D., Critchley, C. R., Walshe, J. (2015). Attitudes to genetically modified food over time: How trust in organizations and the media cycle predict support.*Public Understanding of Science, 24*(5), 601-618.

Marris, C., Langford, I. H., O'Riordan, T. (1998). A quantitative test of the cultural theory of risk perceptions: Comparison with the psychometric paradigm. *Risk Analysis, 18*(5), 635-647.

Marris, C., Wynne, B., Simmons, P., et al. (2001). *Public Perceptions of Agricultural Biotechnologies in Europe: Report of the PABE project*, funded by the European Commission, DG Research (contract number: FAIR CT98-3844 (DG12 - SSMI). UK: University of Lancaster.

Marx, S. M., Weber, E. U., Orlove, B. S., et al. (2007). Communication and mental processes: Experiential and analytic processing of uncertain climate information. *Global

Environmental Change, 17(1), 47-58.

Masuda, J. R., Garvin, T. (2006). Place, culture, and the social amplification of risk. *Risk Analysis, 26*(2), 437-454.

McInerney, C., Bird, N., Nucci, M. (2004). The flow of scientific knowledge from lab to the lay public: The case of genetically modified food. *Science Communication, 26*(1), 44-74.

Mehta, S., Shalini, R., Geetika, G., et al. (2013). Awareness about human papillomavirus and its vaccine among medical students. *Indian Journal of Community Medicine, 38*(2), 92-94.

Metag, J., Schäfer, M. S., Füchslin, T., et al. (2016). Perceptions of climate change imagery evoked salience and self-efficacy in Germany, Switzerland, and Austria. *Science Communication, 38*(2), 197-227.

Meyer, M. (2010). The Rise of the Knowledge Broker.*Science Communication, 32*(1), 118–127.

Miller, J. D. (2004). Public understanding of, and attitudes toward, scientific research: What we know and what we need to know. *Public Understanding of Science, 13*(3), 273-294.

Miller-Ott, A., Durham, W. (2011). The role of social support in young women's communication about the genital HPV vaccine. *Women's Studies in Communication, 34*(2),183-201.

Moran, M. B., Lucas, M., Everhart, K., et al. (2016). What makes anti-vaccine websites persuasive? A content analysis of techniques used by anti-vaccine websites to engender anti-vaccine sentiment. *Journal of Communication in Healthcare, 9*(3), 151-163.

Mortensen, T. M., Hull, K., Boling, K. S. (2017). Really social disaster: An examination of photo sharing on Twitter during the# SCFlood.*Visual Communication Quarterly, 24*(4), 219-229.

Morton, T. A., Duck, J. M. (2001). Communication and health beliefs: Mass and interpersonal influences on perceptions of risk to self and others. *Communication Research, 28*(5), 602-626.

Nabi, R. (2002). The theoretical versus the lay meaning of disgust: Implications for emotion research.*Cognition & Emotion, 16*(5), 695-703.

Nasseri, K., Sadrizadeh, B., Malek-Afzali, H., et al. (1991). Primary Health Care and Immunization in Iran. *Public Health, 105*(3), 229-238.

National Academies of Sciences Engineering, and Medicine. (2017). *Communicating*

Science Effectively: A Research Agenda (978-0-309-45102-4).

Ndebele, P., Ruzario, S. (2020). How should vaccine campaigns balance need for clear communication against need for timely administration of large-scale programs? *AMA Journal of Ethics, 22*(2), 76-81.

Nelkin, D. (1979). *Controversy*. Beverly Hills, CA: Sage Publications.

Nelkin, D. (1994). *Selling Science: How the Press Covers Science and Technology*. New York: Freeman.

Nelkin, D. (1995). *Science Controversies: The Dynamics of Public Disputes in the United States*. Thousand oaks, CA: SAGE.

Nicolia, A., Manzo, A., Veronesi, F., et al. (2014). An overview of the last 10 years of genetically engineered crop safety. *Critical Reviews in Biotechnology, 34*(1), 77-88.

Nisbet, M. C., Brossard, D., Kroepsch, A. (2003). Framing sciene: The stem cell controversy in an age of press/politics. *The International Journal of Press/Politics, 8*(2), 36-70.

Nisbet, M. C., Lewenstein, B. V. (2002). Biotechnology and the American media. *Science Communication, 23*(4), 359-391.

Nisbet, M. C., Myers, T. (2007). The polls-trends: Twenty years of public opinion about global warming. *Public Opinion Quarterly, 71*(3), 444-470.

Norton, T., Sias, P., Brown, S. (2011). Experiencing and managing uncertainty about climate change. *Journal of Applied Communication Research, 39*(3), 290-309.

Nucci, M. K., Kubey, R. (2007). We begin tonight with fruits and vegetables: Genetically modified food on the evening news 1980-2003. *Science Communication, 29*(2), 147-176.

Nuzhath, T., Tasnim, S., Sanjowal, R. K., et al. (2020). *COVID-19 Vaccination Hesitancy, Misinformation and Conspiracy Theories on Social Media: A Content Analysis of Twitter Data.*

Oaten, M., Stevenson, R. J., Case, T. I. (2009). Disgust as a disease-avoidance mechanism. *Psychological Bulletin, 135*(2), 303-321.

O'Brien, L. (2009). The discourse quality index: A critical assessment of the applications of Habermas' discourse ethics to political deliberation. *Roundhouse: A Journal of Critical Theory and Practice*, 1(1).

O'Neill, S. J. (2013). Image matters: Climate change imagery in US, UK and Australian newspapers. *Geoforum, 49*, 10-19.

O'Neill, S. J. (2017). *Engaging with Climate Change Imagery*. Oxford, UK: Oxford Research Encyclopedia of Climate Science.

O'Neill, S. J., Smith, N. (2014). Climate change and visual imagery. *Wiley Interdisciplinary Reviews: Climate Change, 5*(1), 73-87.

Palmer, C. G. S. (1996). Risk perception: An empirical study of the relationship between worldview and the risk construct. *Risk Analysis, 16*(5), 717-723.

Pan, Z., Chaffee, S. H., Chu, G. C., et al. (1994). *To See Ourselves: Comparing Traditional Chinese and American Cultural Values*. Boulder, CO: Westview Press.

Papacharissi, Z. (2008). The virtual sphere 2.0: The Internet, the public sphere, and beyond. In A. Chadwick, P. Howard (Eds.), *Routledge Handbook of Internet Politics* (pp. 230-245). London and New York: Routledge.

Parikh, D. P., Sattigeri, B. M., Kumar, A. (2014). An update on growth and development of telemedicine with pharmacological implications. *International Journal of Medical Science and Public Health, 3*(5), 527-531.

Parks, J. M., Theobald, K. S. (2013). Public engagement with information on renewable energy developments: The case of single, semi-urban wind turbines. *Public Understanding of Science, 22*(1), 49-64.

Peng, W., Tang, L. (2010). Health content in Chinese newspapers: A theoretically-based content analysis. *Journal of Health Communication, 15*(7), 695-711.

Penţa, M. A., Băban, A. (2018). Message framing in vaccine communication: A systematic review of published literature. *Health Communication, 33*(3), 299-314.

Peter, E., Slovic, P. (2000). The role of affect and worldviews as orienting dispositions in the perception and acceptance of nuclear power. *Journal of Applied Social Psychology, 26*(16), 1427-1453.

Peters, H. P. (2013). Gap between science and media revistited: Scientists as public communicators. *Proceedings of the National Academy of Sciences of the United States of America (PNAS), 110*(Supplement 3), 14102-14109.

Peters, H. P., Lang, J. T., Sawicka, M., et al. (2007). Culture and technological innovation: Impact of institutional trust and appreciation of nature on attitudes towards food biotechnology in the USA and Germany. *International Journal of Public Opinion Research, 19* (2), 191-220.

Pidgeon, N. F., Beattie, J. (1998). The psychology of risk and uncertainty. In P. Calow

(Ed.), *Handbook of Environmental Risk Assessment and Management* (pp. 289-318). Oxford: Blackwell.

Pidgeon, N. F., Kasperson, R, E., Slovic, P. (2003). *The Social Amplification of Risk.* Cambridge: Cambridge University Press.

Powell, M., Dunwoody, S., Griffin, R., et al. (2007). Exploring lay uncertainty about an environmental health risk. *Public Understanding of Science, 16*(3), 323-343.

Powell, M. C., Colin, M. (2009). Participatory paradoxes facilitating citizen engagement in science and technology from the top-down? *Bulletin of Science, Technology & Society, 29*(4), 325-342.

Qaim, M., Kouser, S. (2013). Genetically modified crops and food security. *PloS one, 8*(6), e64879.

Qiu, J., Hu, H., Zhou, S., et al. (2016). Vaccine scandal and crisis in public confidence in China. *Lancet, 10036*(387), 2382.

Rabino, I. (2003). Gene therapy: Ethical issues. *Theoretical Medicine & Bioethics, 24*(1), 31-58.

Rabinovich, A., Morton, T. A., Postmes, T., et al. (2009). Think global, act local: the effect of goal and mindset specificity on willingness to donate to an environmental organisation. *Journal of Environmental Psychology, 29*(4), 391-399.

Railton, P. (2017). Moral learning: Conceptual foundations and normative relevance. *Cognition, 10*(167), 172-190.

Rainie, L., Funk, C., Anderson, M., et al. (2015). *How Scientists Engage the Public.* Pew Research Center.

Rebich-Hespanha, S., Rice, R. E., Montello, D. R., et al. (2015). Image themes and frames in US print news stories about climate change. *Environmental Communication, 9*(4), 491-519.

Ren, F., Yin, L., Li, H. (2012). Science popularization studies in China. In B. Schiele, M. Claessens, S. Shi (Eds.), *Science Communication in the World* (pp. 65-79), Springer.

Renn, O., Benighaus, C. (2013). Perception of technological risk: Insights from research and lessons for risk communication and management. *Journal of Risk Research, 16*(3-4), 293-313.

Reser, J. P., Bradley, G. L., Glendon, A. I., et al. (2012). *Public Risk Perceptions, Understandings and Responses to Climate Change in Australia and Great Britain.* Gold Coast,

Australia: National Climate Change Adaptation Research Facility.

Rippl, S. (2002). Cultural theory and risk perception: A proposal for a better measurement. *Journal of Risk Research, 5*(2), 147-165.

Ripple, W. J., Newsome, T. M., Barnard, P., et al. (2020). World scientists' warning of a climate emergency. *BioScience, 70*(1), 8-12.

Ripple, W. J., Wolf, C., Newsome, T. M., et al. (2021). World scientists' warning of a climate emergency 2021. *BioScience, 71*(9), 1-5.

Robillard, J. M., Roskams-Edris, D., Kuzeljevic, B., et al. (2014). Prevailing public perceptions of the ethics of gene therapy. *Human Gene Therapy, 25*(8), 740-746.

Roche, J., Davis, N. (2017). Should the science communication community play a role in political activism? *Journal of Science Communication, 16*(1), 1-4.

Rose, K. M., Howel, E. L., Su, L. Y. F., et al. (2019). Distinguishing scientific knowledge: The impact of different measures of knowledge on genetically modified food attitudes. *Public Understanding of Science, 28*(4), 449-467.

Royzman, E., Atanasov, P., Landy, J. F., et al. (2014). CAD or MAD? Anger (not disgust) as the predominant response to pathogen-free violations of the divinity code. *Emotion, 14*(5), 892-907.

Rozin, P. (1999). The process of moralization. *Psychological Science, 10*(3), 218-221.

Rozin, P. (2005). The meaning of "natural": Process more important than content. *Psychological Science, 16*(8), 652-658.

Rozin, P., Fallon, A. E. (1987). A perspective on disgust. *Psychological Review, 94*(1), 23-41.

Rozin, P., Haidt, J., McCauley, C. (1999). Disgust: The body and soul emotion. In T. Dalgeish, M. Power (Eds.), *Handbook of Cognition and Emotion* (pp. 429-445). Chichester, UK: Wiley.

Rozin, P., Lowery, L., Imada, S., et al. (1999). The CAD triad hypothesis: A mapping between three moral emotions (contempt, anger, disgust) and three moral codes (community, autonomy, divinity). *Journal of Personality and Social Psychology, 76*(4), 574-586.

Rozin, P., Markwith, M., Stoess, C. (1997). Moralization and becoming a vegetarian: The transformation of preferences into values and the recruitment of disgust.*Psychological Science, 8*(2), 67-73.

Rozin, P., Millman, L., Nemeroff, C. (1986). Operation of the laws of sympathetic magic in disgust and other domains. *Journal of Personality and Social Psychology, 50*(4), 703-712.

Rozin, P., Spranca, M., Krieger, Z., et al. (2004). Preference for natural: Instrumental and ideational/moral motivations, and the contrast between foods and medicines. *Appetite, 43*(2), 147-154.

Rubenking, B., Lang, A. (2014). Captivated and grossed out: An examination of processing core and sociomoral disgusts in entertainment media. *Journal of Communication, 64*(3), 543-565.

Sadler, T. D., Zeidler, D. L. (2004). The morality of socioscientific issues: Construal and resolution of genetic engineering dilemmas. *Science Education, 88*(1), 4–27.

Sait, K. H. (2009). Attitudes, knowledge, and practices in relation to cervical cancer and its screening among women in Saudi Arabia. *Saudi Medical Journal, 30*(9), 1208-1212.

Sánchez-Mora, M. C. (2016). Towards a taxonomy for public communication of science activities. *Journal of Science Communication, 15*(1), 1-8.

Savadori, L., Savio, S., Nicotra, E., et al. (2004). Expert and public perception of risk from biotechnology. *Risk Analysis, 24*(5), 1289-1299.

Scannell, L., Gifford, R. (2013). Personally relevant climate change: The role of place attachment and local versus global message framing in engagement. *Environment and Behavior, 45*(1), 60-85.

Schaller, M., Park, J. H. (2011). The behavioral immune system (and why it matters). *Current Directions in Psychological Science, 20*(2), 99-103.

Scheufele, D. A., Lewenstein, B. V. (2005). The public and nanotechnology: How citizens make sense of emerging technology. *Journal of Nanoparticle Research, 7*(2), 659-667.

Schiele, B., Claessens, M., Shi, S. (2012). *Science Communication in the World.* Dordrecht, NE: Springer.

Schnall, S., Haidt, J., Clore, G. L., et al. (2008). Disgust as embodied moral judgment. *Personality & Social Psychology Bulletin, 34*(8), 1096-1109.

Schwartz, B. (1991). Review: A pluralistic model of culture. *Contemporary Sociology, 20*(5), 764-766.

Schwartz, S. H., Caprara, G. V., Vecchione, M., et al. (2013). Basic personal values underlie and give coherence to political values: A cross national study in 15 countries. *Political*

Behavior, 36(4), 899-930.

Schwarzer, R., Warner, L. M. (2013). Perceived self-efficacy and its relationship to resilience. In S. Prince-Embury, D. H. Saklofske (Eds.) *Resilience in Children, Adolescents, and Adults: Translating Research into Practice* (pp. 139-150). New York, NY: Springer.

Scott, S. E., Inbar, Y., Rozin, P. (2016). Evidence for absolute moral opposition to genetically modified food in the United States. *Perspectives on Psychological Science, 11*(13), 315-324.

Shao, W., Garand, J. C., Keim, B. D., et al. (2016). Science, scientists, and local weather: Understanding mass perception of global warming. *Social Science Quarterly, 97*(5), 1023-1057.

Shropshire, A. M., Brent-Hotchkiss, R., Andrews, U. K. (2013). Mass media campaign impacts influenza vaccine obtainment of university students. *Journal of American College Health, 61*(8), 435-443.

Singer, E., Corning, A., Lamias, M. J. (1998). The polls-trends: Genetic testing, engineering, and therapy: Awareness and attitudes. *Public Opinion Quarterly, 62*(4), 733-664.

Sinnott-Armstrong, W., Young, L., Cushman, F. (2010). Moral intuitions. In J. M. Doris, (Ed.), *The Moral Psychology Handbook* (pp. 246-272). Oxford, UK: Oxford University Press.

Sjöberg, L. (1997). Explaining risk perception: An empirical evaluation of cultural theory. *Risk Decision and Policy, 2*(2), 113-130.

Sjöberg, L. (2000). Factors in risk perception. *Risk Analysis, 20*(1), 1-12.

Slovic, P. (1987). Perception of risk. *Science, 236*(4799), 280-285.

Slovic, P. (1999). Trust, emotion, sex, politics, and science: Surveying the risk-assessment battlefield. *Risk Analysis, 19*(4), 689-701.

Slovic, P., Fischhoff, B., Lichtenstein, S. (1981). Perceived Risk: Psychological factors and social implications. *Proceedings of the Royal Society of London, 376*(1764):17-34.

Smith, N., Joffe, H. (2009). Climate change in the British press. *Journal of Risk Research, 12*(5), 647-663.

Spence, A., Poortinga, W., Pidgeon, N. (2012). The psychological distance of climate change. *Risk Analysis, 32*(6), 957-972.

Steiner, J., Bachtiger, A., Sporndli, M., et al. (2004). *Deliberative Politics in Action: Analyzing Parliamentary Discourse*. Cambridge: Cambridge University Press.

Stilgoe, J., Lock, S. J., Wilsdon, J. (2014). Why should we promote public engagement with science? *Public Understanding of Science, 23*(1), 4-15.

Stocking, S. H., Holstein, L.W. (2009). Manufacturing doubts: Journalists' roles and the construction of ignorance in a scientific controversy. *Public Understanding of Science, 18*(1), 23-42.

Sturgis, P., Allum, N. (2004). Science in society: Re-evaluating the deficit model of public attitudes. *Public Understanding of Science, 13*(1), 55-74.

Sun, Y., Han, Z. (2018). Climate change risk perception in Taiwan: Correlation with individual and societal factors. *International Journal of Environmental Research & Public Health, 15*(1), 91.

Tannenbaum, D., Uhlmann, E. L., Diermeier, D. (2011). Moral signals, public outrage, and immaterial harms. *Journal of Experimental Social Psychology, 47*(6), 1249-1254.

Tanner, C., Medin, D. L., Iliev, R. (2008). Influence of deontological versus consequentialist orientations on act choices and framing effects: When principles are more important than consequences. *European Journal of Social Psychology, 38*(5), 757-769.

Taylor, C. (1995). *Philosophical Arguments*. Cambridge, MA: Harvard University Press.

Tenbült, P., de Vries, N. K., Dreezens, E., et al. (2005). Perceived naturalness and acceptance of genetically modified food. *Appetite, 45*(1), 47-50.

The Intergovermental Panel on Climate Change (IPCC) (2014). *AR5 Synthesis Report: Climate Change 2014*.

The Intergovermental Panel on Climate Change (IPCC) (2021). *Sixth Assessment Report*.

Toronchuk, J. A., Ellis, G. F. R. (2007). Disgust: Sensory affect or primary emotional system? *Cognition & Emotion, 21*(8), 1799-1818.

Tybur, J. M., Lieberman, D., Griskevicius, V. (2009). Microbes, mating, and morality: Individual differences in three functional domains of disgust. *Journal of Personality and Social Psychology, 97*(1), 103-122.

Tybur, J. M., Lieberman, D., Kurzban, R., et al. (2013). Disgust: evolved function and structure. *Psychological Review, 120*(1), 65-84.

Tyler, T. R., Cook, F. L. (1984). The mass media and judgments of risk: Distinguishing impact on personal and societal level judgment. *Journal of Personality & Social Psychology, 47*(4), 693-708.

Valdesolo, P., Desteno, D. (2006). Manipulations of emotional context shape moral judgment. *Psychological Science, 17*(6), 476-477.

van der Linden, S. (2016). A conceptual critique of the cultural cognition thesis. *Science Communication, 38*(1), 128-138.

Veltri, G. A., Suerdem, A. K. (2011). Worldviews and discursive construction of GMO-related risk perceptions in Turkey. *Public Understanding of Science, 22*(2), 137-154.

Verdier, J. M. (2021). Crisis of communication. *Bioscience, 71*(6), 559.

Verweij, M., Alexandrova, P., Jacobsen, H., et al. (2020). Four galore? The overlap between Mary Douglas's grid-group typology and other highly cited social science classifications. *Sociological Theory, 38*(3), 263-294.

Vlek, C. (2000). Essential psychology for environmental policy making. *International Journal of Psychology, 35*(2), 305-327.

Wang, X., Kobayashi, T. (2020). Nationalism and political system justification in China: Differential effects of traditional and new media. *Chinese Journal of Communication, 14*(2), 139-156.

Wang, Y. (2021). Debunking misinformation about genetically modified food safety on social media: Can heuristic cues mitigate biased assimilations. *Science Communication, 43*(4), 460-485.

Weber, E. U. (2006). Experience-based and description-based perceptions of long-term risk: Why global warming does not scare us (yet). *Climatic Change, 77*(1-2), 103-120.

Weber, E. U. (2010). What shapes perceptions of climate change? *Wiley Interdisciplinary Reviews Climate Change, 1*(3), 332-342.

Wei, Z. (2019). China's little pinks? Nationalism among elite university students in Hangzhou. *Asian Survey, 59*(5), 822-843.

Wheatley, T., Haidt, J. (2005). Hypnotically induced disgust makes moral judgments more severe. *Psychological Science, 16*(10), 780-784.

Whiting, A. (1995). Chinese nationalism and foreign policy after Deng. *China Quarterly, 142*, 295-316.

Whitmarsh, L. (2011). Skepticism and uncertainty about climate change: Dimensions, determinants, and change over time. *Global Environmental Change, 21*(2), 690-700.

Witt, A. D., Osseweijer, P., Pierce, R. (2017). Understanding public perceptions of biotechnology through the "Integrative Worldview Framework". *Public Understanding of Science, 26*(1), 70-88.

Witte, K., Cameron, K. A., McKeon, J. K., et al. (1996). Predicting risk behaviors: Development and validation of a diagnostic scale. *Journal of Health Communication, 1*(4), 317-341.

Wouters, K., Maesschalck, J. (2005). Surveying organizational culture to explore grid-group cultural theory: Instrument design and preliminary empirical results. *International Journal of Organizational Analysis, 22*(2), 224-246.

Wu, Y. (2009). The good, the bad, and the ugly: Framing of China in news media coverage of global climate change. In T. Boyce, J. Lewis (Eds.), *Climate Change, and the Media* (pp. 158-173). New York, NY: Peter Lang.

Wynn, J., Walsh, L. (2013). Emerging directions in science, public, and controversy. *POROI: An Interdisciplinary Journal of Rhetorical Analysis and Invention, 9*(1), 1-5.

Wynne, B. (1991). Knowledges in context. *Science, Technology & Human Values, 16*(1), 111-121.

Wynne, B. (1992). Public understanding of science research: New horizons or hall of mirrors. *Public Understanding of Science, 1*(1), 37-44.

Wynne, B. (1996). Misunderstood misunderstandings: Social identities and the public uptake of science. In A. Irwin, B. Wynne (Eds.), *Misunderstanding Science: The Public Reconstruction of Science and Technology* (pp. 281-304). Cambridge, UK: Cambridge University Press.

Wynne, B.(2006). Public engagement as a means of restoring public trust in science–hitting the notes, but missing the music? *Public Health Genomics, 9*(3), 211-220.

Xie, L. (2015). The story of two big chimneys: A frame analysis of climate change in US and Chinese Newspapers. *Journal of Intercultural Communication Research, 44*(2), 151-177.

Xie, X., Zhou, W., Lin, L., et al. (2017). Internet hospitals in China: Cross-sectional survey. *Journal of Medical Internet Research, 19*(7), e239.

Yang, J., Liu, Z. (2021). Information seeking and processing in the context of vaccine scandals. *Science Communication, 43*(3), 279-306.

Yang, Y., Hobbs, J. E. (2020). How do cultural worldviews shape food technology perception? Evidenc from a discrete choice experiment. *Journal of Agricultural Economics,*

71(2), 465-492.

Ye, Y. (2010). Correlates of consumer trust in online health information: Findings from the Health Information National Trends Survey. *Journal of Health Communication*, 16(1), 34-49.

Zaler, J. (1991). Information, values and opinions. *The American Political Science Review, 85*(4), 1215-1237.

Zanocco, C. M., Jones, M. D. (2018). Cultural worldviews and political process preferences. *Social Science Quarterly, 99*(4), 1377-1389.

Zehr, S. C. (2000). Public representations of scientific uncertainty about global climate change. *Public Understanding of Science, 9* (2), 85-103.

Zeng, R., Greenfield, P. M. (2015). Cultural evolution over the last 40 years in China: Using the Google Ngram Viewer to study implications of social and political change for cultural values. *International Journal of Psychology, 50*(1), 47-55.

Zheng, X., Rodríguez-Monroy, C. (2015). The development of intelligent healthcare in China. *Telemedicine and e-Health, 21*(5), 443-448.

Zhu, J. H. (1997). Political movements, cultural values, and mass media in China: Continuity and change. *Journal of Communication*, 47(4), 157-164.

Ziman, J. (1991). Public understanding of science. *Science, Technology & Human Values, 16*(1), 99-105.